KB268692

조선역사 천자문

동악산 항일독립운동의 자취

일제가 시도한 역사왜곡 교과서(教科書)

일제가 시도한 역사왜곡 교과서(敎科書)

조선역사 천자문

동악산 항일독립운동의 자취

박혜범 지음

이담
Books

서 문

태어나고 자란 동악산(動樂山)을 어려서 떠났던 내가 섬진강의 역사를 찾아 섬진강의 물을 거슬러 고향 땅 동악산에 다시 돌아와 온 산을 헤매던 어느 날 청류동(淸流洞) 맑은 물이 씻고 있는 단심대(丹心臺)의 항일독립운동사(抗日獨立運動史)를 보았고, 그 속에서 잃어버린 우리의 역사를 찾게 되었는데, 1905년 3월 10일 전남 곡성군 입면(立面) 금산리(金山里) 동악산 서북쪽 기슭에서 태어나 우리 시대를 살다가 2003년 6월 17일 98세로 천수(天壽)를 다한 마지막 조선의 선비 경와(敬窩) 엄수동(嚴受東 1905~2003) 선생님이 전하는 동악산 우국지사들이 교본으로 삼아 가르치던 조선역사 천자문(朝鮮歷史千字文)이었다.

이 조선역사 천자문은 1895년(고종 32) 학부(學部)에서 편찬, 간행한 초등학교용(소학교) 최초의 한국사(韓國史) 교과서 조선역사(朝鮮歷史)를 1928년 12월 20일 전남 광주 인쇄소에서, 친일파 심형진(沈衡鎭)이 내선일체(內鮮一體) 황국신민화(皇國臣民化)로 우리 민족을 말살(抹殺)하려는 일본을 위해, 개악(改惡) 발행한 최초 역사왜곡 교과서를 당시 곡성읍 동악산을 근거로 활동하던 독립군들이 이 책(조선역사 천자문)은 우리 국민들의 눈과 귀를 멀게 하고, 일본의 노비(奴婢)로 만드는 매국노의 글이라고 분노하며, 민족계몽을 통한 항일운동과 민족독립운동의 일환으로 서두(書頭)와 말미(末尾)의 내용을 바로잡아 숲 속에 숨어서 학생들을 가르치던 교본을 비밀독립군의 일원이었던 경와(敬窩) 선생님이 이어받아 전한 것이다.

해방 후 시중에 유통되는 조선역사 천자문은 모두 곡성읍 동악산에서 비밀리에 항일독립운동을 이끌어 가던 애국지사들이 숲 속에 숨어서 비밀교재로 사용하던 이 민족자존(民族自存)의 교본(教本)을 인용한 것이다.

1910년 경술년(庚戌年) 이른바 한일합병늑약(韓日合倂勒約)으로 단군(檀君) 이래 만 년을 이어 오던 나라와 백성이 일본에 병합되어 가혹한 식민(植民)으로 살아야 했었던 경술국치(庚戌國恥) 백 년, 그리고 해방 65년을 맞이하여, '한국학술정보(주)'에서 경와 선생님의 조선역사 천자문을 전문 한자교본으로 간행하여 선열들의 역사를 후대에 전하게 된 것은 이 나라의 정기가 살아 있음을 증명하는 것으로 '한국학술정보(주)'에 감사의 인사를 드린다.

이에 경와 선생님이 전한 동악산본(動樂山本)의 조선역사 천자문을 1895년 간행한 최초의 한국사 교과서 "조선역사(朝鮮歷史)"와 일제(日帝)가 친일파 심형진(沈衡鎭)을 내세워 왜곡해 만든 "조선역사 천자문"과 대조하면서, 우리 역사를 어떻게 말살했는지를 밝히고, 자라나는 청소년들은 물론 남녀노소 누구나 역사와 한자공부를 하는 데 도움이 될 수 있도록 한문을 전문적으로 사용하였다.

바라건대 동악산 애국지사들이 붓을 들어 일갈(一喝)하고 경와 선생님이 지켜 전한 이 역사천자문이 일본의 본질을 깨닫고, 지난 65년 동안 청산하지 못한 일제(日帝)의 주구(走狗)들과 아직도 식민사관을 신봉(信奉)하는 학계와 종교계의 현대판 매국노들을 역사와 민족 앞에 단죄하는 계기가 되기를 바란다.

단기 4343년 경인(庚寅 2010) 팔월(八月)
동악산 누옥에서 박혜범 씀

〈조선의 마지막 선비 경와(敬窩) 선생님의 생전 모습〉

목차

서 문 ● 4

제1장 조선역사 천자문을 전한 동악산 ● 9

제2장 조선역사 천자문 ● 17

제1장

조선역사 천자문을 전한 동악산

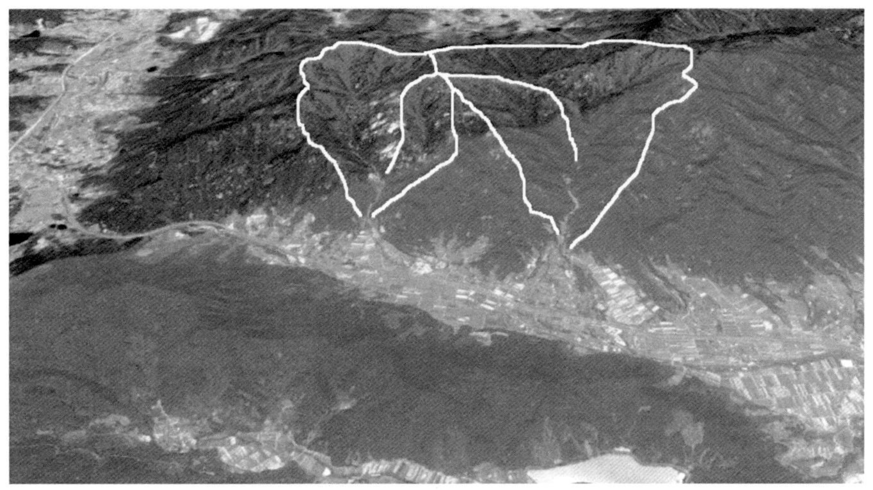

◇ 천간지비(天慳地秘) 동악산(動樂山)
처음 하늘의 상제(上帝)가 세상을 다스리기 위해 하늘 천(天) 자로 만들어 숨겨 둔 천부(天府) 전남 곡성군 곡성읍에 소재한 동악산(動樂山)은 이 땅의 우국지사들이 주역(周易)의 빛나는 방책(方策)과 가르침으로 항일독립운동을 일으켜 나라를 되찾고 백성을 구하여 오늘의 자유 대한민국을 있게 한 역사의 현장이며, 귀감으로 삼아 자손만대에 전할 호국(護國)의 성지(聖地)다.

　본 역사천자문(歷史千字文)은 1895년(고종 32) 학부(學部)에서 편찬, 간행한 초등학교용(소학교) 최초의 한국사(韓國史) 교과서 조선역사(朝鮮歷史)를 1928년 12월 20일 전남 광주 인쇄소에서 친일파 심형진(沈衡鎭)이 내선일체(內鮮一體) 황국신민화(皇國臣民化)로 우리 민족을 말살(抹殺)하려는 일본을 위해 개악

(改惡) 발행한 최초 역사왜곡 교과서를 당시 전남(全南) 곡성군(谷城郡) 곡성읍(谷城邑) 동악산(動樂山)에서 은거(隱居)하며 항일의병과 민족독립운동을 이끌어 간 우국지사들이 민족계몽을 통한 항일운동과 민족독립운동의 일환으로 서두(書頭)와 말미(末尾)의 내용을 바로잡아 숲 속에 숨어서 학생들을 가르치던 교본을 비밀독립군의 일원이었던 경와(敬窩) 선생님이 이어받아 전한 것이다.

이에 우리의 소중한 역사와 정신을 지켜 내고 역사천자문을 오늘에 전한 동악산을 여기서 소개한다.

사람의 머리 위에서 끝없이 넓은 것이 하늘(天)이고 하늘은 태극(太極)이니, 처음 하늘의 상제(上帝)가 세상을 다스리기 위해 하늘 천(天) 자로 만들어 숨겨 둔 천부(天府, 천신(天神)의 관청) 전남 곡성군 곡성읍에 소재한 동악산(動樂山)은 이 땅의 우국지사들이 주역(周易)의 빛나는 방책(方策)과 가르침으로 항일독립운동을 일으켜 나라를 되찾고 백성을 구하여 오늘의 자유 대한민국을 있게 한 역사의 현장이며, 귀감으로 삼아 자손만대에 전할 호국(護國)의 성지(聖地)다.

특히 영원무궁한 하늘인 태극이 음(陰)과 양(陽)으로 나누어져 운기(運氣)하고 있는 2개의 봉우리(성출봉(聖出峯 형제봉))를 다시 하늘이 대장봉(大壯峯))에서 동북과 남서로 2개의 산줄기를 내어 청룡(靑龍)과 백호(白虎)를 만들어 좌우를 성곽처럼 에워쌌고 정면의 남동 방향에는 통명산(通明山)에서 흘러내린 산줄기가 주작(朱雀)이 되어 동천(洞天)을 굳게 지키고 있는 산의 모습은 이곳이 천부(天府)이며 천·지·인(天·地·人) 삼태극(三太極)이 운기하고 있는 천하제일의 명당임을 말해 주고 있다.

이처럼 하늘 천(天) 그 중심에서 태극이 음과 양으로 나누어져 상생상극(相生相剋)하면서 운기하고 있는 동악산은 구한말과 일제강점기에 항일의병과 독립군들이 구곡(九曲), 즉 구궁팔괘진(九宮八卦陣)을 설치하여 빼앗긴 나라를 되찾고 오늘의 자유 대한민국을 있게 하여 주었으니, 동악산이야말로 하늘의 상제가 우리 민족을 위해 마련해 둔 천부인(天符印)이며, 세상의 선비들이 도통(道統)의 연원(淵源)을 이어 가는 근본도량(根本道場)이다.

특히 동악산 성출봉(聖出峯 형제봉)을 중심으로 흘러내린 청류동(清流洞)·고반동(考槃洞)·원계동(元溪洞) 3개의 골짜기에 설치된 구곡(九曲)은 구궁팔괘진(九宮八卦陣)을 설치한 것이다.

쇄국정책의 상징인 청류동 일곡(一曲) 쇄연문(鏁烟門)과 나를 따르라는 원계동(元溪洞) 일곡(一曲) 종오소호(從吾所好)가 하늘 천(天)을 받치고 있는 주춧돌이며, 대장봉에서 뻗어 내려 운기하고 있는 태극을 지키고 있는 좌우 성문(城門)의 역할을 하고 있다.

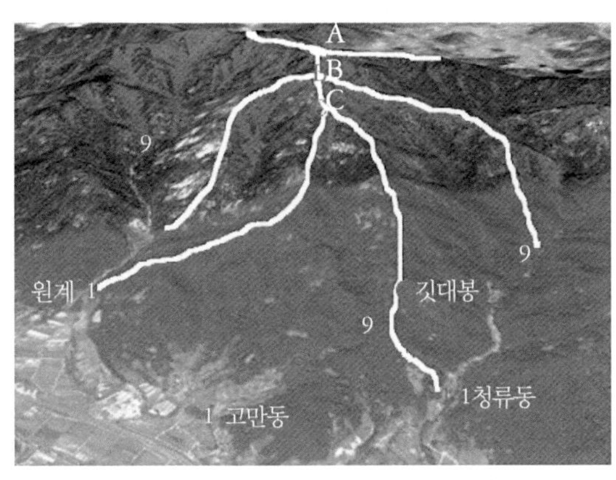

◇ 동악산 구궁팔괘진(九宮八卦陣)
A 대장봉(大壯峯 744m)·B 성출봉(聖出峯 750m 형제봉 서봉, 음(陰))·C 성출봉(聖出峯 715m 형제봉 동봉, 양(陽))이고, 청류동 구곡(九曲)과 고반동 구곡 원계동 구곡은 천지인(天地人) 삼태극(三太極)을 상징한 것이며 3개의 골짜기에 설치된 구곡(九曲)은 구궁팔괘진(九宮八卦陣)이다.

또한 동쪽을 지키는 청류동은 태극통체일리(太極統體一理)가 만화(萬化)의 근본이라는 주자(朱子)가 해석한 태극도설(太極圖說)을 인용한 무태통천(無太洞天)이라 하여 하늘(天)을 뜻했고, 마을은 선비들이 사는 곳이라는 언동(彦洞)이라 하고, 태극도설의 중심사상인 인간은 또 다른 하늘이라는 인간별시천(人間別是天)과 중정인의(中正仁義)를 돌에 새겨 인극(人極)을 세운 고반동(考槃洞)은 땅(地)을 뜻했으며, 원계비둔(元溪肥遯)이라 하여 군자(君子)가 그 지위에서 물러나 세상을 피해서 산다는 원계동은 사람(人)을 뜻했으니, 태극이 변한 음(陰)과 양(陽)인 성출봉(형제봉) 2개 봉우리를 중심으로 천·지·인(天·地·人) 삼태극(三太極)을 안배 괘(卦)를 설치했음을 분명하게 알 수가 있다.

이 하늘 천(天)에서 흘러내린 청류동·고반동·원계동 3개의 골짜기에 구곡을 설치한 주체가 당시 주자의 성리학(性理學)을 신봉하면서 동악산 항일의병과 독립운동을 이끌어 간 의병(義兵)들이었으니, 이 하늘 천(天)은 주역(周易)의 우주관을 말하는 것이며, 3개의 골짜기에 설치한 구곡은 주역의 괘사(卦辭)를 인용한 구궁팔괘진(九宮八卦陣), 즉 기문팔진도(奇門八陣圖)를 펼쳐 놓은 것이다.

이는 우주(宇宙), 즉 하늘은 태극(太極)이고 태극은 변하여 음(陰)과 양(陽)을 낳고, 음과 양은 변하여 사상(四象)을 낳고, 사상은 팔괘(八卦)를 낳으며, 8괘는 다시 64괘가 되어 천·지·인(天·地·人) 삼극(三極)의 한 축인 사람들이 다양한 길흉화복을 극복하는 지침이며, 군자(君子)가 나라의 위기를 극복하고 천하를 태평성대로 이끄는 치국(治國)의 요결이므로, 청류동·고반동·원계동에 설치된 구곡은 곡성의 선비들을 중심으로 전국의 우국지사들이 모여, 이 주역의 괘사(卦辭)를 이용하여 일본군에 대항했던 군사전략이었으며, 당시 기우만(奇宇萬 1846~1916)·전우(田愚 1841~1922)·송병선(宋秉璿 1836~1905)·황현(黃

玹 1855~1910)・최익현(崔益鉉 1833~1906) 등등 전국의 우국지사들이 동악산으로 모여들어 원통한 눈물을 흘리면서 국권회복의 방책을 논의한 이유가 바로 이것이었다.

알기 쉽게 설명하면, 구한말 전국의 우국지사들이 동악산으로 모여들어 의기(義旗)를 세우고, 일제(日帝)에 강탈된 나라의 국권회복을 위해 각 고을의 창의(倡義)를 독려하고, 특히 1906년 윤 4월 13일 전라북도 태인(泰仁) 무성서원(武城書院)에서 의병을 일으킨 최익현이 각종 군자금과 무기를 확보하기에 보다 손쉬운 장성군(長城郡)을 비롯한 인근의 부유한 고을들을 버리고 굳이 아무것도 바랄 것이 없는 빈곤한 곡성으로 곧장 달려와 4월 17일 호남 각 고을의 선비들에게 의병을 일으켜 나라를 구해 달라는 격문을 띄우고 돌아간 이유가 바로 하늘 천(天)의 동악산이 천지자연의 이치와 만물을 나타내는 괘(卦)이며, 태극이 운기하고 있는 조선 성리학(性理學)의 성지(聖地) 해동무이(海東武夷)이고, 조선의 선비들이 실사구시(實事求是)의 정신으로 유학(儒學)의 본지(本旨)를 찾고 도통(道統)의 연원(淵源)을 이어 가면서 민족자존의 항일의병과 민족독립운동을 이끌어 간 위정척사사상(衛正斥邪思想)의 모태(母胎)였음을 말해 주는 것이다.

조선시대의 기록을 보면 김인후(金麟厚 1510~1560)・고경명(高敬命 1533~1592)・정철(鄭澈 1536~1593)・유형원(柳馨遠 1622~1673)・허생(許生)・박세채(朴世采 1631~1695)・김창협(金昌協 1651~1708)・김창흡(金昌翕 1653~1722)・이익(李瀷 1681~1763)・정약용(丁若鏞 1762~1836)・기정진(奇正鎭 1798~1879) 등등을 비롯하여 구한말에는 기우만(奇宇萬)・최익현(崔益鉉)・전우(田愚)・송병선(宋秉璿)・황현(黃玹) 등 그 이름만 들어도 쟁쟁한 선비들과 나라를 위해 절의(節義)를 지킨 열사(烈士)들이 동악산으로 들어온 것은, 동악산이 조선의 유학자들이 도통의 연원을 이어 가는 성스러운 땅이었음을 말해 주는 것이다.

제2장

조선역사 천자문

경와(敬窩) 엄수동(嚴受東) 선생님이 전한 동악산본(動樂山本)

본 "조선역사 천자문(朝鮮歷史 千字文)"은 전남 곡성읍 동악산에서 은거하며 항일의병과 민족독립운동을 이끌어 간 우국지사들이 나라의 역사와 정신을 지키기 위해 숲 속에서 비밀리에 가르치던 교본을 경와 선생님이 이어받아 제자들을 가르쳤던 동몽독본(童蒙讀本)에 수록해 놓은 것으로, 자라나는 청소년들에게 과거 일본이 이 땅에서 자행한 우리 역사 말살음모(抹殺陰謀)를 밝히는 동시에, 우리의 우국지사들이 어떻게 역사를 지켜 왔는지 깨닫게 하고, 겸하여 한자공부에 도움을 주려는 의도로 그동안 연구 수집한 자료를 정리한 것이다.

이 "조선역사 천자문"은 1895년(고종 32) 학부(學部)에서 편찬, 간행한 초등학교용 최초의 한국사(韓國史) 교과서 "조선역사(朝鮮歷史)"를 1928년 12월 20일 전남 광주 인쇄소에서, 친일파 매국노 심형진(沈衡鎭)이 우리 민족을 말살하려는 일본의 내선일체(內鮮一體) 황국신민화(皇國臣民化)를 위해 개악(改惡) 발행한 책인데, "조선역사"에 없는 내용들로 왜곡 폄훼하여, 당시 우리 국민들로 하여금 우리들의 역사를 부끄럽게 여기도록 만들어 놓았으며, 해방된 지 60년이 지난 지금도 일제(日帝)가 만들어 놓은 이 식민사관(植民史觀)이 우리가 배우고 있는 한국의 역사교육 전 과정에 걸쳐 영향을 미치고 있으며, 그 결과 우리의 주체성과 정체성 확립에 커다란 걸림돌이 되고 있어도 그 엄청난 폐해를 알지 못하고 있으니 참으로 수치스러운 일이다.

이러한 반민족적인 "조선역사 천자문"을 당시 곡성읍 동악산을 근거로 활동하던 민족독립운동을 이끌어 가던 애국지사들이 이 책(조선역사 천자문)은 우리 국민들의 눈과 귀를 멀게 하고, 일본의 노비(奴婢)로 만드는 매국노의 글이라고 분노하며, 민족계몽을 통한 항일독립운동의 일환으로 서두(書頭)와 말미(末尾)의 내용을 바로잡아 숲 속에 숨어서 학생들을 가르치던 교본을 비밀독립군의 일원이었던 경와(敬窩) 선생님이 이어받아 오늘에 전한 것이다.

【부연하면 이 "조선역사 천자문" 서두와 말미를 제외한 나머지 본문은, 당시 활동하던 독립군들이나 경와 선생님이 확인 수정할 수 있는 범주를 벗어난 것으로 **'매국노 심형진의 본'**이며, 심형진의 "조선역사 천자문"은 해방과 함께 사라져 버리고, 지금은 동국대, 서강대, 단국대 도서관에 3권이 전해질 뿐이다.】

곡성읍 동악산에 은거하며 비밀리에 항일독립운동을 이끌어 가던 애국지사들이 역사를 지키고 정신을 지키기 위해 친일 매국노 심형진이 쓴 "조선역사 천자문"을 바탕으로 서두(書頭)와 말미(末尾)의 내용을 바로잡아 숲 속에서 비밀리에 가르치던 이 역사천자문은 경와 선생님이 〈○ 안(按)〉이라 하여, 주석(註釋)을 하여 전한 "조선역사 천자문"이므로, **"엄수동(嚴受東) 선생님이 전한 동악산본(動樂山本)"**이라 하였다.

또한 본인 **박혜범**이 해석과 수정한 내용은 〈※ 주(註)〉라 하여, 필요한 부분마다 본문 밑에 부기(附記)하였고, 친일 매국노 심형진이 쓴 "조선역사 천자문"은 <**매국노 심형진, 조선역사 천자문에서 발췌**>라고 인용 글 밑에 부기하였다.

유의할 것은 여기에 기록된 내용들은 일제강점기 식민사관일 뿐 최근 새롭게 밝혀진 학설(學說)이나 사실과 다를 수 있으므로, 보는 이들은 참고하여 착오가 없기를 바란다.

끝으로 당시 총독부가 움켜쥐고 있던 방대한 사료들을 일일이 조사, 확인할 방도가 없었음에도 불구하고 중요한 서두와 말미를 수정하고 부분적으로 보완하여, 우리의 역사를 지켜 낸 동악산 항일독립운동을 이끌어 간 애국지사들과 굳건히 지켜 오늘에 전한 경와 선생님의 애국심에 감사의 인사를 드린다.

바라건대 동악산 애국지사들이 지켜낸 "조선역사 천자문"과 한국 근대 최초의 역사 교과서인 "조선역사"와 친일 매국노 심형진이 쓴 "조선역사 천자문"을 비교하여, 이제라도 우리 학계에서 일제 식민사관을 일소하는 계기가 되기를 바란다.

朝鮮歷史 千字文

조 선 역 사   천 자 문

엄수동(嚴受東) 선생님이 전한 동악산본(動樂山本)

> 乾坤1) 肇闢하니 槿2) 域3) 朝鮮4)이로다.5)
> 건곤 조벽   근 역 조선

하늘과 땅이 비로소 열리니 무궁화나무로 조선(朝鮮)의 땅을 정하였다.

> 此言은 朝鮮實是天作6)之國也라. 以槿爲域하니 槿花
> 차언   조선실시천작 지국야   이근위역   근화
> 는 卽俗稱 無窮花라. 此花 惟獨朝鮮特尙之라. 故로 亦稱
> 즉 속 칭 무궁화 차화 유독조선특상지 고   역칭
> 朝鮮曰槿域 也라.
> 조 선 왈 근 역 야

이 말은 조선은 진실로 하늘이 만든 나라이며, 근화(槿花)의 땅이라 한
다. 즉 근화(槿花)는 속칭 무궁화라 하는데, 유달리 조선 사람들이 이 나
무를 특별히 사랑하는 까닭으로, 또한 조선을 무궁화(無窮花)7) 강산(江山)

---

1) 건곤(乾坤): 하늘과 땅. 천지(天地).

2) 근(槿): 근화(槿花). 우리 나라꽃 무궁화를 말함이다. 〈동의어〉 목근(木槿).

3) 근역(槿域): 〈명사〉('무궁화나무가 많은 땅'이라는 뜻으로) '우리나라'를 일컫는 말. 〈동의어〉 근화향(槿花鄕).

4) 조선(朝鮮): 고조선(古朝鮮) 한국 최초의 국가(國家). 고조선은 BC 2333년 단군왕검(檀君王儉)이 세웠다. 요하(遼河)와
   대동강(大同江) 유역에 있었던 고조선은 청동기시대에 국가로 형성되었으며, 한(漢)의 침입으로 말미암아 BC 108년에
   멸망하였다.

5) 하늘 건(乾), 땅 곤(坤), 비로소 조(肇), 열 벽(闢), 무궁화나무 근(槿), 지경 역(域), 아침 조(朝), 고울 선(鮮).

6) 천작(天作): 〈명사〉 사람의 힘을 더하지 않고 저절로 됨. 또는 그 사물.

7) 무궁화(無窮花): 〈명사〉《식물》① 무궁화나무. ② 무궁화나무의 꽃. 우리 나라꽃이다. 〈동의어〉 근화(槿花), 목근(木
   槿). ③ 한국에 일찍부터 무궁화가 있었다는 것을 전해 주는 가장 오래된 기록은 동양 최고의 지리서인 《산해경(山海
   經)》에서 찾아볼 수 있다. 이 책에는 "군자국에는 훈화초가 있는데, 아침에 피었다가 저녁에 진다(君子國 有薰花草 朝
   生暮死)"라는 기록이 있는데, 훈화초는 무궁화를 가리킨다. 《원중기(元中記)》에서도 "군자의 나라는 지역이 천리인데,

이라고 부르는 것이다.

> **粤稽歷代8)하니 萬古9)連綿10)이로다.11)**
> 월계력대　　　만고　연면

이에 대대로 이어 내려온 역사를 돌이켜 보니, 일만 년(一萬年) 유구(悠久)12)한 세월을 이어 왔다.

> **此言은 其歷代昭昭13)하여 可稽而連綿하고 運祚14)가**
> 차언　기역대소소　　가계이연면　　　운조
> **亦循環無窮15)也라.**
> 역순환무궁　　야

이 말은 대대로 이어 내려온 밝고 또렷한 역사가 끊임없이 이어지고, 하늘이 보호하사 또한 영원히 함께한다는 것이다.

〈※ 주(註)〉

다음은 친일 매국노 심형진이 쓴 "조선역사 천자문"이다.

무궁화가 많다(君子之國 地方千里 多木槿花)"라고 하고 있으며, 《고금주(古今註)》에도 비슷한 기록이 전한다고 한다. 또한 신라에서도 최치원(崔致遠)이 지어, 효공왕(孝恭王)이 당나라 소종(昭宗)에게 보냈다는 국서(國書) 가운데 한국을 '근화지향(槿花之鄉: 무궁화의 나라)'이라 하였는가 하면, 고려 예종 때에는 고려를 스스로 '근화향'이라 자칭하였다는 기록이 있다. 이러한 기록들을 종합하여 보면 예로부터 중국인들은 '군자의 나라 동이(東夷)는 사람들의 민족성이 군자답고, 무궁화가 아름답게 피는 나라'라고 예찬함으로써 한국을 '무궁화 피는 화려강산'으로 인식하여 왔음을 알 수 있다.

8) 역대(歷代): 〈명사〉 대대로 이어 내려온 그 여러 대. 또는 그동안. ¶ ~ 왕조. ~ 장관. 〈동의어〉 역세.

9) 만고(萬古): 〈명사〉 ① 오랜 옛적. ~로부터 내려오는. ② 오랜 세월 동안. ~에 길이 빛날 업적. ③ 세상에 비길 데가 없음. ~의 영웅.

10) 연면(連綿): ① 길게 이어저 끊이지 않는 모양. ② 처마. 지붕의 끝 부분.

11) 이에 월(粤), 상고할 계(稽), 지낼 역(歷), 이을 연(連), 이어질 면(綿).

12) 유구(悠久): 유구하다. 〈형용사〉〈여불규칙활용〉 길고 오래다. 유구한 역사. 유구-히.

13) 소소(昭昭): (일의 내막이나 이치가) 분명하다. 뚜렷하다. 소연하다. 소소—히.

14) 운조(運祚): ① 돌아오는 운. ② 천자(天子)의 행운. 또는 하늘에서 받은 행복.

15) 무궁(無窮): 〈명사〉 공간이나 시간 따위의 끝이 없음.

乾坤曠漠　古今連綿　半萬歷代　槿域朝鮮
건곤광막　고금연면　반만역대　근역조선

일본이 미개(未開)[16]한 땅에 은혜를 베풀며, 오랜 옛날부터 오늘에 이어졌는데, 반만년을 이어온 근화(槿花)의 땅 조선(朝鮮)이다.

自檀君朝鮮迄至于今[17]　凡四千二百有餘年　故曰半萬年歷史
자 단 군 조 선 흘 지 우 금　범 사 천 이 백 유 여 년 고 왈 반 만 년 역 사

단군(檀君)으로부터 조선(朝鮮)에 이르렀는데, 이제까지 모두 4천2백여 년이다. 그러므로 말하기를 반만년 역사라고 한다.

○ 槿花　俗稱　無窮花　此花　東洋惟獨朝鮮特有之花　故稱
근화　속칭　무궁화　차화　동양유독조선특유지화　고칭

朝鮮曰槿域
조 선 왈 근 역

근화(槿花)는 속칭 무궁화(無窮花)라 하는데, 이 꽃은 동양에서 유독 조선에서만 특별한 꽃이었다. 그러므로 조선을 칭하여 근화(槿花)의 땅이라 하였다.

〈매국노 심형진, 조선역사 천자문에서 발췌〉

당시 조선 역사책이라 할 수 있는 이 "조선역사 천자문" 본문과 주석(註釋)을 얼핏 보면 특별할 것이 없어 보이지만, 본문 첫머리 건곤광막(乾坤曠漠)을 풀어 보면, 하늘을 뜻하는 건(乾)은 본래 아침 해가 솟아오르는 빛나는 모양을 나타내며, 동시에 초목의 싹이 향하는 위는 하늘이므로 해를 말하고, 해는

---

16) 미개(未開): 〈명사〉《사회학》 민도(民度)가 낮고 문명이 발달하지 못한 상태. 미개국(未開國). 미개한 나라. 미개인(未開人): 미개한 인종.

17) 우금(于今): 〈부사〉 이제까지. ¶너를 얻어 손 가운데 지닌 지 ～ 이십칠 년이라. 〈조침문〉.

일본(日本)을 뜻하는 것이니, 이는 일본이 내선일체를 통한 황국신민화로 우리 민족을 말살하려는 음모의 서곡(序曲)이다.

이러한 일본의 음모는 '밝다'는 뜻을 지닌 '광(曠)' 자를 사용하여 "하늘이 어두운 땅을 환하게 밝혔다" 하였는데, 이것은 일장기(日章旗)와 함께 풀어 보면 "일본이 미개한 땅에 은혜를 베풀었다"는 노골적이고 분명한 뜻이다.

제국주의 상징인 일장기(日章旗)에서 일장(日章)의 의미를 살펴보면 "군자지도(君子之道) 암연이일장(闇然而日章), 군자(君子)의 도(道)는 어두워 보이나 날로 빛난다"는 중용(中庸) 제5편 성론(聖論) 제7장[18]을 원용(援用)[19]한 일제의 황국사관(皇國史觀)과 정확하게 부합되는 대목이다.

일본(日本)은 문자 그대로 왕을 천황(天皇)[20]이라 하여, 옥황상제(玉皇上帝), 즉 하느님이라 칭하고 태양이 처음으로 솟는 동방(東方) 부상(扶桑)[21]의 바다에 있다는 신성한 나라 부상국(扶桑國)이라는 뜻으로 일본(日本)이라 하였고, 이는 일본은 세상을 밝히는 하늘이며 태양이라는 뜻이다.

여기에 이른바 군자(君子)의 나라 조선에서 신성시하는 동(東) 자를 풀어 보면 나무에 해가 달린 것으로, 곧 동쪽 바다 속에 있어 해가 달려 있다는 부상(扶桑)의 나무, 즉 일본을 말하는 것이며 동(東) 자의 또 다른 의미는 주인(主人)을 뜻하므로, 예로부터 손님과 주인이 마주할 때 주인이 동쪽에 앉는 풍습에 따라 임금과 스승과 아버지는 물론 죽은 자를 매장하는 묘지(墓地)마저도

---

18) 중용(中庸) 제5편 성론(聖論) 제7장: 시왈(詩曰) 의금상경(衣錦尙絅) 오기문지저야(惡其文之著也) 고(故) 군자지도(君子之道) 암연이일장(闇然而日章) 소인지도(小人之道) 적연이일망(的然而日亡). 시경(詩經)에 이르기를 "비단옷을 입고 홑옷을 걸친 것은 그 화려함이 드러나는 것을 싫어한 것과 같이, 군자의 도는 어두운 듯하나, 날로 밝아오고 소인의 도는 확연한 듯하지만, 날로 사그라진다." 하였다.

19) 원용(援用): 〈명사〉 자기의 이익이 되도록 어떤 사실을 끌어다가 씀.

20) 천황(天皇): 〈명사〉 ① 옥황상제. ② 일본에서 그 임금을 일컫는 말.

21) 부상(扶桑): 중국의 전설에 동해(東海) 속에 있다는 신령스러운 상상의 나무로 해가 돋는 동쪽 바다 속, 해가 뜨는 곳에 있다는 나무.

동쪽에 어른을 모시는 조선인들에게 일본이 주인이라는 뜻이다.

그러므로 조선은 대대로 일본의 보호를 받고 살았다. 즉 태초 단군시대부터 대대로 일본이 미개한 조선에 하늘같은 은혜를 베풀었고, 조선은 일본의 보호 아래 반만년을 살았으므로, 조선이 일본과 보호조약을 맺고 일본의 보호를 받는 것은 당연한 귀결이며, 마땅히 일본을 우러러 찬양하라는 뜻이므로, 동악산에서 항일독립운동을 이끌어 간 우국지사들이 분노한 까닭이 여기에 있는 것이며, 한민족 건국신화(建國神話)를 상징하는 '건곤조벽(乾坤肇闢)'으로 바로잡은 이유다.

이해하기가 어렵다면 당시 일장기(日章旗)였고, 지금은 일본의 주력군(主力軍)인 해군에서 사용하는 욱일승천기(旭日昇天旗), 즉 떠오르는 아침 해를 상징한 일본 해군기(海軍旗)를 상기하기 바란다.

패망한 일본이 제국주의 상징인 일장기를 주력군인 해군의 심벌마크로 사용하고 있는 것은, 아시아 침략과 태평양전쟁을 정당화할 뿐 반성할 마음이 추호도 없으며, 오늘날 일본의 정치가들은 물론이거니와 평화세력이라는 지식층들이 외치는 과거반성과 참회는 군국주의 침략근성을 감추려는 허울 좋은 '립 서비스(lip service)'일 뿐이다.

참고로 일본이 최초 조선역사 교과서에 분명하게 기술된 우리의 단군역사를 없애 버린 것은, 여러 가지 정치적인 이유가 있겠지만, 단군역사를 모방한 일본 천황신화(天皇神話)를 보호하여, 자국민들에게는 선민의식(選民意識)을 고취시키고, 식민지 조선국민들을 우민화(愚民化)시키려는 식민사관에서 만들어 낸 우리 역사 말살이라는 것을 분명하게 깨달아야 한다.

다른 한편으로 스스로 왕을 천황(天皇)이라 하여 하느님이라 칭하고, 태양이 처음으로 솟는 땅이라는 뜻으로 일본(日本)이라 한 일제가 조선을 침략한 이후 이 일(日) 자를 어떻게 활용하여, 조선의 역사와 정신을 말살시켰는지, 당시 일본이 경복궁(景福宮)[22] 앞뒤에 세운 조선총독부(朝鮮總督府)[23]와 총독 관저(總督官邸)를 보면 잘 알 수가 있다.

지금은 철거되고 없지만 옛 총독부 청사였던 중앙청 건물을 하늘에서 보면, 일본을 뜻하는 일(日) 자에 태양을 상징하였다는 것은, 잘 알려진 사실이며, 청와대는 1927년 일제에 의하여 세워진 조선총독 관저였다.

◇ 1945년 9월 9일 미국 해군이 항공 촬영한 총독부 청사(옛 중앙청)의 모습
사진에서 보듯이 조선의 정궁(正宮)인 경복궁(景福宮) 정면에 조선을 지배하는 총독부 청사를 일본(日本)을 상징하는 일(日) 자로 지었다. 지금의 청와대가 총독의 관사였으니 건물 하나에 이르기까지 일제의 치밀하게 계획된 조선말살정책을 알 수가 있다.

---

22) 경복궁(景福宮): 〈명사〉 조선 때의 정궁(正宮). 태조 3년(1394)에 건립을 시작하여 태조 4년(1395)에 완공되었다. 임진 왜란 때 소실되었으나 고종 때 흥선 대원군에 의해 재건되었다. 사적 제117호. 서울특별시 종로구 세종로에 소재한다.
23) 조선총독부(朝鮮總督府): 〈명사〉 일제강점기 때, 우리나라의 정무를 통할하던 중앙 행정부. 1910년 한일 합방과 더불어 종래의 통감부를 없애고 설치하여, 우리나라에서의 입법·행정·사법권 및 군대 통수권을 장악했다.

일제가 경복궁 정면에 조선총독부를 세우고, 다시 경복궁 후면에 총독 관저를 지어 놓은 것은, 조선 왕실의 정궁(正宮)인 경복궁의 앞에서 일본의 위용을 과시하고, 경복궁 후면에 있는 총독의 관저는 상왕(上王)을 의미한 것으로, 이는 일왕의 사자(使者)인 총독이 식민지 나라 조선의 임금과 백성들을 이끌고 일본, 즉 남산에 있는 신궁(神宮)을 향하여 우러르며 엎드린 것을 상징한 것으로 한민족 역사에서 가장 굴욕적이고 치욕적인 현장이다.

이 총독부 청사를 풍수사상과 역사로 풀어 보면, 한반도 대동맥인 한강의 혈관 위에서, 뒤로는 조선 5백 년 정궁인 경복궁의 시중을 받으며, 덕수궁(德壽宮)[24]과 창덕궁(昌德宮)[25]을 좌우 정승으로 거느리고, 사직단(社稷壇)[26]의 기원을 받으며, 4대문 깊숙이 한가운데 자리한 총독부를 기준으로, 정면의 남대문(숭례문(崇禮門))[27]을 국보(國寶)[28] 1호로 지정한 것은, 임진왜란 당시 가

---

24) 덕수궁(德壽宮): 서울특별시 중구(中區) 정동(貞洞)에 있는 조선시대 궁궐. 넓이 6만 1,500㎡. 궁이 있는 자리는 원래 성종(成宗)의 형인 월산대군(月山大君)의 집이 있던 곳으로. 임진왜란 뒤 선조(宣祖)가 임시로 왕의 거처로 쓰면서 궁이 되었다. 정릉동행궁(貞陵洞行宮)이라고 하던 이곳에서 선조가 죽은 뒤 광해군(光海君)이 즉위하였는데. 그해 완성된 창덕궁으로 떠나면서 경운궁(慶運宮)이라는 궁호를 붙여 주었다. 그 뒤 조선 후기에는 거의 관심을 기울이지 않았으며. 광해군이 인목대비(仁穆大妃)를 유폐시킨 일이 있었다. 1897년(고종 34) 고종(高宗)이 러시아공사관에서 이 궁으로 거처를 옮기면서 비로소 궁궐다운 장대한 전각들을 갖추게 되었다.

25) 창덕궁(昌德宮): 서울특별시 종로구(鍾路區) 와룡동(臥龍洞)에 있는 조선시대 궁궐. 사적 제122호. 1405년(태종 5)에 이궁(離宮)으로 조성되었으며. 임진왜란 때 불탄 것을 1607년(선조 40)부터 다시 짓기 시작하여 1610년(광해군 2)에 완공되었다. 그러나 1623년(인조 1) 인조반정 때 인정전(仁政殿)을 제외한 대부분의 건물들이 불타 1647년에 다시 짓기 시작했다. 그 후에도 크고 작은 화재가 있었으며. 특히 1833년(순조 33)의 큰 화재 때 대조전(大造殿)과 희정당(熙政堂)이 불탔으나 곧 다시 중건되었다. 1908년에 일본인들이 궁궐의 많은 부분을 변경했으며. 1917년에 큰 불이 나자 일제는 불탄 전각들을 복구한다는 명목 아래 경복궁의 수많은 전각들을 헐어 내고는 이 가운데 극히 적은 재목들을 사용하여 창덕궁을 변형·복구했다. 이 궁궐은 창경궁과 이어져 있고, 뒤쪽에 후원이 조성되어 있다. 조선시대의 정궁은 경복궁이었으나 임진왜란으로 소실된 뒤 1867년에 복원되었기 때문에 광해군 때부터 300여 년간 정궁으로 사용되었다.

26) 사직단(社稷壇): 서울특별시 종로구(鍾路區) 사직동에 있는 조선 초기의 제단. 임금이 백성을 위하여 토신(土神)과 곡신(穀神)에게 제사 지내던 제단이다.

27) 숭례문(崇禮門): 서울특별시 중구 남대문로 4가에 있는 조선 초기의 대표적 성문. 서울도성의 4대문 중 남쪽에 있어서 남대문이라고 불린다.

28) 국보(國寶): 보물에 해당하는 문화재 중 국가가 법적으로 지정한 문화재. 지정대상은 목조건축·석조건축·분묘·전적·서적·고문서·회화·조각·고고자료·무구·공예품 등으로. 보물에 해당하는 문화재 중에서 특히 역사적·학술적·예술적 가치가 큰 것. 제작연대가 오래되고 특히 그 시대를 대표하는 것. 제작의장이나 제작기술이 우수한 것. 특히 저명한 인물과 관련이 깊거나 그가 제작한 것 등이다.

토 기요마사(加藤淸正)가 이끄는 일본군이 제일 먼저 조선 왕궁으로 입성한 자랑스러운 승리의 문이니, 당시 일본 정부가 식민지 조선 땅에 건물 하나를 짓고 문화재 하나를 지정하는데, 얼마나 치밀하게 준비했는지 알 수 있는 일이다.

참고로 동대문(흥인지문(興仁之門))을 보물(寶物)29) 1호로 지정한 이유 역시 임진왜란 당시 가토와 함께 일본군 선봉을 담당한 고니시 유키나가(小西行長.)가 이 문을 통해 입성해 도성을 함락시킨 일본 역사의 자랑스러운 상징성이 그 이유다.

이러한 사실들은 1910년 8월 22일 체결하여 8월 29일 공포한 이른바 한일합병조약을 성립시켜 대한제국을 멸망시키면서, 순종(純宗)30)은 황제(皇帝)의 위(位)에서 이름뿐인 왕으로 격하(格下)31)되어, 창덕궁 이왕(李王)으로 예우하는 조처가 취해졌고, 허울 좋은 왕위(王位)는 세습되도록 하였다는 기록과 함께 살펴보면, 일본의 조직적인 음모에 지금도 모골(毛骨)32)이 송연(悚然)할 지경이다.

오늘날 1895년(고종 32) 학부에서 편찬 간행한 초등학교용 최초의 한국사 교과서 조선역사에 분명하게 기록된 단군의 건국역사가 부정되는 것은, 바로

---

29) 보물(寶物): 역사적 · 예술적 · 학술적 가치가 큰 것으로서 국가가 법적으로 지정한 유형문화재. 지정 대상은 목조건축 · 석조물 · 전적 · 서적 · 고문서 · 회화 · 조각 · 공예품 · 고고자료 · 무구 등이다. 지정의 법적 근거는 문화재보호법에 명시하고 있으며, 지정 기준은 문화재보호법시행규칙에 의거한다.

30) 순종(純宗 1874~1926): 조선 제27대 마지막 왕(1907~1910). 이름은 척(拓). 자는 군방(君邦), 호는 정헌(正軒). 고종과 명성황후(明成皇后)의 둘째 아들. 비는 순명효황후(純明孝皇后) 민씨, 계비(繼妃)는 순정효황후(純貞孝皇后) 윤씨. 1875년(고종 12) 2월 세자(世子)로 책봉되었다. 97년(고종 34) 황태자로 책봉되어, 1907년(순종 1) 헤이그 밀사사건의 책임을 묻는 일본의 압력과 일부 친일정객의 매국행위로 왕위에서 물러나게 된 고종의 양위를 받아 대한제국의 황제로 즉위하였다. 그해 한일신협약(韓日新協約. 丁未七條約)이 체결되었고, 통감부(統監府)를 설치하여 한국의 내정 간섭권을 탈취한 일본은 한국군대를 강제해산시키고 사법권을 강탈하였다. 1910년 8월 29일 일본은 국권을 침탈하여 대한제국을 멸망시키고 한반도를 무력 강점하였다. 순종은 황제의 지위에서 왕으로 강등되어 창덕궁 이왕(昌德宮 李王)으로 불리고 왕위의 허호(虛號)는 세습되도록 조처가 취해졌다. 능은 경기도 남양주시(南楊州市) 금곡동(金谷洞)의 유릉(裕陵)이다. 순종의 인산례(因山禮)를 기하여 6 · 10독립만세운동이 전국적으로 전개되었다.

31) 격하(格下): 〈명사〉 격을 낮춤. 〈반의어〉 격상. 격하 – 하다

32) 모골(毛骨): 〈명사〉 터럭과 뼈. 모골이 송연하다: 끔찍스러운 꼴을 볼 때 몸이 으쓱하고 뼈가 자리자리하다.

이러한 일제식민사관이 그대로 교육되고 답습되는 폐단이며, 그 무엇 그 어떤 것보다도 더 시급히 청산해야 할 일제(日帝)의 황국식민사관(皇國植民史觀)이다.

우리가 우리 스스로 잘못된 일제의 황국식민사관을 청산하고, 일제가 말살해 버린 우리 역사를 바로 세우지 않는 한, 일본의 역사왜곡에 대하여 우리의 목소리는 명분이 없을뿐더러 일본 또한 반성하지 않을 것이다.

생각해 보라? 과거 자기들이 식민지로 지배하면서 왜곡시켜 교육한 내용보다 더 충실하게 실천하는 나라의 역사를 어느 누가 반성하고 시정하겠는가?

문화가 국력이 되는 21세기에 세계 제일의 경제대국 일본의 자본과 결탁된 국내 식민사관을 뿌리 뽑지 않는다면, 장차(將次) 한·중·일 삼국의 경제통합이 이루어지고 국경이 사라지는 날, 중국과 일본이라는 두 강대국의 틈바구니에서, 우리는 무엇으로써 우리를 증명할 것인가?

생각하면 할수록 참으로 부끄럽고 수치스러운 오늘의 우리들이다.

【부연하면 일본은 2006년 "4월 14일부터 6월 30일까지 독도(일본 측 명칭 다케시마)해역에서 해저 측량조사를 실시한다."고 발표하여 우리 국민들의 분노를 샀는데, 우리가 맹세코 잊지 말아야 할 것은, 일본이 우리 한국이 강력하게 반발할 것을 뻔히 알면서도, 독도해역 해저측량 조사를 시작하겠다는 D데이 4월 14일의 의미다.

1592년 4월 13일 21만의 병력으로 조선을 침략. 임진왜란을 일으킨 일본의 고니시 유키나가가 이끈 조선 침략 선봉 제1군 18,700명 대군이 700여 척의 병선(兵船)으로 부산포(釜山浦)를 내습. 다음 날 4월 14일 새벽 부산진성(釜山鎭城)을 함락. 조선침략을 위한 해안 교두보를 확보한 기념비적인 승전의 날이라는 역사적 배경을 놓고 보면 독도에 대한 일본의 도발이 치밀하게 사전

준비된 것이었음을 알 수가 있다.】

南窮釜港하고　北通龍灣33)이로다.34)
남 궁 부 항　　　 북 통 용 만

남쪽으로는 부산 항구에 닿고 북쪽으로는 의주(義州 압록강)까지 통하
였다.

朝鮮地勢가 南坼釜山木浦二港하고 北有鴨綠豆滿二江하니
조 선 지 세　 남 탁 부 산 목 포 이 항　 북 유 압 록 두 만 이 강
釜港은 釜山也오 龍灣은 義州也오 木浦豆灣則偶니 未暇
부 항　　부 산 야　 용 만　 의 주 야　 목 포 두 만 즉 우　　미 가
言矣라.
언 의

　조선의 지형(地形)은 남쪽으로는 부산(釜山), 목포(木浦) 두 항구(港口)
를 열고, 북쪽으로는 압록강(鴨綠江)35)과 두만강(豆滿江)36) 두 강이 있으
니, 부항(釜港)은 부산, 용만(龍灣)은 의주(義州)37)를 말하고, 목포항구와

---

33) 용만(龍灣): 지금의 의주(義州)를 말함 혹은 압록강을 통칭하기도 한다.

34) 다할 궁(窮), 가마 부(釜), 항구 항(港), 통할 통(通), 용 용(龍), 물굽이 만(灣).

35) 압록강(鴨綠江): 한국과 중국의 둥베이지방[東北地方: 滿洲(동북지방: 만주)] 사이에 국경을 이루면서 흐르는 한국 제
　　일의 강. 길이 790km, 유역면적 3만 1,739㎢. 백두산 천지(天池) 부근에서 발원하여 서쪽으로 혜산(惠山)·중강진(中
　　江鎭)·자성(慈城)·만포(滿浦)·위원(渭原)·초산(楚山)·신의주(新義州)를 거쳐 용천군(龍川郡) 용암포(龍巖浦)의 초하
　　류(稍下流)에서 황해로 유입한다. 예로부터 압강(鴨江)·청하(淸河)·마자수·패수·엄리대수(奄利大水) 등 여러 가지
　　이름으로 불렸으며, 중국에서는 황허강[黃河(황하)]·양쯔강[揚子江(양자강)]과 함께 천하의 삼대수(三大水)라 하였다.

36) 두만강(豆滿江): 한반도의 북동부, 북한과 중국의 국경지대를 흐르는 강. 길이 547.8km, 유역면적 3만 3,269㎢(북한
　　1만 743㎢, 중국 2만 2,526㎢). 북한 양강도(兩江道) 삼지연군(三池淵郡) 무두봉(無頭峰) 북동쪽에서 발원하여 북동
　　방향으로 중국과의 국경을 따라 흐르다가 온성읍(穩城邑) 부근에서 남동방향으로 흐름을 바꾸어 동해로 흘러간다. 한
　　반도의 5대강 중의 하나로 길이는 압록강에 이어 제2위이고, 유역면적은 압록강·한강에 이어 제3위이다.

37) 의주(義州): 평안북도 북서쪽에 있는 군. 면적 1,677㎢, 인구 15만 5,979(1993). 동쪽은 삭주군(朔州郡)·천마군(天摩
　　郡), 서쪽은 신의주시(新義州市), 남쪽은 피현군(枇峴郡), 북쪽은 압록강을 사이에 두고 중국과 접한다. 군청소재지는
　　의주읍. 본래 고구려의 영역이었으나, 뒤에 발해에 통합되었고 이어 여진에 점거되었다. 고려 성종 때 용만현(龍灣縣)
　　을 설치하였으며, 화의(和義)라고도 하였다. 현종 초에는 거란에 편입되어 보주(保州, 抱州)라 불렀으며 그 뒤 예종 때
　　의주(義州)라고 고쳐졌다. 고종 때 함신현(咸新縣)으로 강등되었다가 곧 복구되고, 공민왕 때에는 목(牧)으로 승격된
　　뒤 이어 만호부(萬戶府)가 설치되었다. 조선시대에 들어 정주(靜州)와 위원진(威遠鎭)을 영속시켰으며, 임진왜란 때 임

두만강은 그 짝이 되니, 삼천리강산을 말로써 다 할 수가 없다.

〈※ 주(註)〉

조선의 국경을 정의하면서 간도(間島)를 배제하고 압록강과 두만강으로 한정한 것은, 1909년(순종 3) 청(淸)나라와 일본이 맺은 간도협약(間島協約)[38]에 의한 것으로 일제의 식민사관에 의한 설정이다.

해방 후에는 북한과 중국이 1962년에 조중변계조약(朝中邊界條約)을 맺고, 양국(兩國) 간의 경계를 압록강~백두산 천지~두만강으로 정하고, 백두산과 천지를 양분하여 간도를 중국의 관할로 넘겨 버렸는데(북-중 양국은 42년이 지난 2004년 현재까지도 이 조약을 유엔에 등록하지 않았다), 앞으로 통일 한국에서 우리가 찾아야 할 우리의 영토임을 잊지 말아야 할 것이다.

그러나 무엇보다도 심각한 문제는 해방 65년의 세월을 살면서, 우리들은 어처구니없는 이 식민사관으로 교육을 받고 지금도 교육시키고 있는 부끄러운 우리들의 역사교육이다.

금이 피란을 와서 머물렀던 관계로 부윤(府尹)으로 승격되었다. 1895년(고종 32) 행정구역 변경으로 3부(府)의 하나가 되었고 1896년 평안북도 의주군으로 도청소재지를 겸하였으며, 그 뒤 1923년 도청이 신의주로 이전하였다. 광복 뒤 1952년 행정구역 개편에 의해 일부 지역이 삭주군 신의주시로 이관되고 일부지역은 피현군으로 창설됨에 따라, 의주군의 영역은 종전의 의주군 의주면·고성면(古城面)·송장면(松長面)·수진면(水鎭面)·위화면(威化面) 전역과 고관면(古館面)의 5개 이(里)에 신의주시의 1개 이를 포함하여 확정되었다

38) 1909년(순종 3) 간도의 귀속(歸屬)문제를 협정한 청(淸)나라와 일본 간의 협약. 전문 7개조. 일본 통감정치(統監政治)가 시작되자 1906년 참정대신 박제순(朴齊純)이 간도 주재 한국인의 생명·재산을 보호해 달라고 통감 이토 히로부미[伊藤博文(이등박문)]에게 청하는 형식으로 간도문제에 참여하기 시작하였다. 1907년 8월 간도 용정촌(龍井村)에 통감부 파출소(統監府派出所)를 설치한 일본은 한국인의 생명과 재산 보호 및 복리증진을 위해 그 직책을 다한다는 성명을 발표하였다. 동시에 일본은 간도의 가정(假定)경계선을 책정하고 청나라의 간섭에 무력으로 대항할 것도 사양 않을 태도였다. 그러나 일본은 만주문제에 관하여, ① 안봉선(安奉線)의 개축문제. ② 무순[撫順(무순)] 및 옌타이[煙臺(연대)] 탄광의 환부. ③ 잉코우지선[營口支線(영구지선)] 철퇴의 요구. ④ 관외철도(關外鐵道)의 파구먼[法庫門(법고문)] 연장 등으로 청나라와의 사이에 문제가 심각했다. 그리하여 일본이 안봉선 개축문제 해결을 위하여 자유행동을 취하겠다는 최후통첩을 보내자 청은 간도문제에서 양보를 하면 다른 모든 현안을 일본의 주장에 응하겠다고 제의하였다. 이러한 이권상의 문제는 1909년에 4대 이권과 간도의 영토권을 청나라와 교환, 오랜 세월 동안 찾으려고 애쓰던 강역(疆域)을 상실하게 만들었다.

腴土肥野오 淨水佳山이로다.39)
유 토 비 야　　　정 수 가 산

기름진 땅 비옥(肥沃)한 들 맑은 물과 아름다운 산이다.

言朝鮮土地가 膏腴40)하고 山水가 佳麗41)라.
언 조 선 토 지　　　고 유　　　　산 수　　가 려

이 말은 조선은 땅이 비옥하고 강산이 아름답고 화려함을 말하는 것이다.

鴻濛42)混沌43)하야 初無君長44)이로다.45)
홍 몽　　혼 돈　　　　초 무 군 장

동방(東方)의 들 해 뜨는 땅에 너와 나의 구별이 없었으며 임금도 없었고 추장(酋長)46)도 없었다.

古朝鮮時代에 初無君長47)이라.
고 조 선 시 대　　초 무 군 장

고조선 시대 초기에는 임금도 없었고 추장(酋長)도 없었다.

---

39) 기름질 유(腴), 살찔 비(肥), 들 야(野), 깨끗할 정(淨), 아름다울 가(佳).

40) 고유(膏腴): 기름진 땅. 고양(膏壤).

41) 가려(佳麗): (경치 따위가) 아름답고 새뜻하다.

42) 홍몽(鴻濛): ① 천지자연의 원기(元氣). ② 광대한 모양, 천지가 아직 나누어지기 이전의 상태. ③ 동방(東方)의 들, 해 뜨는 곳.

43) 혼돈(混沌/渾沌): 〈명사〉 ① 하늘과 땅이 아직 나뉘지 않은 개벽 전의 상태. ② 사물이 뒤섞여 갈피를 잡을 수 없는 상태. 혼돈되다.

44) 군장(君長): ① 군주와 그의 경대부(卿大夫). ② 임금 군주(君主). ③ 마을의 우두머리 추장(酋長).

45) 기러기 홍 클 홍(鴻), 흐릴 몽(濛), 흐릴 혼(混), 흐릴 돈(沌), 처음 초(初).

46) 추장(酋長): 〈명사〉 (야만족에 있어서) 그 마을의 우두머리. 〈동의어〉 대추(大酋).

47) 군장(君長): 군장(君長): 〈명사〉 ① 임금. ② 원시 부족사회의 우두머리.

檀木異人이 寶籙是享이로다.48)
단 목 이 인　　　 보 록 시 향

박달나무 아래로 내려오신 환웅(桓雄)49)께서 보록(寶籙)50)으로 모든 일들을 이루었다.

有神人51)降于檀木下어늘 立爲君하니 是爲開天弘聖帝
유 신 인　 강 우 단 목 하　　 입 위 군　　 시 위 개 천 홍 성 제
라 元年은 戊辰이니 卽唐52)堯二十五年이라.
　 원 년　 무 진　　 즉 당　 요 이 십 오 년

환웅께서 박달나무 아래로 내려오시매, 그를 옹립(擁立)53)하여 임금을 삼았는데, 이분이 하늘을 열고 내려와 홍익인간(弘益人間)54) 세상을 구현

---

48) 박달나무 단(檀). 다를 이(異). 보배 보(寶). 호적 록(籙). 흠향할 향(享).

49) 환웅(桓雄): 한민족의 시조인 단군(檀君)의 아버지. 천제자(天帝子)·천왕(天王)·천왕랑(天王郎)이라고도 하며 단군신화에 나오는 천제 환인(桓因)의 서자(庶子: 衆子)이다. ≪삼국유사(三國遺事)≫ <기이편(紀異篇)>에 의하면 "옛날 환인의 서자 환웅이 천하에 뜻을 두고 인간세상을 탐내거늘. 아버지가 아들의 뜻을 알고 삼위(三危)·태백(太伯)을 내려다보니 인간세상을 이룩할 만하므로 천부인(天符印) 3개를 주어 내려가 다스리게 하였다. 이에 환웅이 무리 3,000명을 거느리고 태백산(太伯山: 묘향산 妙香山) 꼭대기 신단수(神檀樹) 아래에 내려와 신시(神市)를 열어 풍백(風伯)·우사(雨師)·운사(雲師)를 거느리고 곡식과 수명·질병·형벌·선악 등 인간의 360여 가지 일을 맡아서 세상을 다스리고 교화하였다. 이때 곰과 범이 사람이 되기를 원하자, 환웅이 쑥과 마늘 20개를 주면서 그것을 먹고 100일만 햇빛을 보지 않으면 사람이 될 수 있다고 하였다. 범은 참지 못해 뛰어나갔으나 곰은 삼칠일(三七日)을 금기하여 여자가 되었다. 웅녀(熊女)가 신단수 아래에서 수태하기를 빌자 환웅이 거짓 사람으로 변하여 결혼. 아들을 낳으니 이가 곧 단군왕검(檀君王儉)이다."라고 기록되어 있다. 설화에서 보이는 환웅의 하강은 기존질서에서 일정한 자기 위치의 확보가 어려운 존재가 낡은 질서를 탈피하여 새로운 세상을 건설하는 이주자의 모습으로 해석되며. 또 상대적으로 하늘의 능동적인 위치에 의하여 삼위태백이라는 하나의 공간이 선택받는 과정으로 볼 수 있다. 또 기본적으로는 군장(君長)의 계통을 하늘과 연관 지어 그를 신성하게 하려는 제정일치(祭政一致)시대의 공통된 관념에서 형성된 것으로 여겨진다.

50) 보록(寶籙): 도가(道家)의 부록(符籙). 미래의 예언서(豫言書). 여기서 말하는 보록(寶籙)은 곧 천부경(天符經)을 말하는 것으로, 이 경전은 81자로 되어 있고. 우주의 창조원리 곧 하늘과 땅과 사람의 생성원리를 적었다. 옛 우리 글로 되어 있던 것을. 신라의 최치원이 한문으로 옮겼다 전한다.

51) 신인(神人): 〈명사〉 ① 신과 사람. ② 신령한 사람. ③ 단군을 일컫는 말.

52) 당(唐): 여기서의 당(唐)은 예로부터 우리나라에서 중국을 통칭하던 말이다.

53) 옹립(擁立): 〈명사〉 임금으로 모심. 〈동의어〉 영립. 옹립-하다.

54) 홍익인간(弘益人間): 〈명사〉 '널리 인간을 이롭게 함'이라는 뜻. 한국의 건국·교육 이념. 인간세상을 널리 이롭게 한다는 뜻이다. 건국신화인 단군신화에 의하면, 천신인 환웅(桓雄)이. 이 땅에 내려와 시조 단군을 낳고 나라를 열게 된 이념은 '널리 인간을 이롭게 한다'는 것이었는데, 이 경우 '인간'은 '사람들이 사는 세상'을 뜻한다. ≪삼국유사(三國遺事)≫. ≪제왕운기(帝王韻記)≫ 등의 기록을 종합해 보면, 단군은 고조선이라는 나라를 통해 홍익인간을 구체적으로 실현하고, 나아가 전 세계 인류의 공영을 이루고자 하였음을 알 수 있다. 현행 한국의 교육이념으로 홍익인간이

하신 성스러운 '천제(天帝)'[55] 하느님이시다.

    단군(檀君)[56] 원년(元年)은 무진년(戊辰年)으로 중국 요(堯)[57]임금 재위 25년이었다.

其諱壬儉이오　厥配西岬이로다.[58]
기 휘 임 검　　　궐 배 서 갑

    그의 휘(諱)[59]는 임검(壬儉)이고, 그 아내는 비서갑(匪西岬)[60] 사람이다.

檀君 姓 桓 名 壬儉이니　一云王儉이라.　娶匪西岬侯女
단 군 성 환 명 임 검　　　일 운 왕 검　　　취 비 서 갑 후 여

하야 爲妃라.
위 비

    단군의 성(姓)은 환(桓) 이름은 임검(壬儉)이다. 일설에는 왕검(王儉)이라 부르기도 하는데, 비서갑 제후의 여식을 아내로 맞이하여 왕비로 삼았다.

導養仁心하고　制裁[61]綱法[62]이로다.[63]
도 양 인 심　　　제 재　　강 법

설정된 것은 8 · 15 광복 후 개최된 교육심의회에서였다. 그 뒤 1949년 12월 31일 법률 제86호로 제정 · 공포된 교육법 제1조에 교육의 근본이념을 "교육은 홍익인간의 이념 아래 모든 국민으로 하여금 인격을 완성하고 자주적 생활 능력과 공민(公民)으로서의 자질을 구유(具有)하게 하여, 민주국가 발전에 봉사하며 인류공영의 이상 실현에 기여하게 함을 목적으로 한다."라고 천명함으로써 한국의 교육이념을 대표하였다. 즉 홍익인간은 단군 이래 오늘날까지 이어지는 한국 정치 · 교육의 최고 이념으로, 한국 민족정신의 핵심을 요약한 말이다.

55) 천제(天帝): 〈명사〉 ① '하늘'의 높임말로 불가사의하고 초자연적인 신앙의 대상. 〈동의어〉 상제(上帝), 상천(上天). ② 천공(天公), 천제(天帝). 하나님 ① 황천(皇天), ② 〈참고〉 한얼님. 한울님.

56) 단군(檀君): 한국 민족의 시조. 환웅(桓雄)이 세운 고조선(古朝鮮)을 다스리던 임금을 일컫던 말.

57) 요(堯): 중국 상고시대 전설상의 임금. 요를 이은 순(舜)과 함께 요순의 치(治)라 하여 옛 중국에서는 가장 이상적인 천자상(天子像)으로 알려져 왔다.

58) 꺼릴 휘(諱), 천간 임(壬), 검소할 검(儉), 그 궐(厥), 짝 배(配), 산허리 갑(岬).

59) 휘(諱): 〈명사〉 이름. 죽은 임금이나 성인들의 이름 앞에 사용하는 존칭어.

60) 비서갑(匪西岬): 비서갑(非西岬) · 비서갑(斐西岬) 등 여러 이름으로 여러 학설이 있어 앞으로 연구해야 할 과제이다. 나의 견해는 웅족(熊族)의 신화를 정설로 보는 것이 옳을 듯하다.

61) 제재(制裁): 〈명사〉 ① 습관이나 규정에 어그러짐이 있을 때 사회로서 금지하고 나무람. ② ≪법률≫ 나라가 법규를

어진 마음으로 이끌어 보살피고 세상을 다스리는 법을 정하였다.

古朝鮮時代에　人文未開하야　不知禮義廉恥어늘　檀君
고 조 선 시 대　　인 문 미 개　　불 지 례 의 염 치　　단 군
이　始敎導之라.
시 교 도 지

고조선 시대에는 문명이 발달하지 못하여 사람들은 예·의·염·치(禮·
義·廉·恥)64)를 몰랐으나, 단군이 처음으로 예·의·염·치를 백성들에
게 가르쳐 주었다.

敎之編髮65)하고　衣服飮食이로다.66)
교 지 편 발　　　의 복 음 식

사람들에게 머리를 땋고 의복을 짓고 음식을 만들어 먹게 하였다.

敎之以編髮蓋首하야　始知君臣男女之分과　衣服飮食
교 지 이 편 발 개 수　　시 지 군 신 남 녀 지 분　　의 복 음 식
居處之節이라
거 처 지 절

머리를 땋고 모자를 쓰도록 하여, 처음으로 임금과 신하, 남과 여를 분
별하고, 의복과 음식 등 생활 규범을 정하였다.

어긴 사람에게 주는 깊음. 제재-하다.

62) 강법(綱法): 세상을 다스리는 법.

63) 인도할 도(導), 기를 양(養), 법도 제(制), 심을 재(栽), 벼리 강(綱), 법 법(法).

64) 예의염치(禮義廉恥): 〈명사〉 예절과 의리와 청렴한 마음과 부끄러워하는 태도.

65) 편발(編髮): 지난날. 관례(冠禮)를 하기 전에 머리를 땋아 늘이던 일 또는 그 머리.

66) 하여금 교(敎), 엮을 편(編), 터럭 발(髮), 입을 복(服), 마실 음(飮).

識別[67] 廉恥[68]하고 標榜道德이로다.[69]
식 별   염 치   표 방 도 덕

체면과 부끄러움을 알게 하고 사람으로서 마땅히 갖추고 닦아야 할
도리를 널리 표방(標榜)[70]하였다.

此言立法하야 導濟政刑德禮之意라.
차 언 입 법   도 제 정 형 덕 예 지 의

이 말은 법을 세워 제도(制度)[71]와 형벌(刑罰)로써, 백성을 다스리는 것
보다는 덕(德)과 예(禮)로 인도(引導)[72]하고 구제(救濟)[73]함이 옳다는 뜻
이다.

高矢掌稼[74]하고 彭吳奠居[75]로다.[76]
고 시 장 가   팽 오 전 거

고시(高矢)[77]에게 농업을 관장하도록 하고, 팽오(彭吳)[78]에게 백성들이
머물러 살 곳을 살피도록 하였다.

---

67) 식별(識別]): 〈명사〉 알아서 구별함. 식별 – 하다.

68) 염치(廉恥): 〈명사〉 체면을 차리고 부끄러움을 아는 마음.

69) 알 식(識), 다를 별(別), 청렴 렴(廉), 부끄러울 치(恥), 표할 표(標), 나무 조각 방(榜), 덕 덕(德).

70) 표방(標榜): 〈명사〉 ① 주의·주장 또는 처지를 어떠한 명목을 붙여 앞에 내세움. ② 남의 착한 행실을 칭찬하여 여러
사람에게 보임. 표방 – 하다 〈타동사〉〈여불규칙활용〉.

71) 제도(制度): 〈명사〉 관습·도덕·법률 따위의 사회의 종합적 규범.

72) 인도(引導): 〈명사〉 알려 주며 이끄는 일. ¶ ~를 받다. 〈유사어〉 안내(案內) ① 인도 – 하다.

73) 구제(救濟): 〈명사〉 ① 어려운 처지에 있는 사람을 도와줌. ¶ 난민을 구제하다. ② 불교에서, 고통받는 사람들을 제도
(濟度)하는 일.

74) 장가(掌稼): 농사를 관장하는 일. 논어(論語) "번지청학가(樊遲請學稼), 자왈(子曰) '오불여노농(吾不如老農).' 청학위포
(請學爲圃). 왈(曰) '오불여노포(吾不如老圃).' 번지가 농사일을 물었다. 공자가 말하기를 '나는 늙은 농사꾼보다 못하
다.' 하였다. 이번에는 밭을 가꾸는 일을 물었다. 공자가 말하기를. '나는 늙은 채소 심는 사람보다 못하다.' 하였다."

75) 전거(奠居): 〈명사〉 머물러 살 곳을 정함. 전거 – 하다.

76) 화살 시(矢), 손바닥 장(掌), 심을 가(稼), 성 팽(彭), 오나라 오(吳), 드릴 전(奠).

77) 고시(高矢): 단군시대 농사를 관장하던 사농관(司農官).

78) 팽오(彭吳): 단군시대 치산치수(治山治水)와 각종 주거 생활에서 백성이 살아가는 데 안전하게 하던 개척관(開拓官).

高矢는 臣名이라. 教民稼穡이라 故로 至今農夫於田
고시　　　신명　　　　　교민가색　　　　　고　　　지금농부어전

疇間에　對飯則必先除一匙하야 而念呼曰高矢來라. 命彭吳
주간　　 대반즉필선제일시　　 이념호왈고시래　　　 명팽오

하야 治國內山川하야 以奠民居라.
　　　 치국내산천　　　　　 이전민거

　고시(高矢)는 신하의 이름인데 그가 백성들에게 농사짓는 법을 가르쳤다. 그러한 까닭으로 지금 농부들이 밭에서 일하다가 음식을 먹기 전 먼저 한 숟가락을 떠서 그를 생각하면서 '고수레'[79]라고 외치며 던져 준다.
　팽오(彭吳)에게는 명하여 나라의 치산치수(治山治水)에 힘쓰며 백성의 거처를 살피도록 하였다.

界割獩地하고　都遷扶餘로다.[80]
계할예지　　　 도천부여

　예맥국(濊貊國)[81]을 분할하여 국경으로 삼고, 도읍(都邑)[82]을 부여(扶餘 夫餘)[83]로 옮기었다.

---

79) 고수레: 무당이 굿을 할 때나 들에서 음식을 먹을 때 또는 이웃에서 음식을 가져왔을 때 먹기 전에 먼저 조금 떼어 던지며 부르는 소리 또는 그 행위. 고시레라고도 한다. 유래는 지방에 따라 각기 다른데, 그중 의지할 데 없이 들에서 일하는 사람들의 배려로 끼니를 이어 가다 죽은 고씨(高氏) 노파의 넋을 위로하여, 들에서 일하는 사람들이 음식을 먹기 전에 첫 숟가락을 떠서 '고씨네' 하고 던져 노파의 영혼에 바쳤다고 전하는 경상북도 안동지방의 이야기가 일반적이다. 여기서 첫 숟가락의 음식은 첫 수확의 곡물이나 과일로, 풍요를 바라는 농민(農民)이 신(神)에게 농작물의 풍작을 기원하는 것 외에도 조상숭배와 후손의 번영을 염원하는 주언(呪言)으로도 이해될 수 있다.

80) 지경 계(界), 벨 할(割), 동녘 오랑캐 예(獩), 도읍 도(都), 옮길 천(遷), 남을 여(餘).

81) 예맥국(濊貊國): 한민족의 근간이 되는 한국 고대의 종족 명칭. 예 또는 맥이라고도 한다. 그 원주지에 대한 명확한 사료는 없으나, 중국 고대 문헌에 맥이 나타나는 방위를 중국의 북쪽 혹은 북동쪽이라 기술하고 있는 것으로 보아 대개 BC 3~BC 2세기 무렵에 남쪽으로부터의 한족(漢族), 서쪽으로부터의 몽골계 유목민의 압박을 피해 차츰 북동쪽으로 이동하여 지금의 만주(滿洲) 동부에서 한반도 동·중부에 걸쳐 정착한 것으로 추정된다. 이로 볼 때 예맥족은 쑹화강[松花江(송화강)]·헤이룽강[黑龍江(흑룡강)]·압록강(鴨綠江) 등 유역과 함경도·강원도에 걸쳐 활동한 대민족이었음을 알 수 있다. 예맥족의 종족적 계통에 대해서 일찍부터 여러 가지 논란이 있는데, 퉁구스족이 근간을 이루고 그 선주지(先住地)를 고려한 몽골족·만주족·터키족, 즉 우랄알타이어계 민족의 혼혈로 추정된다.

82) 도읍(都邑): 〈명사〉＝서울. ¶~을 정하다. 도읍－하다.

83) 부여(扶餘): 여기서 말하는 부여(扶餘)는 부여(夫餘)를 말함이다. BC 2세기 무렵부터 494년까지 북만주지역에 존속하였던 예맥족의 국가 북부여(北夫餘)라고도 한다. 부여는 BC 1세기의 중국 문헌에 등장하므로 이미 그전부터 존재하였음을 알 수 있다. 그 기원에 관해서 중국 측의 기록인 ≪논형(論衡)≫과 ≪위략(魏略)≫에 시조인 동명(東明)이 북

以余守己爲薉國(今江原道江陵)君長하고 使其九子로
이 여 수 기 위 예 국 (금 강 원 도 강 릉) 군 장　　　사 기 구 자

分掌諸郡이라. 檀君紀元後一千四十七年이라. 古朝鮮後
분 장 제 군　　　단 군 기 원 후 일 천 사 십 칠 년　　　고 조 선 후

王이 遷國于北扶餘(今渤海)하야 改國號曰扶餘라.
왕　　천 국 우 북 부 여 (금 발 해)　　　개 국 호 왈 부 여

여수기(余守己)[84]를 예맥국의 임금으로 삼고, 그의 아홉 명의 아들들이 구주(九州)를 나누어 관장하게 하였는데, 단군기원 1047년 후였다.

고조선 후왕(後王)이 나라를 북부여(北扶餘 지금 발해)로 천도(遷都)[85]하고, 나라의 이름을 부여(扶餘)로 고쳐 불렀다.

〈※ 주(註)〉

본문의 부여(扶餘)는 부여(夫餘)를 말하는 것이므로 바로잡는다.

본문에서 예맥국(薉貊國)을 예국(薉國)이라 하고, 그 소재를 강원도 강릉이라 한 것은, 일본이 우리의 역사를 폄훼(貶毀)[86]하려는 식민사관이다.

무엇보다 "여수기(余守己)를 임금으로 삼고 그의 아홉 명의 아들들이 구주(九州)를 나누어 관장하게 하였다"는 해석은 예맥국의 중심이 중국대륙이라는 것을 말해 주고 있다.

진정한 의미의 친일(親日) 과거청산은 제도를 고치고 인적 청산도 중요하

으로부터 이주해 와 건국하였다고 쓰여 있으며, ≪삼국지≫ 〈동이전〉에는 당시 부여인 스스로 다른 곳에서 옮겨 온 유이민(流移民)의 후예라 하였다고 전하는 것으로 보아 부여국의 중심 집단이 어느 시기에 이동해 왔음을 짐작할 수 있으나, 그 구체적 이동 시기나 과정은 분명하지 않다. 부여국은 서로는 오환(烏桓)·선비(鮮卑)와 접하고, 동으로는 읍루(挹婁)와 잇닿으며, 남으로는 고구려와 이웃하고, 남서로는 요동의 중국세력과 연결되어 있었다. 부여국의 중심지역인 부여성(夫餘城)의 위치에 대해서는 창춘[長春(장춘)]·눙안[農安(농안)] 부근으로 비정(批正)하는 설이 일찍부터 제기되었고, 근래에는 지린시[길림시(吉林市)] 부근으로 짐작하는 설이 제기되었다.

84) 여수기(余守己): 생몰년 미상. 단군시대의 예국군장(薉國君長). 9명의 아들이 여러 군을 나누어 다스려 백성들에게 공이 있고, 백성들이 따르자 서씨(徐氏) 성을 하사받았다

85) 천도(遷都): 〈명사〉 도읍을 옮김. 〈동의어〉 이도(移都). 천도-하다.

86) 폄훼(貶毀): 〈명사〉 = 폄론(貶論) 〈명사〉 헐뜯음. 또는 그런 말.

지만, 보다 더 근본적이고 시급한 것은 일본의 식민사관(植民史觀)을 하루속히 털어내고, 민족의 정통성을 되살려 내는 일이다.

箕歎麥秀하사 胥[87)宇平壤이로다.[88)
기 탄 맥 수   서 우 평 양

맥수가(麥秀歌)[89]로 한탄하던 기자(箕子)[90]가 나라를 세웠는데, 도읍을 평양으로 정하였다.

周武王이 伐殷紂하니 箕子義不臣周라하야 至朝鮮하
주 무 왕   벌 은 주   기 자 의 불 신 주   지 조 선
니 古列加王이 慕其聖하야 割西鄙而昇之하니 遂定都于
고 열 가 왕   모 기 성   할 서 비 이 승 지   수 정 도 우
平壤이라. 元年(周武王元年)己卯니 自檀君紀元戊辰으로
평 양   원 년 (주 무 왕 원 년) 기 묘   자 단 군 기 원 무 진

---

87) 서(胥): 기자(箕子)의 이름. 서여(胥餘).

88) 키 기(箕), 감탄할 탄(歎), 보리 맥(麥), 빼어날 수(秀), 서로 서(胥), 집 우(宇), 평평할 평(平), 땅덩이 양(壤).

89) 맥수가(麥秀歌): ① 맥수지탄(麥秀之嘆): 조국이 멸망한 것을 한탄한다는 뜻의 고사성어. 맥수지시(麥秀之詩)에서 비롯되었다. 고대 중국의 은(殷)나라 마지막 왕인 주(紂)는 여러 사람의 충고를 듣지 않고 주색에 빠졌다가 결국은 주(周)나라 무왕(武王)에게 죽음을 당하고 은나라는 멸망하였다. 훗날 주의 삼촌뻘 되는 기자(箕子)가 은나라의 옛 도성을 지나다가 맥수지시를 지어 읊으며 그 사실을 슬퍼하였다는 것을 말한다. ② 맥수가(麥秀歌): (麥秀漸漸兮, 禾黍油油. 彼狡童兮, 不與我好兮.) 보리가 쑥쑥 패어나고, 벼와 기장도 무성해졌건만, 저 미치광이는, 나를 잘 대해 주지 않는구나.

90) 기자(箕子): 기자동래설(箕子東來說). 은(殷)나라 현인 기자가 조선에 건너와 왕이 되었다는 설. 은의 주왕(紂王) 숙부로 이름이 서여(胥餘)인 기자가 기국(箕國)에 봉해져 그렇게 불렸다. ≪죽서기년(竹書紀年)≫과 ≪상서(尙書)≫ 등에 따르면 기자는 주왕의 실정을 간(諫)하다가 감옥에 갇혔으나 주(周)의 무왕 (武王)이 은을 멸하면서 석방시켰다고 한다. 무왕은 기자에게서 세상을 다스리는 법인 홍범(洪範)을 배웠다고 기술되어 있는데, 즉 ≪상서≫ <홍범편>은 무왕의 질문에 기자가 천지의 대법(大法)을 말한 것이라 한다. 그러나 ≪상서대전(尙書大傳)≫ <은전(殷傳)>에서는, 기자가 무왕에 의해 감옥에서 풀려나지만 은나라가 망하자 조선으로 망명하여 나라를 세웠고, 무왕이 그 소식을 듣고 그를 조선왕에 봉하였다고 한다. 이러한 내용의 기사는 ≪사기(史記)≫ <송미자세가(宋微子世家)>에서도 비슷하게 나타나지만 기자가 봉함을 받은 뒤 나라를 세웠다는 점에서 전후관계상의 차이를 보인다. 중국의 문헌 기록 가운데 진(秦)나라 이전의 내용은 대개 '기자는 덕과 학문이 뛰어나고 어진 이'로 기술되어 있는데, 이후의 기록에서는 '기자가 조선으로 건너가 지배자가 되었다'는 내용으로 일관하고 있다. 한국사 영역에서 기자 · 기자조선 · 기자동래설 등에 관한 견해로는 긍정론과 부정론 및 부분긍정론 등이 제시되고 있다.

至此凡一千二百十二年이라. 麥秀歌는 箕子所作이라.
지 차 범 일 천 이 백 십 이 년　　　　　맥 수 가　　　기 자 소 작

過殷古墟하야 感而作歌라.
과 은 고 허　　　　감 이 작 가

　　주(周)[91]나라 무왕(武王)[92]이 은(殷)[93]나라 주왕(紂王)[94]을 정벌하자, 기자는 의리로 주나라 신하가 될 수 없어 조선으로 건너왔다.

　　고열가왕(古列加王)이 그의 훌륭한 인품을 사모하여 서쪽 땅을 떼어 주니 도읍을 평양으로 정하였다.

　　그때가 원년(주나라 무왕 원년) 기묘년(己卯年)이니, 단군기원 무진년(戊辰年)으로부터 1212년 후의 일이었다.

　　맥수가(麥秀歌)는 기자가 패망한 고국(故國)을 지나가다가 감회를 읊은 노래이다.

〈※ 주(註)〉

　　기자는 주왕의 횡포를 피하여 혹은 주나라 무왕이 조선왕으로 책봉함에 따라 조선에 들어와 예의(禮義)와 밭갈이와 누에치기, 베를 짜는 기술과 사회

---

91) 주(周): 고대 중국의 왕조. 주(周)는 서주시대(西周時代, BC 11세기~BC 771)와 동주시대(東周時代, BC 771~BC 249)로 나누어지며, 동주시대는 대략 춘추전국시대에 해당된다.

92) 무왕(武王): 중국 주(周)나라의 제1대 왕. 이름은 발(發). 아버지 문왕(文王)이 천명(天命)을 받아 덕(德)으로 제후들을 따르게 한 바탕 위에 태공망(太公望)·소공석(김公奭) 등 현인의 보필을 받아 세력을 크게 키웠다. 800여 제후가 무왕 아래 모여들었으나 더욱 은인자중하여 때를 기다리다가, 은(殷)왕조 주왕(紂王)의 악덕이 극에 다다르자 주왕 토벌의 기치를 올려 무예[牧野(목야)]에서 은나라 군사를 무찌르고 멸망시켰다.

93) 은(殷): 중국 고대왕조. 스스로는 상(商)이라 하였으나 이 나라를 멸망시킨 주(周)나라가 전(前) 왕조를 은(殷)이라고 하였다. 오늘날 중국에서는 상이라고 하는 경우가 많다. 연대에 대해서는 여러 설이 있지만 대략 BC 17~BC 16세기 무렵부터 BC 11세기 중반 무렵까지로 알려져 있다.

94) 주왕(紂王): 중국 고대 은(殷)나라 최후 왕. 이름은 수(受). 제신(帝辛)이라고도 하며, 제을(帝乙)의 아들이다. ≪사기(史記)≫ 등에 따르면, 체력과 지력(知力)은 뛰어났으나 주색(酒色)을 좋아하고 왕비 달기를 총애하여 그의 말에 맹종하였으며, 세금을 과중하게 징수하고 주지육림(酒池肉林)을 즐기는 등 악행을 일삼았다고 한다. 간언(諫言)을 듣지 않고 민심에 역행하는 정치로 인해, 유가(儒家)에 의해 하(夏)나라 말 걸왕(桀王)과 함께 대표적인 폭군으로 일컬어지고 있으나, 각 왕조 최후 왕은 후세에 어느 정도 과장·왜곡되는 경우가 많아 확실한 것은 알 수 없다. 갑골문(甲骨文)에 따르면 주왕 때 산동반도[山東半島(산동반도)]에서 화중[華中(화중)]지역 화이허[淮河(회하)] 유역까지 오랑캐를 토벌, 세력이 신장되었으나, 장기간의 동방원정을 틈타 서쪽으로 세력을 확장한 주(周)나라 무왕(武王)의 대군에 패하고, 도읍인 조가(朝歌)에 있는 주왕의 재화를 저장하던 녹대(鹿臺)에서 불속에 투신자살하였다고 한다. 주왕이 죽은 해에 대해서는 BC 1122년설(說), BC 1028년 설 등 여러 가지가 있으나 확실하지 않으며 대략 BC 11세기 후반으로 추정되고 있다.

교화(敎化)를 위한 팔조지교(八條之敎)를 가르쳤다고 하나, 이는 후세 사람들에 의한 조작이라는 설이 지배적이다.

왜냐하면 진(晉)나라의 무장(武將)·정치가·학자인 두예(杜預)[95]가 그의 저서 춘추석례(春秋釋例)의 주(註)에서 "기자의 무덤이 양(梁)나라[96]의 몽현(夢縣)에 있다"고 적고 있는 만큼 기자 동래설(箕子·東來說)은 사실이 아니라는 것이 정설이다.

따라서 1102년(고려 숙종 7)에 건립되었다는 기자묘중수기적비(箕子墓重修記蹟碑)의 사료나 현재 전하고 있는 평양 을밀대(乙密臺)[97] 아래의 기자묘 등은 당시의 사대사상(事大思想)[98]에 따른 왜곡된 부산물일 뿐이며, 기자동래설은 임나일본부설(任那日本府說)[99]과 마찬가지로 하나의 가설(假說)로 보는 것이 옳을 듯하다.

---

95) 두예(杜預: 222~284): 중국 진(晉)나라 학자·정치가. 자는 원개(元凱). 경조(京兆) 두릉(杜稜)의 명가(名家)에서 태어나, 문제(文帝) 사마소(司馬昭)의 여동생과 결혼하여 부조(父祖)의 봉작을 이어받았다. 위(魏)나라 말년 종회(鐘會)와 함께 촉(蜀)나라를 멸망시켰고, 264년 문제의 명을 받아 가충(賈充)과 함께 율령(律令) 제정에 참여하여 267년에 이를 완성하였는데, 뒷날 당(唐)율령의 원형이 되었다. 뒤에 진(晉)나라가 오(吳)나라를 침공할 때 대장군도독(大將軍都督)이 되어 중앙군을 이끌고 양양(襄陽)에서 강릉(江陵)을 거쳐 건업(建業: 지금의 난징)에 이르러, 280년 5월 오나라를 멸망시켜 당양현후(當陽縣侯)의 봉작을 받았다. 문무양도(文武兩道)에 뛰어나 두정남(杜征南)·두무고(杜武庫)라는 호칭을 받았으며, 말년에는 경사(經史)에 힘쓰고 《춘추좌전(春秋左傳)》의 연구에 몰두하여 《집해(集解)》:《석례(釋例)》 등을 저술. 《좌전》 연구의 기초를 열었다.
96) 양(梁)나라: 중국 남조(南朝)의 세 번째 왕조(502~557). 시조인 소연(蕭衍: 武帝)은 남제(南齊) 왕실의 먼 친척으로, 후베이성[湖北省(호북성)] 옹주(雍州) 진장(鎭將)에서 진격하여 남제의 폭군 동혼후(東昏侯)를 토벌하고 화제(和帝)의 선위(禪位)를 받아 건강(建康: 南京)에 왕조를 열었다. 48년에 이르는 무제의 치정 중 전반은 시험에 의한 관리 등용과 관제개혁으로 귀족제 재편을 꾀하는 등 육조시대(六朝時代)의 으뜸가는 치적을 쌓았다. 그러나 불교에 심취하여 실정을 거듭하고 후경(侯景)의 반란으로 사회는 큰 혼란에 빠졌으며 결국 무제도 죽었다.
97) 을밀대(乙密臺): 평양직할시 중구역(中區域) 금수산(錦繡山)에 있는 고구려 때 세운 누정(樓亭). 일명 '사허정'이라고도 한다. 을밀대는 6세기 중엽 고구려가 평양의 내성(內城)을 쌓으면서 그 북장대로 세운 것이다. 지금 있는 건물은 1714년(숙종 40)에 고쳐 지은 것이다. 북한문화재 사적 제7호.
98) 사대사상(事大思想): 〈명사〉 주견(主見)이나 자주성이 없이 강한 세력을 붙좇아 안전을 꾀하는 사상.
99) 임나일본부설(任那日本府說): 일본이 4세기 중엽부터 6세기 중엽까지 가야지역을 정벌하여 한국 남부를 경영하였다는 학설. 이는 일본이 날조한 대표적인 식민사관(植民史觀)의 하나이다.

諡曰文聖이니 治化[100]浩蕩[101]이로다.[102]
시 왈 문 성　　　　치 화　　　호 탕

시호(諡號)[103]는 문성(文聖)이니 백성을 잘 다스려 교화하며 크게 베풀었다.

箕子之諡曰太祖文聖王이니 言治化浩浩[104]然하야 如
기 자 지 시 왈 태 조 문 성 왕　　　언 치 화 호 호　　　연　　　여
天蕩蕩[105]焉하야 無能名也라.
천 탕 탕　　　언　　　　무 능 명 야

기자(箕子)의 시호(諡號)는 태조(太祖) 문성왕(文聖王)이다. 문자(文字)로써 백성을 잘 다스려 교화함이 넓고 넓어서 하늘같고, 강물처럼 길이 이어지니, 그 능력을 알 수가 없는 이름이다.

悍性[106]回柔하니 因呼柳京이로다.[107]
한 성　　　회 유　　　인 호 류 경

사나운 성품이 화평(和平)[108]하기를 바라며, 유경(柳京)[109]이라고 불렀다.

---

100) 치화(治化): 〈명사〉 백성을 잘 다스려 교화함. 치화-하다.

101) 호탕(浩蕩): ① 물이 넓어서 끝이 없다. ② 세차게 뻗치는 듯한 힘이 있다. ③ 흐무러지게 아름답다. ④ 베풂이 큼.

102) 시호 시(諡), 성인 성(聖), 넓을 호(浩), 클 탕(蕩).

103) 시호(諡號): 〈명사〉 제왕·경상·유현 들이 죽은 뒤에, 그들의 공덕을 칭송하여 추증하는 칭호.

104) 호호(浩浩): ① 넓고 큰 모양. ② 물이 엄청나게 많이 흐르는 모양. 대수(大水)의 모양. ③ 길이 이어지는 모양. ④ 번쩍이며 빛나는 모양.

105) 탕탕(蕩蕩): ① 다가올 일 따위가 순조롭다. ¶왕도가 탕탕하고 불편부당하다. ② 물의 흐름 따위가 거세다. ¶탕탕한 물살.

106) 한성(悍性): 사나운 성품.

107) 모질 한(悍), 부드러울 유(柔), 부를 호(呼), 버드나무 류(柳).

108) 화평(和平): 〈명사〉 ① 마음이 기쁘고 평안함. ② 나라 사이에 다툼 없이 잘 지냄. 화평-하다.

109) 유경(柳京): 지금의 평양을 부르던 옛 이름.

平壤民俗이 强悍하니라. 以柳性柔라 故로 令民種柳
평양민속　　강한　　　　　이류성유　　고　　영민종류

하야　尚其柔風110)하니　號平壤爲柳京이라.
상기유풍　　　　호평양위류경

　　평양(平壤)은 백성들의 풍속이 강직하고 세찼다. 버드나무는 그 성품
이 부드럽다. 그러므로 백성들에게 버드나무를 심도록 하여, 그 나무처
럼 서로 화평하기를 바라며, 평양을 '유경(柳京)'이라고 불렀다.

百工技藝가 殷俗悉廥이로다.111)
백공기예　　은속실갱

　　온갖 공교(工巧)112)한 기술과 재주는 은(殷)나라 풍속을 모두 계승하였다.

箕子之東來也에 殷之詩書禮樂과 醫巫卜筮之百工技
기자지동래야　　은지시서예악　　의무복서지백공기

藝者가 五千人從之라.
예자　　오천인종지

　　기자가 고조선으로 올 때, 은나라의 시(詩)·서(書)·예(禮)·악(樂)과
의무(醫巫)113)와 복서(卜筮)114) 등 온갖 공교한 기술과 재주를 가진 자들
과 오천 명의 사람들이 따라왔다.

兢爲師傅하야 設布禁條로다.115)
긍위사부　　　설포금조

---

110) 유풍(柔風): 부드러운 봄바람, 화풍(和風).

111) 재주 기(技), 재주 예(藝), 은나라 은(殷), 다 실(悉), 이을 갱(廥).

112) 공교(工巧): ① 솜씨가 좋음, 교묘함. ② 솜씨가 좋은 목수. ③ 경박함.

113) 의무(醫巫): 무격(巫覡)과 의사(醫師), 의원(醫員). 옛날에는 무당이 의사였고, 의사가 무당이었다. 주술사.

114) 복서(卜筮): 점술(占術)을 말함. 좋고 나쁨을 점치는 일. 복(卜)은 귀갑(龜甲)을 태워서 점치는 일. 서(筮)는 점대, 가새
　　　풀로 점치는 일.

왕수긍(王受兢)으로 스승을 삼아 팔조금법(八條禁法)116)을 만들어 선포
하였다.

太祖 三年에 命王受兢하야 爲士師하고 設八條之禁
태조 삼년 명왕수긍 위사사 설팔조지금

이라. 按八條之敎는 一男耕 二女織 三盜沒117) 四殺償
안팔조지교 일남경 이여직 삼도몰 사살상

五井田 六尚質 七婚娶 八名分이라.
오정전 육상질 칠혼취 팔명분

태조 3년에 왕수긍을 백성을 가르치는 '교민사사(敎民士師)'118) 스승으
로 삼아 팔조금법을 만들었다.

생각해 보건대 팔조목의 가르침은 첫째, 남자는 농사짓고 둘째, 여자
는 베를 짜고 셋째, 도둑질하는 자는 관청의 노비로 삼고 넷째, 살인한
자는 죽이고 선한 사람은 상을 주고 다섯째, 정전법(井田法), 여섯째, 꾸밈
보다는 질을 숭상하고 일곱째, 결혼, 여덟째, 명분에 관한 사항이었다.

井田劃鑿하고 播種119)穀苗120)로다.121)
정전획착 파종 곡묘

정전법(井田法)122)을 제정하여 땅을 분명하게 나누었고. 논밭에 곡식

---

115) 삼갈 긍(兢). 할 위(爲). 스승 사(師). 전할 전(傳). 베풀 설(設). 베 포(布). 금할 금(禁). 가지 조(條).

116) 팔조금법(八條禁法): 팔조지교(八條之敎) [명사] 단군사상 고조선 때에 시행된 여덟 조항으로 된 법금(法禁). 팔조지
금법(八條之禁法). 고조선의 경우엔 ≪후한서(後漢書)≫ 동이전(東夷傳)에 기재된 팔조금법이 전한다. 후한서상에는
이 법률을 주의 무왕(武王)이 기자(箕子)를 조선왕(朝鮮王)에 봉하여 기자가 고조선으로 와서 법률과 밭농사, 양잠(養
蠶) 등을 전한 것으로 되어 있다. 그러나 기자조선의 존재를 증명할 사료가 한서(漢書), 후한서의 문헌 사료 외엔 전
무하여 기자조선설 자체가 부정되고 있으므로 팔조금법은 고조선 고유의 법률로 추측된다.

117) 도몰(盜沒): 훔침. 도둑질함.

118) 사사(士師): 〈명사〉 ① ≪역사≫ 고대 중국 주나라 때. 재판관의 벼슬. ② ≪성경≫ 구약시대에 유대민족을 다스리
던 통치자. 제사장이었고, 재판관으로서 군대 장관이었다. 〈동의어〉 판관(判官).

119) 파종(播種): 〈명사〉 논밭에 곡식의 씨앗을 뿌려 심음. 파종 – 하다.

120) 묘(苗): ① 밭전(田)＋풀초(艸)＝묘(苗) 합하여 논밭에 나는 곡식의 모라는 뜻이다. ② 옮겨심기 위해 가꾼 어린 벼.

121) 그을 획(劃), 뚫을 착(鑿), 뿌릴 파(播), 심을 종(種), 곡식 곡(穀), 모 묘(苗).

의 씨앗을 뿌리고 모내기를 하였다.

太祖三年에 劃井田于城內라.
태 조 삼 년　　획 정 전 우 성 내

태조 3년 도성(都城) 안에 정전법을 제정하여 시행하였다.

莊惠踐嗣123)**하야 始置太廟로다.**124)
장 혜 천 사　　시 치 태 묘

뒤를 이어 임금의 자리에 오른 장혜왕(莊惠王)이 처음으로 태묘(太廟)125)를 지었다.

莊惠王 諱 松이니 太祖 子라. 卽位元年에 立宗廟라.
장 혜 왕 휘 송　　태 조 자　　즉 위 원 년　　입 종 묘

장혜왕의 이름은 송(松)이니 태조의 맏아들이다. 즉위한 원년에 종묘(宗廟)를 건립하였다.

官品次第하고 **冠帶照耀**126) **로다**127).
관 품 차 제　　관 대 조 요

---

122) 정전법(井田法): 중국 은(殷)나라가 멸망한 후, 기자가 동래(東來)하여 평양에 설치하였다는 제도로써 기전(箕田)이라고도 불렀다. 1리(里) 4방(方) 99묘(畝)의 토지를 9등분한 것이 정자형(井字形)으로 되었기 때문에 붙여진 이름이다. 8가구에 100묘씩 나누어 주고, 가운데 100묘는 공동 경작하여 그 수확물은 관에 바치게 하였다. 평양 외성(外城) 남쪽에서 대동강 변에 이르는, 지금의 평양역 부근에 설치되었는데 광복 전까지 잔형이 남아 있었다 한다. 조선 후기에 실학파들은 정전제를 채택하여 전제(田制)의 문란함을 바로잡을 것을 주장했다.

123) 천사(踐嗣): 임금의 자리에 오름. 임금의 자리를 계승함. 뒤를 잇다.

124) 씩씩할 장(莊), 은혜 혜(惠), 밟을 천(踐), 이을 사(嗣), 둘 치(置), 사당 묘(廟).

125) 태묘(太廟): 종묘(宗廟). 역대 여러 임금의 위패를 모시는 왕실의 사당.

126) 조요(照耀): 〈명사〉 아름답게 빛남. 비쳐서 빛남. 조요 - 하다.

127) 물건 품(品), 갓 관(冠), 띠 대(帶), 비칠 조(照), 빛날 요(耀).

벼슬의 품계를 정하고, 관대(冠帶)128)를 아름답게 하였다.

恭貞王 諱 伯 元年에 分百官하야 爲十五品하고 置上
공 정 왕 휘 백 원 년　　분 백 관　　　위 십 오 품　　　치 상

下大夫하고 定其官服衣裳이라.
하 대 부　　　정 기 관 복 의 상

공정왕(恭貞王)의 이름은 백(伯)이다. 원년에 백관(百官)129)을 나누어 15품계(品階)130)을 만들고, 상하(上下) 대부(大夫)131)를 두어서, 그 관복(官服)132)과 의상(衣裳)을 정하였다.

歲首133) 寅月134)하고 幟染靑色이로다.135)
세 수　　인 월　　　치 염 청 색

세수(歲首)는 음력 인월(寅月)로 시작하고, 깃발은 푸른색으로 정하였다(참고: 세수를 하(夏)나라에서는 자(子)로 시작하고, 은(殷)과 상(商)나라에서는 축(丑)으로 하였고, 주(周)나라에서는 인(寅)으로 하였다).

---

128) 관대(冠帶) 〈명사〉 '관디'의 원말. 관디(冠帶) 〈명사〉 벼슬아치가 입던 정복. 〈동의어〉 관복(官服).

129) 백관(百官): 〈명사〉 ① 높고 낮은 모든 벼슬아치. 〈동의어〉 백공. ② 백규. 백료.

130) 품계(品階): 〈명사〉 ① ≪역사≫ 정1품부터 종구품까지 열여덟 개로 나뉘어 있는, 옛 벼슬아치의 직품과 관계. 〈준말〉 계(階). ② 〈동의어〉 위품. 품질(品秩).

131) 대부(大夫): 〈명사〉 ≪역사≫ 벼슬의 품계에 붙여 부르던 명칭. 중국에서부터 전래된 것으로, 고려 때에는 종2품에서 종5품까지 또는 정2품에서 종4품까지였으며, 조선 때는 정1품에서 종4품까지 이 말을 붙여 불렀다.

132) 관복(官服): 벼슬아치의 정복(正服)으로 관에서 지급한 제복(制服). 편복(便服)을 제외한 조복(朝服)·제복(祭服)·상복(常服)·공복(公服)·융복(戎服)·군복(軍服) 등을 말하나, 좁은 뜻으로는 공복과 상복을 뜻하는 경우가 많았다. 관복의 역사는 삼국시대부터이며, 관식(冠飾)이나 옷의 색으로 품계를 구별하였다. 고려시대에는 제복·조복·공복으로 관복제도가 분류되었고, 조선시대에 와서는 제복·조복·공복·상복·융복 등으로 더욱 세분화되었다. 관복에는 관모(冠帽)·대(帶)·화(靴) 등 각종 부속품을 갖추어야 하며, 각 품계에 따라 포의 색이나 부속품의 재료·문양 등이 달랐다. 갑오개혁 이후 관복의 간소화가 이루어져, 광수(廣袖)이던 단령포(團領袍)는 착수(窄袖)의 단령으로 바뀌어 대례복으로 입고, 소례복으로는 두루마기를 입었다. 또한 1895년 제정된 <육군복장규칙(陸軍服裝規則)>에 따라 구군복(具軍服)은 서양식 군복으로 바뀌었고, 1899년에는 외교관의 복장이 서양화되었다. 이듬해 <문관대례복제식(文官大禮服制式)>이 제정됨으로써 조선시대의 모든 관복은 서양식으로 바뀌게 되었다.

133) 세수(歲首): 설 〈명사〉 ① 새해의 첫머리. 〈동의어〉 ② 정월의 초승. 〈동의어〉 세시(歲始), 세초(歲初), 연두(年頭), 연수(年首), 연시(年始), 연초(年初), 정초(正初). 〈참고〉 세밑.

134) 인월(寅月): 〈명사〉 월건이 '인(寅)'인 달. 곧 음력 정월.

135) 범 인(寅), 깃 치(幟), 물들일 염(染).

문무왕(文武王)의 이름은 춘(椿)이다. 인월(寅月)로써 음력 정월 세초(歲初)로 삼고, 깃발은 푸른색으로 장식하였다.

음률(音律)과 척도(尺度)의 제도를 도입하여 되와 저울을 따라 헤아렸다.

문무왕 원년에 음률(音律)138)과 척도(尺度), 되와 저울을 정하였는데, 율(律)은 음악의 12율(律)139)로 정하고, 도(度)는 길이를 재는 척(尺) 자이며, 량(量)은 분량(分量)을 헤아리는 말(두斗)과 되(승乘)이고, 형(衡)은 무게를 다는 저울을 말한다.

---

136) 율도(律度): 음률(音律)과 척도(尺度) 또는 도량형(度量衡)의 이름.

137) 헤아릴 의(擬), 본뜰 모(模), 저울대 형(衡), 따를 준(遵), 헤아릴 측(測).

138) 음률(音律): 〈명사〉 ① 오음과 육률. 〈준말〉 ① 율(律). ② 음악.

139) 12율(律): 한국·중국·일본 등에서 쓰이는 아악(雅樂) 일반의 12음계. 육률(六律)과 육려(六呂)로 나누어진다. 1옥타브를 12개의 음정(音程)으로 구분하고 각 음 사이를 반음 정도의 음정 차를 두어 율을 정했는데, 저음으로부터 황종(黃鐘: C)·대려(大呂: C)·태주(太簇: D)·협종(夾鐘: D)·고선(姑洗: E)·중려(仲呂: F)·유빈(葵賓F)·임종(林鐘: G)·이칙(夷則: G)·남려(南呂: A)·무역(無射: A)·응종(應鐘: B)이라고 한다. 기본음인 황종의 현(絃)을 삼분손일(三分損一: 1/3을 떼어 버림)하여 임종을 얻고, 임종을 삼분익일(三分益一: 1/3을 더함)하여 태주를 얻는다. 이하 삼분손일과 삼분익일을 교대로 시행하여 차례로 남려·고선·응종·유빈·대려·이칙·협종·무역·중려의 음을 얻게 되며, 중려를 삼분손일하면 황종보다 1옥타브 높은 황종청(黃鐘淸)이 된다. 육률은 양성(陽聲)인 태주·고선·황종·유빈·이칙·무역이고, 육려는 음성으로 나머지 6종음이다.

원통함은 직언경(直言磬)141)을 울려 풀고, 가난한 백성은 윤환법(輪環法)142)을 세워 구제하였다.

宣惠王 諱 素 元年에 懸直言磬하야 使寃者로 敲之라.
선 혜 왕 휘 소 원년　　현 직 언 경　　　사 원 자　　고 지

文惠王諱 炎 元年에 立輪環法하야 以濟貧民이라.
문 혜 왕 휘 염 원 년　　입 윤 환 법　　　이 제 빈 민

선혜왕(宣惠王)의 이름은 소(素)이다. 원년에 직언경(直言磬)을 만들어 달아 놓고 원통(寃痛)143)한 사람으로 하여금 두드리게 하였다.

문혜왕(文惠王)의 이름은 염(炎)이다. 원년에 윤환법(輪環法)을 만들어 가난한 백성을 구제하였다.

饗賜七耋144)에　宴湛十旬이로다.145)
향 사 칠 질　　　연 담 십 순

잔치를 베풀어 70세 이상의 노인들을 위로하고, 백 살의 노인들은 편안히 즐기도록 하여 주었다.

武成王 諱 平 元年에 行養老禮하야 大會官民七十以
무 성 왕 휘 평 원 년　　행 양 노 례　　　대 회 관 민 칠 십 이

上하여 十旬宴飮이라.
상　　　십 순 연 음

---

140) 펼 신(伸), 원통할 원(寃), 달 현(懸), 경쇠 경(磬), 구휼할 휼(恤), 바퀴 륜(輪).

141) 직언경(直言磬): 경쇠를 매달아 백성들이 원통한 일을 직접 하소연하게 한 제도, 조선시대의 신문고와 같다. 신문고(申聞鼓) 〈명사〉 조선 시대, 백성이 원통한 일을 하소연할 때 치는 큰 북. 〈동의어〉 등문고, 승문고, 오늘날 청와대 인터넷 신문고가 있다.

142) 윤환법(輪環法): 기자조선 문혜왕 원년(BC 843)에 빈민을 구제하기 위해 만든 제도, 오늘날 대출(貸出)과 같은 것으로, 국가에서 돈이나 물건 따위를 빌려 줌.

143) 원통(寃痛): 〈형용사〉〈여불규칙활용〉 몹시 억울하다. 〈동의어〉 통원하다. 원통 - 히 〈부사〉

144) 칠질(七耋): 칠팔십 세의 노인들. 일흔 살(70세), 여든 살(80세).

145) 잔치 향(饗), 줄 사(賜), 늙은이 질(耋), 잔치 연(宴), 즐길 담(湛), 열흘 순(旬).

무성왕(武成王)의 이름은 평(平)이다. 원년에 노인을 위한 예를 행하였
는데, 관청에서 큰 연회를 베풀어 칠순 이상의 노인들을 위로하였고, 백
세 이상의 노인들은 편안히 즐기도록 하였다.

懷斬鈴妖하고 邇誅伯誕이로다146).
회 참 영 요   이 주 백 탄

낙성왕(樂成王) 회(懷)는 영운(鈴雲)의 요망함을 베고, 휘양왕(徽襄王) 이
(邇)는 백일청(伯一淸)의 방탕함을 베었다.

樂成王 諱 懷 十九年에 彭原巫女鈴雲이 自稱東海龍
낙 성 왕 휘 회 십 구 년   팽 원 무 녀 령 운   자 칭 동 해 용
神之女하고 能知天上風雨와 人間禍福이라 하니 百姓奔
신 지 녀   능 지 천 상 풍 우   인 간 화 복   백 성 분
爭事之라. 王以爲妖하야 命梟市라.
쟁 사 지   왕 이 위 요   명 효 시

낙성왕(樂成王)의 이름은 회(懷)이다. 재위 19년에 팽원(彭原)의 무녀(巫
女) 영운(鈴雲)이 스스로 동해 용신(龍神)의 딸이라고 하면서, 하늘의 바람
과 비를 부르고 인간의 길흉화복(吉凶禍福)을 알 수 있다고 하니, 백성들이
다투어 달려가 그를 섬기매, 왕이 요망(妖妄)147)하다 하여 효수형(梟首
刑)148)을 명하였다.

○ 徽襄王 諱 邇니 時伯一淸이 自稱得軒轅煉丹之法
   휘 양 왕 휘 이   시 백 일 청   자 칭 득 헌 원 련 단 지 법
이라 하야 惑王하니 王之祖 天老王 諱 老父 修道王 諱
       혹 왕   왕 지 조 천 노 왕 휘 노 부 수 도 왕 휘

---

146) 품을 회(懷), 벨 참(斬), 방울 령(鈴), 요사할 요(妖), 가까울 이(邇), 벨 주(誅), 탄생할 탄(誕).

147) 요망(妖妄): 〈명사〉 요사하고 망령됨. 요망을 떨다. 요망을 부리다.

148) 효수형(梟首刑): 〈명사〉 죄인의 목을 베어 높은 곳에 매달아 놓던 처형의 한 가지. 효수 - 하다.

襄이 皆被其惑하야 服丹而昇遐라. 王이 卽位에 首斬伯
양　개 피 기 혹　　복 단 이 승 하　　왕　즉 위　수 참 백

一淸하니 都人相賀라.
일 청　　도 인 상 하

휘양왕(徽襄王)의 이름은 이(邇)다. 당시 백일청(伯一淸)이 스스로 중국 황제 헌원(軒轅)[149]씨의 연단술(煉丹術)[150]을 얻었다 하며, 휘양왕을 미혹(迷惑)[151]하게 하였다.

또한 왕의 할아버지 천노왕(天老王) 노(老)와 아버지 수도왕(修道王) 양(襄)이 모두 그에게 미혹함을 당하여 단약을 먹고 죽었다.

왕이 즉위하여 제일 먼저 백일청의 목을 베니, 도성(都城) 사람들이 서로 자기 일처럼 기뻐하였다.

靜時剛直하니　輔弼[152]悃侃[153]이로다.[154]
정 시 강 직　　보 필　　곤 간

정시(靜時)는 성품이 강직하니 임금을 보필함이 인정스럽고 자상하였다.

---

149) 헌원(軒轅): 황제(黃帝), 중국 고대의 전설적 제왕. 성은 공손, 이름은 헌원. 전국시대 말기의 각종 신화와 전설을 통하여 구성된 가상의 인물로, 오제의 한 사람이다. 치우의 난을 평정하고 천자가 되었으며, 집ㆍ의복ㆍ배ㆍ수레ㆍ활 등을 발명하는 한편 문자ㆍ음률ㆍ도량형ㆍ의술ㆍ달력 등을 제정ㆍ도입한 중국문명의 개조로 일컬어진다.

150) 연단술(煉丹術): 고대 중국에서 도사(道士)가 진사(辰砂)로 황금이나 약 같은 것을 만들었다고 하는 일종의 연금술. 복용하면 늙지 않고 죽지 않으며, 몸이 가벼워져 하늘을 날 수 있고, 귀신을 부림으로써 변신 등 초능력을 지니는 신선이 될 수 있다는 단약(丹藥)을 만들고자 고대 중국에서 시도되었던 기술이다. 불로불사는 진(秦)나라 시황제(始皇帝), 한(漢)나라 무제(武帝) 등 불가능이 없었던 절대군주들에게는 마지막으로 남는 소원이었다. 약물서적 ≪신농본초경(神農本草經)≫의 상약(上藥) 120종은 불로불사를 위한 약이다. 또한 진(晉)나라 갈홍(葛洪)이 저술한 연단 및 신선에 관한 책 ≪포박자(抱朴子)≫에서는 상약을 선약(仙藥)이라고도 하였으며, 그대로 쓰거나 간단한 처리만 한 뒤 단독으로 복용하면 연명(延命)효과가 있고 죽지 않기 위해서는 단약이 필요하다고 했다. 오늘날의 '~단(丹)'이라는 약명은 모두 단약에서 연유한다.

151) 미혹(迷惑): 〈명사〉 ① 정신이 흐려지도록 무엇에 홀림. ② 정신을 호려 흐려지게 함. 미혹 – 하다.

152) 보필(輔弼): 〈명사〉 임금의 덕업을 도움. 또는 그런 사람. 〈동의어〉 보익(補翊) ① 보좌(補佐). 보필 – 하다.

153) 곤간(悃侃): 곤간(悃懇), 인정스럽고 자상함, 친절함.

154) 고요할 정(靜), 굳셀 강(剛), 도울 보(輔), 도울 필(弼), 지성스러울 곤(悃), 강직할 간(侃).

靜時는 奉日王 諱 參之叔父라. 奉日王卽位에 年甫五
정 시   봉 일 왕 휘 삼 지 숙 부   봉 일 왕 즉 위   년 보 오

歲나, 靜時爲人이 剛直하야 輔幼主하야 代聽國政이라.
세   정 시 위 인   강 직   보 유 주   대 청 국 정

정시(靜時)는 봉일왕(奉日王) 삼(參)의 작은아버지다. 봉일왕이 즉위할
때의 나이 겨우 5살이었으나, 정시의 인품이 강직하여 어린 임금을 보필
하고 대리하여 국정을 다스렸다.

康緣僭敗하고 媓以貪烹이로다.155)
강 연 참 패   황 이 탐 팽

공손강(公孫康)156)은 참소(讒訴)157)를 입어 패하고, 황이장(媓彝長)은
탐욕(貪慾)하여, 팽형(烹刑)158)을 당하였다.

奉日王 六年에 公孫康이 以王之叔父 靜時之剛直으로
봉 일 왕 육 년   공 손 강   이 왕 지 숙 부 정 시 지 강 직

恐不得預政하야 設宴하야 邀靜時에 使劍客으로 殺之
공 불 득 예 정   설 연   요 정 시   사 검 객   살 지

하고 自爲攝政이라. 太伯이 驕奢僭逸하야 請冕服於王
     자 위 섭 정   태 백   교 사 참 일   청 면 복 어 왕

한대 王怒之하니 康이 乃幽王하야 使自盡하고 迎立德
     왕 노 지   강   내 유 왕   사 자 진   영 입 덕

---

155) 편안 강(康), 인연 연(緣), 참소할 참(僭), 계집이름 황(媓), 탐할 탐(貪), 삶을 팽(烹).

156) 공손강(公孫康): 중국 후한(後漢) 말기에서 위(魏)나라 초기의 장군. 공손탁(公孫度)의 아들. 204년에 아버지의 뒤를
이어 랴오둥태수[遼東太守(요동태수)]가 되었다. 207년 랴오둥에 도망해 온 장수 원상(袁尙)을 죽여 조조(曹操)에게
바치고 양평후(襄平侯) 좌장군(左將軍)의 벼슬을 받았다. 그 후 고구려왕 이이모(伊夷模: 山上王)를 그 도읍인 동가
강 유역에서 격파하여 환도성(丸都城)으로 도읍을 옮기게 하였고, 또 낙랑(樂浪)지방에 세력을 뻗쳐 대방군(帶方郡)
을 설치. 한(韓)·예(濊)도 정벌하였다. → 공손씨 정권

157) 참소(讒訴/譖訴): 남을 헐뜯어서 죄가 있는 것처럼 꾸며 윗사람에게 고하여 바침.

158) 팽형(烹刑): 죄인을 끓는 물에 삶아 죽이는 형벌.

昌王 諱 僅하니 二年에 王이 設宴招康하야 誅之라.
창 왕 휘 근 이 년 왕 설 연 초 강 주 지

봉일왕 6년에 공손강이 왕의 작은아버지 정시가 강직한 까닭으로 정
치에 참여할 수 없을까 두려워하여, 잔치를 열어 정시를 맞이할 때, 자객
(刺客)159)으로 하여금 그를 죽이게 하고, 스스로 섭정(攝政)160)을 하였다.

태백(공손강의 관명(官名))이 교만하고 사치하면서 참소하여 면복(冕
服)161)을 왕에게 청하자 왕이 화를 내었다.

이에 공손강이 왕을 가두어 죽게 하고 덕창왕(德昌王) 근(僅)을 맞아 옹
립하니, 즉위 2년에 잔치를 열고 공손강을 초대하여 주살(誅殺)162)하였다.

○ 英傑王 諱 黎 元年에 烹殺連朔守 煌彛長한대 以
   영 걸 왕 휘 려 원 년 팽 살 연 삭 수 황 이 장   이

貪賕害民故也라
탐 뢰 해 민 고 야

영걸왕(英傑王)의 이름은 여(黎)다. 원년에 연삭현(連朔縣)의 수령 황이
장을 팽형(烹刑)으로 다스리니, 죄명은 그가 재물을 탐하고 백성들을 해
롭게 한 이유였다.

冬宮桃華하니 還懼災生이로다.163)
동 궁 도 화 환 구 재 생

겨울날 궁중에 복숭아꽃이 피어 도리어 재앙(災殃)이 일어날까 두려워
하였다.

---

159) 자객(刺客): 〈명사〉 사람을 몰래 찔러 죽이는 사람. ¶~을 보내어 암살하다.

160) 섭정(攝政): 〈명사〉 임금이 직접 정치를 보살필 수 없는 경우에 임금을 대리하여 통치권을 맡아 행하는 일. 또는 그
사람. 섭정 - 하다.

161) 면복(冕服): 〈명사〉 (지난날) 임금이 갖추어 차리는 '면류관과 곤룡포'를 일컬음.

162) 주살(誅殺): 〈명사〉 죄인을 죽임. 주살 - 하다 〈타동사〉 〈여불규칙활용〉 주살 - 되다 〈자동사〉

163) 복숭아나무 도(桃), 도리어 환(還), 두려울 구(懼), 재앙 재(災).

濟世王 諱 混 元年冬에 宮苑桃李華하니 群臣頌德이
제세왕 휘 혼 원년동　　　궁원도리화　　　　군신송덕

어늘 王이 還以爲灾하야 而戒之라.
왕　　　환이위재　　　　이계지

　　제세왕(濟世王)의 이름은 혼(混)이다. 원년 겨울에 궁중 정원(庭園)에 복숭아와 자두 꽃이 피어 여러 신하들은 임금의 덕을 칭송하였으나, 왕은 도리어 재앙이 있을까 염려하여 경계하였다.

冲叛犯闕하니 澄避浮海로다.164)
충반범궐　　　징피부해

　　우화충(宇和冲)이 모반하여 궁궐을 침범하니, 도국왕(導國王) 징(澄)이 피하여 바다로 나아갔다.

導國王 諱 澄 七年에 太安獵戶宇和冲이 自稱將軍
도국왕 휘 징 칠년　　　태안렵호우화충　　　자칭장군

이라 하고 聚衆數萬하야 進犯京師하니 王이 奉廟社主
취중수만　　　진범경사　　　왕　　　봉묘사주

하고 浮海至穴口라.
부해지혈구

　　도국왕(導國王)의 이름은 징(澄)이다. 재위 7년에 태안의 사냥꾼 우화충(宇和冲)이 스스로 장군이라고 말하며, 군사 수만을 모아 도성(都城)을 침범하니, 왕은 종묘(宗廟)와 사직(社稷)165)을 받들고 배를 타고 바다로 나가 혈구(穴口)166)로 피난하였다.

---

164) 화할 충(冲), 배반할 반(叛), 범할 범(犯), 대궐 궐(闕), 맑을 징(澄), 피할 피(避), 뜰 부(浮).
165) 사직(社稷): 〈명사〉 ① 땅을 맡은 신과 곡식을 맡은 신. 나라를 세우면 반드시 조상신과 함께 모셔 제사 지냈다. 〈동의어〉 사직지신(社稷之神). 〈참고〉 태사(太社). 태직.
166) 혈구(穴口): 강화도의 옛 이름.

許胡來貢하니 戰破奏凱로다.167)
허 호 래 공　　　 전 파 주 개

북쪽 오랑캐들의 공납(貢納)168)을 허락하여, 전쟁을 끝내고 개선가(凱旋歌)를 불렀다.

慶順王 諱 華 十二年에 北胡가 來獻良馬二百匹하고
경 순 왕　 휘　 화　 십 이 년　　　 북 호　　　 래 헌 양 마 이 백 필
請共伐燕한대 王許之하야 乃以下大夫申不死로 率兵
청 공 벌 연　　　 왕 허 지　　　 내 이 하 대 부 신 불 사　　　 솔 병
二萬하야 伐燕攻上谷城破之라.
이 만　　　 벌 연 공 상 곡 성 파 지

경순왕(慶順王)의 이름은 화(華)이다. 재위 12년에 북쪽 오랑캐가 와서 좋은 말 200필을 바치면서, 함께 연(燕)169)나라를 정벌하기를 요청하자 왕이 허락하였다.

이에 하대부(下大夫) 신불사(申不死)가 병사(兵士) 2만을 거느리고서 연나라를 정벌할 때, 상곡성(上谷城)을 공격하여 함락시키었다.

彊限顰蹙170)하니 汗瀋見掠이로다.171)
강 한 빈 축　　　 한 심 견 략

돕는 데 한계가 있어 빈축을 사니, 도리어 한심현(汗瀋縣)을 빼앗기는 수모(受侮)를 당하였다.

---

167) 허락할 허(許), 오랑캐 호(胡), 바칠 공(貢), 깨트릴 파(破), 아뢸 주(奏), 개선할 개(凱).
168) 공납(貢納): 〈명사〉 지방의 특산물을 나라나 종주국에 바치던 일. 〈준말〉 공(貢). 〈동의어〉 납공. 공납 – 하다.
169) 연(燕): 중국 춘추전국시대 나라의 하나. 주(周)나라 무왕(武王)의 동생 소공석(召公奭)이 계(北京 시내)에서 왕으로 봉해진 것이 시작이다. 서주(西周)와 춘추시대의 연나라에 관해서는 기록이 없다. 그 까닭은 이민족 산융(山戎)에 의해 중원지역과 연락이 단절되었기 때문이었다 한다.
170) 빈축(顰蹙), 〈명사〉 눈살을 찌푸리고 얼굴을 찡그림. ¶ ～을 사다. 빈축 – 하다.
171) 지경 강(彊), 한정 한(限), 효빈할 빈(顰), 궁박할 축(蹙), 땀 한(汗), 즙 심(瀋), 빼앗을 략(掠).

> 汗瀋은 卽今支那奉天也라. 箕氏朝鮮時國境이 西過
> 遼河하야 與燕接界러니 至哀王元年하야 燕國이 取西
> 界二千餘里라.

한심현(汗瀋縣)은 지금의 중국 봉천(奉天)[172]이다. 기자조선의 처음 국경선은 서쪽으로 요동성(遼東城)[173] 하수(河水)[174]를 지나 연나라와 경계를 접하였는데, 애왕(哀王) 원년에 이르러 연나라가 서쪽 지역 2천여 리를 취하였다.

> 逮至哀準하야 勢漸微弱이로다.[175]

애왕(哀王) 준(準)에 이르러 국가의 형세가 점점 미약해졌다.

> 哀王 諱 準이오 至是하야 朝鮮遂弱이라.

애왕(哀王) 준(準)의 대에 이르러 조선이 미약해졌다.

> 衛滿誘欺하니 逐移金馬로다.[176]

위만(衛滿)[177]에게 속아 쫓기어 금마(金馬)[178]로 옮기었다.

---

172) 봉천(奉天): 중국 라오닝성[遼寧省(요녕성)]의 성도.

173) 요동성(遼東城): 만주 라오양[遼陽] 근방에 있었던 고구려의 성.

174) 하수(河水): 중국의 황하(黃河)를 말함.

175) 미칠 체(逮), 법도 준(準), 형세 세(勢), 점점 점(漸), 가늘 미(微), 약할 약(弱).

176) 호위할 위(衛), 가득 찰 만(滿), 꾈 유(誘), 속일 기(欺), 쫓을 축(逐), 옮길 이(移).

衛滿은 燕人이니 挾燕亡黨하여 詐告漢兵來侵이라하여
願入宿衛王之左右하니 哀王許之어늘 滿이 遂率兵襲王
하니 哀王戰不敵하여 浮海南至金馬郡(今全羅北道益山)
하여 定都하니 是爲馬韓이라.

위만은 연나라 사람으로 망명한 무리를 이끌고서 거짓으로 한나라 군이 침입하여 왔다 하고, 궁에 들어가 왕의 좌우를 숙위하기를 원하니, 애왕이 허락하자 위만이 군사를 거느리고서 왕을 엄습하였다.

애왕(哀王)은 항전하였으나 이길 수 없어, 서해를 따라 금마군(金馬郡 지금 전라북도 익산)에 이르러 도읍을 정하고, 마한(馬韓)179)이라고 하였다.

辰弁侵害180)하니 奔徙盤若로다.181)

진한(辰韓)182)과 변한(弁韓)183)이 침략하고 해를 끼치니, 피하여 지리

---

177) 위만(衛滿): 위만조선의 시조(재위 BC 194~BC 180?). 국적은 ≪사기≫, ≪한서≫, ≪삼국지≫ 등에 모두 연(燕)나라 사람으로 되어 있으나 조선인으로 생각된다. 연나라 왕 노관의 부장(部將)으로 있다가 노관이 모반하여 흉노로 달아나자 부하 1,000여 명을 이끌고 고조선의 왕인 준(準)에게 항복하였다. 왕의 신임을 얻어 북방을 수비하던 중 유민(流民) 세력과 결탁하여 자기 세력을 기른 뒤 왕을 축출하고 왕검성(王儉城)에 도읍하여 스스로 조선왕이라 하였다. 그는 사방의 토착부족 세력과 연맹하여 정권을 세우고 중국과 토착사회 간의 중간 역할로써 얻은 경제적 이득을 기반으로 부족연맹 내의 토착부족에 대한 영도력을 행사하였다.

178) 금마(金馬): 위만조선의 마지막 왕 기준(箕準)이 망명하여 전북 익산 지방을 중심으로 호남일대에 세웠다는 마한(馬韓)을 말함.

179) 마한(馬韓): 삼한의 하나. BC 1세기~AD 3세기경 한강유역으로부터 충청·전라도지역에 분포되어 있던 여러 정치집단의 통칭이다. ≪삼국지≫ <동이전>에는 마한지역에 위치한 55개 소국의 명칭이 기록되어 있다. 큰 것은 1만여 가, 작은 것은 수천 가였다고 한다. 규모가 큰 곳의 지배자는 신지, 작은 곳은 읍차라고 하였다.

180) 침해(侵害): 〈명사〉침범하여 해침. 〈동의어〉침손. 침해 – 하다.

181) 고깔 변(弁), 침범할 침(侵), 해로울 해(害), 달아날 분(奔), 옮길 사(徙), 쟁반 반(盤).

182) 진한(辰韓): 삼한의 하나. BC 1~AD 3세기 무렵 경상도지역에 있었던 여러 정치집단을 이르는 명칭이다. 맹주는 경주 사로국이었다. 12개의 작은 나라로 구성되었는데 큰 것은 4천~5천 호, 작은 것은 6백~7백 호의 규모였다.

183) 변한(弁韓): 삼한의 하나. 지금의 경상도 지역에 있던 여러 정치집단으로서 '변진'으로도 표기한다. 마한의 동쪽, 진

산(智異山)[184) 반야봉(般若峰) 골짜기로 옮기었다.

馬韓 孝王 諱 亨 三十年에 避辰弁之亂하여 移都智異
마한 효왕 휘 형 삼십년 피진변지란 이도지리

山盤若峯下하고 命黃鄭兩將하여 守左右二嶺하니 至今稱
산 반 약 봉 하 명 황 정 양 장 수 좌 우 이 령 지 금 칭

黃嶺鄭嶺이라. 至孝王五代孫學하여 爲百濟所滅이라.
황 령 정 령 지 효 왕 오 대 손 학 위 백 제 소 멸

箕氏遂不祀하니 自太祖文聖王 元年 己卯로 至馬韓學王
기 씨 수 불 사 자 태 조 문 성 왕 원 년 기 묘 지 마 한 학 왕

二十五年 己巳에 歷年이 凡一千一百三十一年이라.
이 십 오 년 기 사 역 년 범 일 천 일 백 삼 십 일 년

마한 효왕(孝王)의 이름은 형(亨)이다. 30년에 진한과 변한의 난을 피하여 도읍을 지리산 반야봉(盤若峯)[185) 아래로 옮기고, 황(黃)·정(鄭) 두 장군에게 명하여 좌우의 고개를 지키게 한 연유로 지금도 황령치(黃嶺峙), 정령치(鄭嶺峙)라고 부른다.

효왕 5대손 학왕(學王)대에 이르러, 백제(百濟)[186)에 멸망당하여 기씨

한의 서쪽에 위치하여 12개의 소국으로 형성되었다. 진한과의 구분은 종족적 차이 또는 낙동강을 사이에 두고 지역적으로 나누거나 신라·가야 세력권으로 대비하는 등 여러 견해가 있다.

184) 지리산(智異山): 전라남도 구례군(求禮郡), 전라북도 남원시(南原市), 경상남도 함양군(咸陽郡)·산청군(山淸郡)·하동군(河東郡)에 걸쳐 있는 산. 높이 1,915m. 두류산(頭流山)·방장산(方丈山)·지리산(地理山)이라고도 한다. 소백산맥 남단에 속하는 고산으로 산역의 둘레가 320여㎞에 달하며, 서남서∼동북동 방향으로 주능선이 이어져 있다. 최고봉인 천왕봉(天王峰)을 중심으로 서쪽으로 칠선봉(七仙峰)·덕평봉(德坪峰)·명선봉(明善峰)·토끼봉·반야봉(般若峰)·노고단(老姑壇) 등과 동쪽으로 중봉·하봉·써리봉 등 능선이 이어지고 여기에 많은 고봉·준령들이 다기다양(多岐多樣)하게 어우러져 웅대한 산악군을 형성하고 있다. 최고봉은 섬록암(閃綠岩)으로 되어 있고 주변은 화강암·화강편마암의 지질이 넓게 분포되어 있다. 신산(神山)의 하나로 수려하고 중후한 산악미를 지녔다. 화엄사(華嚴寺)·쌍계사(雙磎寺) 등의 유서 깊은 사찰과 천연의 동·식물 및 국보·보물 등 문화재가 많으며 1967년 국립공원 제1호로 지정되었다.

185) 반야봉(盤若峯): 전라북도 남원시 산내면(山內面)과 전라남도 구례군 산동면(山洞面) 사이에 있는 산. 높이 1,751m의 지리산(智異山)의 제2 봉우리로, 지리산 산신인 마고할미와 결혼한 반야가 불도를 닦았다고 하여 붙여진 이름이다. 지리산 어느 곳이든 주봉(1,732m)을 볼 수 있으며, 반야봉에서 바라본 낙조는 지리산 8경 중의 하나로 손꼽힌다.

186) 백제(百濟): 삼국시대 고대국가 중의 하나. 서력기원 전후에 성립되어 마한 소국들을 병합하면서 한강유역의 새로운 지배세력으로 성장하였다. 고이왕(古爾王: 재위 234∼285) 때 고대국가의 기반을 갖추었으나 660년 신라에 의해 멸망되었다. 〈삼국사기〉의 건국설화에 의하면, BC 18년에 고구려 시조 주몽의 아들인 온조가 그의 형 비류와 함께 남하해 위례성(慰禮城: 지금의 서울)에 건국한 것으로 되어 있다. 이로 미루어 백제의 최고 지배층을 형성한 집단

(箕氏)의 제사를 마치니(기자조선 멸망) 태조 문성왕 원년(기묘己卯)으로부터 마한 학왕(學王) 25년 기사(己巳)까지 누린 역사는 1,131년이었다.

생각하건대 진(辰)은 진한(辰韓)이며, 변(弁)은 변한(弁韓)을 말하는 것이다.

〈※ 주(註)〉

"마한 왕이 진한과 변한의 난을 피하여 지리산 고원지대인 반야봉 아래 달궁(達宮 지금 전북 남원시 산내면)으로 도읍을 정한 것은, BC 84~BC 13년 무렵 71년 동안이라 하였으며, 좌우의 고개를 정(鄭)과 황(黃) 두 장군으로 하여금 지키게 하였으나, 효왕 5대손 학왕(學王)대에 이르러 백제에 멸망당하였다"는 기사(己巳)년 이때는 남진(南進)하는 백제가 풍요로운 마한을 차지하고, 남해안에서 이루어지는 중국과 일본의 삼각 중개 무역항로를 확보하기 위해, 섬진강 수로(水路)를 공략한 4세기 중반 이후 백제가 전남 전역을 실질적으로 지배한 5세기 초 429년의 기사(己巳)로 보는 것이 옳을 듯하다.

중 일부가 고구려와 관련을 가진 이주민임을 알 수 있다. 현재 서울특별시 송파구 석촌동·풍납동 일대를 비롯한 한강 하류지역에 산재한 백제 초기의 적석총이 고구려의 발상지인 압록강 중류지역의 무덤양식과 통하고 있다는 점도 이를 뒷받침해 주고 있다. 그러나 이 지역의 국가체가 이들 고구려계 이주민집단의 남하로부터 형성된 것은 아니었다. 한반도 중남부지역에는 고조선의 멸망 이후 파상적으로 남하해 온 북방 이주민들이 토착주민과 결합하는 과정에서, 철기문화를 바탕으로 한 새로운 정치세력들이 이미 성장하고 있었다. 온조는 그 이주민집단의 우두머리로 토착세력을 누르고 정치 지배권을 장악해 후대에 백제 왕실에 의해 혈연적·관념적인 시조로 인식된 존재일 것이다. 즉 백제는 기원 전후한 시기부터 마한의 한 세력으로 자체 성장하던 정치체가 모체가 되고, 그 후 고구려계 이주민 세력이 융합됨으로써 성립한 국가라고 할 수 있다.

187) 안(按): 〈명사〉 자신의 의견, 생각한 계획이나 의견을 내놓다. ~을 세우다. 여기서는 경와(敬窩) 선생님의 주해(註解)를 표기한 것이다.

三分五裂하야　各擁州境이로다.[188]
삼 분 오 열　　　　각 옹 주 경

삼분오열[189]되어 각각 주(州)를 경계로 임금을 세웠다.

被堅執銳[190]하야　攻奪紛競이로다.[191]
피 견 집 예　　　　공 탈 분 경

튼튼한 갑옷을 입고 날카로운 창을 잡고서 치고 빼앗으며 어지럽게 다투었다.

至馬韓時하여　新羅　百濟　高句麗가　各據一方하여　日以
지 마 한 시　　신 라　백 제 고 구 려　　각 거 일 방　　　일 이
干戈相侵이라.
간 과 상 침

마한 시대에 이르러 신라(新羅),[192] 백제, 고구려가 각각 한 지방을 차지하고서 날마다 서로 전쟁을 일으켰다.

徐伐創業하니　多呈休兆로다.[193]
서 벌 창 업　　　다 정 휴 조

---

188) 찢을 렬(裂), 안을 옹(擁), 지경 경(境).

189) 삼분오열(三分五裂): 〈명사〉 = 사분오열(四分五裂) 〈명사〉 ① 여러 갈래로 갈기갈기 찢어짐. 〈동의어〉 삼분오열. ② 어지럽게 흩어지거나 헤어짐.

190) 피견집예(被堅執銳): 피견집병(被堅執兵). 갑옷을 입고, 날카로운 병기를 손에 잡음.

191) 입을 피(被), 굳을 견(堅), 날카로울 예(銳), 뺏을 탈(奪), 어지러울 분(紛), 다툴 경(競).

192) 신라(新羅): 삼국시대 고대국가의 하나. BC 57년부터 AD 935년까지 56대 992년 동안 존속하였으며, 7세기 중엽에 백제와 고구려를 차례로 평정하여 대동강~원산만 이남에 한국 역사상 최초로 단일민족통일국가를 세웠다. 신라라는 국호는 역사서에 따라 사로(斯盧)·사라(斯羅)·서나(徐那)·서나벌(徐那伐)·서야(徐耶)·서야벌(徐耶伐)·서라(徐羅)·서라벌(徐羅伐)·서벌(徐伐) 등으로 표기되어 있는데, 그 뜻은 동방의 나라, 새로운 나라 또는 성스러운 곳이라는 '수풀'의 의미로 해석하고 있다. 503년(지증왕 4)에 그중에서 신라로 확정하였다. 《삼국사기》 찬자(撰者)에 의하면 이 신라의 '신(新)'은 덕업일신(德業日新)에서, '라(羅)'는 망라사방(網羅四方)에서 각기 취하였다고 한다.

서벌(徐伐)을 창업(創業)194)하니, 많은 아름다운 징조(徵兆)195)들이 있었다.

徐伐은　新羅初國名이니　或云斯羅오　又云斯盧　始林
서 벌　　신 라 초 국 명　　　혹 운 사 라　　우 운 사 로　시 림

鷄林이라.　後改爲新羅焉이라.
계 림　　　후 개 위 신 라 언

　　서벌(徐伐)은 신라(新羅)의 처음 국명(國名)이다. 혹은 사라(斯羅)라고도 하며 또는 사로(斯盧), 시림(始林), 계림(鷄林)이라고도 한다. 훗날 신라로 불렀다.

朴赫岐嶷하고　英妃窈窕로다.196)
박 혁 기 억　　　영 비 요 조

　　박혁거세(朴赫居世)197)는 어려서 재능이 뛰어났고 영비(英妃)는 얌전하고 아름다웠다.

辰韓　高墟村長이　望楊山蘿井間하니　有馬嘶하여　往見
진 한　고 허 촌 장　망 양 산 라 정 간　　유 마 시　　　왕 견

則有卵如匏어늘　剖之得嬰兒하여　收養之하니　岐嶷夙成
즉 유 란 여 포　　부 지 득 영 아　　수 양 지　　　기 억 숙 성

---

193) 천천히 서(徐), 비롯할 창(創), 뵈일 정(呈), 억조 조(兆).

194) 창업(創業): 〈명사〉 ① 나라를 처음으로 세움. ② 사업을 처음으로 이룸. 창업 – 하다. ③ 창업지주(創業之主): 〈명사〉 나라를 처음으로 세운 임금.

195) 징조(徵兆): 〈명사〉 어떤 일이 생길 기미가 미리 보이는 조짐.

196) 빛날 혁(赫), 높을 기(岐), 산 우뚝할 억(嶷), 왕비 비(妃), 고요할 요(窈), 고요할 조(窕).

197) 박혁거세(朴赫居世): 신라 건국시조(BC 57~AD 4). 박씨(朴氏)의 시조이며 불구내(弗矩內)라고도 한다. 일반적으로 박혁거세라 지칭되며 거서간(居西干)은 왕호이다. 즉위 후 BC 53년 왕비를 맞아들이고 비와 함께 6부를 순행하면서 백성들에게 농사와 누에치기를 권장하니, 그때 사람들이 그들을 2현(賢)이라 하였다. BC 37년 서울을 금성(金城)으로 정하고 성을 쌓았으며 BC 32년 금성에 궁실을 지었다. BC 28년 낙랑(樂浪)이 침범하였으나 국경에 있는 백성들이 문을 잠그지 않고 창고에는 곡식이 가득한 것을 보고 도덕(道德)의 나라라 찬양하고 스스로 물러갔다. BC 20년 마한 왕이 공물(貢物)을 보내지 않는다고 노여워하자 일본에서 귀화한 호공을 마한에 사신으로 보냈다. BC 19년 마한 왕이 죽자 사신을 보내어 조위(弔慰)하였으며 BC 5년 동옥저(東沃沮)에서 말 20필을 공물로 보내 오기도 하였다. 능은 사릉(蛇陵)이며 경주시(慶州市) 남쪽에 있다. → 박혁거세신화

이라. 六部人異之하여 立爲君하니 是爲朴赫居世라. 以
육부인이지　　　입위군　　　시위박혁거세　　　이

其所剖之卵이 似匏故로 以朴爲姓하니 俗謂匏爲朴이라.
기소부지란　　사포고　　이박위성　　　속위포위박

居世는 君稱이라. 元年 甲子卽馬韓 元王 二年이요 漢宣
거세　　군칭　　　원년 갑자즉마한 원왕 이년　　　한선

帝 五鳳 元年이라.
제　오봉 원년

　　진한(辰韓)의 고허촌장(高墟村長)이 양산(楊山)과 나정(蘿井) 사이에서
말이 우는 것을 듣고 가 보니 박 크기만 한 알이 있었다. 그 알을 깨어
어린아이를 얻어 기르니 재능이 뛰어나고 조숙하였다.

　　6부(部)의 사람들이 훌륭하게 자란 그를 옹립하여 왕으로 삼으니 이가
박혁거세(朴赫居世)이다.

　　깨어진 알이 박과 같은 까닭으로 박을 성으로 하였다.

　　세상 사람들이 말하기를 "포(匏)는 박(朴)이다"라고 하고, '거세(居世)'
는 임금이니 박에서 나온 임금이라고 한다.

　　원년(元年) 갑자(甲子) 해는 마한 원왕(元王) 2년이요. 한(漢)나라 선제
(宣帝) 오봉(五鳳) 원년(BC 57년)의 일이었다.

○ 有龍見於閼英井어늘 右脇生女兒하니 有老嫗異而
　　유용견어알영정　　　우협생여아　　　유노구이이

養之하여 以井爲名하니 及長有德容이라. 朴赫居世元年
양지　　　이정위명　　　급장유덕용　　　박혁거세원년

春正月에 納閼英井爲妃하니 窈窕有賢行能內輔어늘 時
춘정월　　납알영정위비　　요조유현행능내보　　　시

人謂之二聖이라.
인위지이성

　　알영정(閼英井)에 나타난 용(龍)이 우측 옆구리로 여아를 낳으니, 신
이(神異)한 할미가 양육(養育)하여, 우물의 이름을 따서 알영(閼英)이라

불렀다.

자라나면서 어질고 아름답다는 평판이 자자하여, 박혁거세 원년 봄 정월 알영(閼英)[198]을 왕비를 삼으니, 얌전하고 아름다운 덕행으로 내조를 잘하여 보필하므로, 당시 사람들은 그 두 사람을 일컬어 성인(聖人)이라 하였다.

> ○ 按 新羅紀元 甲子後 至南解王 五年 己巳에 馬韓
> 안 신라기원 갑자후 지남해왕 오년 기사 마한
> 이 亡于百濟하니 其間 凡六十六年也라.
> 망 우 백제 기간 범육십육년야

신라가 나라를 세운 갑자년(甲子年 BC 57년) 이후부터 남해왕(南解王)[199] 5년 기사년(己巳年 AD 8년)에 이르러, 마한이 백제에 망하기까지 누린 역사는 66년이었다.

〈※ 주(註)〉

마한에 관한 분명한 기록이 없어, 그 생성과 소멸의 역사를 정확히 알 수가 없으며, 과학문명이 발달한 오늘날에도 새롭게 발굴되는 사료와 유물로 마한의 존재가 어느 정도 윤곽이 드러났을 뿐, 학자들마다 이견이 많아 특별한 결론이 없다.

그러나 최근 학자들의 끊임없는 연구로 새롭게 드러나는 것은, 마한의 역

---

198) 알영(閼英): BC 53~?(혁거세 5~?) 신라 혁거세거서간(赫居世居西干)의 비. 알영정(閼英井) 가에 용이 나타나 옆구리로 여자아이를 낳았는데 아기의 입술이 닭의 부리와 같았다. 아기를 월성 북천(北川)에 데리고 가서 목욕을 시키자 부리가 빠졌다. 우물 이름을 따서 여자아이의 이름을 '알영'이라고 하였다. 알영은 용모와 인품이 뛰어나 혁거세를 보필하는 비가 되었는데 두 사람을 이성(二聖)이라고 하였다. 이 설화는 알지(閼智)와 연결되어 닭 토템을 가진 토착 세력인 김씨 부족을 나타낸 것이라고 한다. 한편 알영설화는 용 토템에 가까우며 김씨 세력과는 연결될 수 없고, 혁거세와 같은 시기에 이주한 집단으로 보는 설도 있다. 옆구리에서 태어났다는 설화 내용은 불교의 영향을 받았다.

199) 남해왕(南解王): 신라 제2대 왕(4~24). 성은 박씨. 혁거세의 맏아들로 차차웅이라는 칭호를 사용한 왕은 남해왕뿐이며 ≪삼국유사≫에는 거서간(居西干)과 동격이라고 말하고 있다. ≪삼국사기≫에는 차차웅을 자충(慈充)이라고도 하는데, 이는 무(巫)를 의미하는 신라방언이라고 기록되어 있다. 따라서 남해왕 때는 정치장적 성격보다는 제사장적 기능이 농후하였음을 말해 주고 있다. 6년에 시조묘(始祖廟)를 세우고, 14년 왜(倭)와 낙랑(樂浪)의 침입을 막았다. 재위 21년에 죽으니 사릉원(蛇陵園)에 장사 지냈다

사가 5세기 초까지 전남 일원에 존속하였다는 것이다.

따라서 신라 남해왕 5년(AD 8년) 백제에 의한 마한 멸망은 오늘날 새롭게 밝혀진 정설은 아니라는 것을 참고하기 바란다.

특히 유념할 것은 "마한이 기씨(箕氏) 기자조선(箕子·朝鮮)이며, 마한이 백제에 망하기까지 누린 역사는 66년이었다"는 것은, 우리의 고대사(古代史)를 중국사(中國史)에 편입시키고, 역사적으로 조선을 주인 없는 무주공산(無主空山)으로 만들어, 일본의 조선침략을 정당화시키려는 식민사관(植民史觀)이다.

또한 AD 8년 백제가 마한을 멸망시켰다고 하였으나, 백제가 지금의 전남 동부 섬진강 유역의 땅을 처음 밟은 것은 4세기 후반이며, "위만(魏滿)이 조선을 치니 조선왕 준(準)이 궁인(宮人)들과 좌우의 신하들을 거느리고 바다를 건너 남쪽으로 한(韓)의 땅에 망명하였다"는 위지(魏志)의 기록은 환웅이 세운 우리 민족의 고토(故土) 고조선의 역사가 지금의 중국대륙에 있었으며, 마한은 기자조선이 세운 국가가 아니고, 단군의 적통(嫡統)을 이어받은 국가라는 것을 증명하는 것이다.

> **鷄唱閼智하고　鵲報脫解로다.**[200]
> 계 창 알 지　　작 보 탈 해

닭은 김알지(金閼知)[201]를 부르고, 까치는 석탈해(昔脫解)[202]를 알려 주

---

200) 닭 계(鷄). 부를 창(唱). 그칠 알(閼). 까치 작(鵲). 벗을 탈(脫). 풀 해(解).

201) 김알지(金閼知): 신라인으로 경주 김씨의 시조. ≪삼국사기≫에 의하면 65년(탈해왕 9)에 금성(金城) 서쪽 시림(始林) 속에서 닭 우는 소리를 들은 왕이 호공(瓠公)을 보내어 살펴보게 하니, 황금빛 궤(櫃)가 나뭇가지에 걸려 있었고, 궤에서 빛이 나오며 흰 닭이 나무 밑에서 울고 있었다. 호공이 돌아와 왕께 고하니 왕이 궤를 가져오게 하여 친히 열어 보았다. 그러자 용모가 수려한 사내아이가 나왔다. 이때부터 시림을 계림(鷄林)이라 하고, 이를 국호로 삼았다. 왕은 이 아이를 거두어 길렀는데 금궤에서 나왔다고 해서 성을 김씨라 하였고, 총명하고 지략이 많아 알지라고 이름 지었다. 알지의 아들은 세한(勢漢)이며, 그 뒤의 계보는 아도(阿都)-수류(首留 혹은 水留)-욱보(郁甫)-구도(俱道)로 이어진다. 구도의 아들은 김씨로서는 최초로 왕위에 오른 미추왕(味鄒王)으로 알지의 7세손이다.

202) 석탈해(昔脫解): 신라 제4대 임금(57~80). 성은 석씨(昔氏). 토해이사금(吐解尼師今)이라고도 한다. 다파나국(多婆

었다.

新羅 昔脫解王은 本多婆那國人이라. 國在今慶尚道
신라 석탈해왕　　　본다파나국인　　　　국재금경상도

하니 一小國이라. 今未詳其地라. 或云昔脫解는 但馬王
　　일소국　　　금미상기지　　　혹운석탈해　　　단마왕

天日槍의 子니 其國王이 娶女國王女하여 有娠하니 七
천일창　　자　　기국왕　　취여국왕여　　　유신　　칠

年에 生大卵이어늘 王以爲不祥이라 하여 命棄之하니
년　생대란　　　　왕이위불상　　　　　명기지

其母가 裹以帛及寶物로 置櫝中浮之海하여 任其所往하
기모　　과이백급보물　　치독중부지해　　　임기소왕

여 轉至辰韓阿珍浦口(今迎日縣)라. 有老嫗繩之하여 開
　전지진한아진포구(금영일현)　　　유노구승지　　　개

櫝하니 有兒在焉이어늘 遂養之하니라. 及長九尺이오
독　　　유아재언　　　수양지　　　　급장구척

風神203) 秀朗204) 하고 智略過人이라. 以櫝初來時에 有鵲
풍신　　수랑　　　지략과인　　　이독초래시　　유작

隨鳴故로 鵲의 省鳥하여 以昔爲姓하고 以脫櫝解出故로
수명고　작　생조　　　이석위성　　　이탈독해출고

名脫解라.
명탈해

신라 석탈해왕(昔脫解王)은 본래 다파나국(多婆那國)205) 사람이었다. 그

那國: 眈羅國)의 왕과 여인국(女人國)의 왕녀 사이에서 알로 태어났는데 불길한 일이라 하여 궤짝 속에 넣어져 바다
에 버려졌다. 표류하던 중 BC 19년(박혁거세 39) 아진포(阿珍浦: 迎月)에서 한 노파에게 발견, 양육되어 나중에 임
금이 되었다는 설화가 전한다. 양모(養母)의 정성으로 학문과 지리에 통달한 그는 AD 8년(남해차차웅 5) 왕의 사위
가 되고, 이어 대보(大輔)의 자리에 올라 군국정사(軍國政事)를 맡아 보았다. 그 뒤 유리이사금이 죽을 때 선왕인 남
해차차웅의 유언에 따라 왕위를 물려받았다. 즉위 후 일본과 화친을 맺고 백제를 자주 공격하였으며, 65년(탈해이사
금 9)에는 시림(始林)에서 김알지(金閼智)를 얻어 시림을 계림(鷄林)으로 개칭하고 이를 국호로 삼았다. 67년 주(州)
에 주주(州主), 군(郡)에 군주(郡主)를 두어 다스리게 하고, 77년 황산진(黃山津)에서 가야의 군사와 싸워 크게 이겼
다. 능은 경주시 동천동(東川洞)에 있다.

203) 풍신(風神): 풍채(風采) 〈명사〉 빛나서 드러나 보이는 사람의 겉모양.
204) 수랑(秀朗): 뛰어나고 밝음.

나라는 지금 경상도에 있었던 작은 나라였는데, 지금은 어디였는지 상세히 알 수 없는 땅이다.

어떤 사람이 말하기를 "석탈해는 단지 마한의 왕 천일창(天日槍)의 아들"이라고 하였다.

국왕이 여인국(女人國) 공주를 아내로 삼아 결혼한 지 7년에 임신하여 큰 알을 낳았는데, 왕이 상서롭지 못하다 하여 버리라 명하니, 그 어머니가 비단과 보물을 함께 궤 속에 넣어 바다 위에 띄웠다.

바다를 떠돌다가 진한(辰韓) 아진포구(阿珍浦口 지금 영일현)에 다다랐는데, 한 노파가 줄을 잡아당기어 궤를 열어 보니, 갓난아기가 있었으므로 그 아이를 데려다 길렀다.

아이는 성장하여 신장이 9척(九尺)206)이나 되었고, 풍모(風貌)는 수려하고 밝았으며, 지략(智略)은 다른 사람보다 월등(越等)하였다.

궤가 떠내려 올 때부터 한 마리 까치가 따르면서 우는 까닭으로 '작(鵲)'에서 '조(鳥)'를 떼어 버리고, '석(昔)'으로써 성을 삼고 궤를 열어서 세상에 나온 이유로 '탈해(脫解)'라고 이름을 지어 주었다.

新羅 脫解王 九年에 王이 夜聞金城西始林間에 有鷄
신 라 탈 해 왕 구 년　　　왕　　야 문 금 성 서 시 림 간　　　유 계

聲이어늘 遣匏公視之하니 有金色小櫝이 掛樹梢라. 白
성　　　　견 포 공 시 지　　　유 금 색 소 독　　　괘 수 초　　　백

鷄鳴於下어늘 匏公還告한데 王이 收櫝開見하니 有小
계 명 어 하　　　포 공 환 고　　　왕　　수 독 개 견　　　유 소

男兒라. 姿貌207) 奇偉208)하여 王喜曰此는 豈非天賜我以
남 아　　　자 모　　기 위　　　왕 희 왈 차　　　기 비 천 사 아 이

胤乎아 하고 遂名閼智(閼智方言小兒之稱 嶺南 尚稱閼那)
윤 호　　　　수 명 알 지 (알 지 방 언 소 아 지 칭 영 남 상 칭 알 나)

라. 出於金櫝故로 以金爲姓하고 改始林爲鷄林209)이라.
출 어 금 독 고　　　이 김 위 성　　　개 시 림 위 계 림

---

205) 다파나국(多婆那國): 탐라국(眈羅國) 지금의 제주도. 여기서 다파나국을 경상도에 있다 하였으나 탐라국의 잘못이다.
206) 구척(九尺): 구척장신(九尺長身) 〈명사〉 ('아홉 자나 되는 큰 키'라는 뜻으로) 아주 큰 키. 또는 그러한 사람.

신라 탈해왕 9년(서기65년 3월) 왕이 밤에 금성(金城)[210] 서쪽 시림(始林)에서 닭 울음소리가 괴이하게 들려오매, 포공(匏公)을 보내어 살펴보게 하니, 금빛의 작은 궤가 나뭇가지 끝에 매달려 있고, 그 아래서는 흰 닭이 울고 있었다.

포공이 돌아와서 사실을 고하매, 왕이 궤를 거두어 열어 보니 작은 사내아이가 있었는데, 그 모습이 출중(出衆)[211]하였다.

왕이 기뻐하면서 "이 아이는 하늘이 나에게 대를 이을 아들을 주신 것이다" 하고, 이름을 알지(閼知 알지는 사투리로 아이를 말하고, 영남지방에서는 오히려 '알라'라고 한다)라 지어 주었다.

금빛 궤에서 태어난 까닭으로, '금(金)'으로 '성(姓)'을 삼고 '시림(始林)'을 고치어서 '계림(鷄林)'이라고 하였다.

夜戶開放하니　隣賊驚駭로다[212].
야 호 개 방　　　인 적 경 해

밤에도 방문을 열어 놓으니 인근(隣近)의 도적들이 크게 놀랐다.

新羅 始祖 三十年에　樂浪人侵新羅하여　入其境하여　見
신 라 시 조 삼 십 년　　낙 랑 인 침 신 라　　　입 기 경　　　　견
夜戶不閉하고　驚駭相謂曰民不相盜하니　可謂有道之國
야 호 불 폐　　　경 해 상 위 왈 민 불 상 도　　　가 위 유 도 지 국
이니 潛師襲之하면　得不愧乎아　하고　乃引退라.
　　　잠 사 습 지　　　득 불 괴 호　　　　　　내 인 퇴

신라 시조 30년(BC 28)에 낙랑인(樂浪人)이 신라를 침략하여 국경을

---

207) 자모(姿貌): 모습.
208) 기위(奇偉): 뛰어나게 훌륭함.
209) 계림(鷄林): 경상북도 경주시 교동(校洞)에 있는 경주 김씨 시조의 발상지. 면적 약 7,300㎡.
210) 금성(金城): 지금의 경주.
211) 출중(出衆): 〈형용사〉 〈여불규칙활용〉 뭇 사람 가운데서 특별히 뛰어나다. 〈동의어〉 출군하다.
212) 이웃 린(隣), 도적 적(賊), 놀랄 경(驚), 놀랄 해(駭).

넘었다.

　그런데 밤에도 방문이 닫혀 있지 않는 것을 보고, 크게 놀라서 서로 말하기를 "백성들이 서로 도둑질을 하지 않으니, 군자(君子)의 나라다, 이러한 나라를 몰래 군사를 동원하여 습격하면 부끄러운 일이다" 하면서 군사를 이끌고 물러갔다.

朱逃內亂하니　松降侯僚로다.213)
주 도 내 란　　　송 강 후 료

　주몽(朱蒙)이 내란(內亂)으로 망명하여, 부여왕(扶餘王) 송(松)을 제후(諸侯)214)로 봉(封)하였다.

高句麗　始祖　朱蒙은　扶餘王　金蛙子니　年甫七歲에
고구려　시조　주몽　　부여왕　금와자　　연보칠세

自作弓矢하여　射之에　發無不中이라. 蛙有七子한데　其
자작궁시　　　사지　　발무불중　　　　와유칠자　　　기

技能이　皆不及朱蒙이라. 蛙之諸子가　忌欲殺之어늘　蒙
기능　　개불급주몽　　　와지제자　　　기욕살지　　　몽

知之하고　逃至卒本扶餘(今平北成川)하니　其國王松讓이
지지　　　도지졸본부여 (금평북성천)　　　기국왕송양

以國降이어늘　封爲多勿侯하고　遂定都焉이라.
이국항　　　　봉위다물후　　　　수정도언

　고구려(高句麗)215) 시조 주몽(朱蒙)216)은 부여왕 금와(金蛙)217)의　아들

---

213) 도망할 도(逃), 어지러울 란(亂), 제후 후(侯), 동관 료(僚).

214) 제후(諸侯): 〈명사〉 봉건 시대에 군주로부터 받은 영토와 그 영내의 백성을 다스리던 사람.

215) 고구려(高句麗): 삼국시대의 한 나라. 동명왕이 세워 한반도 북부와 만주 일대를 다스렸으며, 28대 705년 만에 신라에게 망했다[기원전 37~서기 668].

216) 주몽(朱蒙): 고구려의 시조왕(BC 37~BC 19). 성은 고씨(高氏), 이름은 주몽(朱蒙) 또는 추모(鄒牟)·상해(象解)·추몽(鄒蒙)·중모(中牟)·도모(都牟)라고 기록되어 전한다. 동명을 시조로 하는 전통은 부여·고구려·백제에 공통된 현상이었던 것으로 보이나 역사적으로 동명과 고구려 시조 주몽은 다른 인물로 짐작된다. 그러나 문헌에 의하면 주몽설화도 동명설화와 줄거리가 구조적으로 똑같다. 그 특징은 단군(檀君)과 마찬가지로 왕자의 정치적 권위의 원천을 하늘에 귀속시키면서 농업생산을 좌우하는 '물의 신령'의 권위를 아울러 주장하는 데 있다. ≪삼국사기≫나 ≪

이다. 나이 겨우 7세에 스스로 활과 화살을 만들었는데, 그가 화살을 쏘
면 모두 명중하였다.

금와왕에게 왕자 일곱이 있지만 그들의 재능이 모두 주몽에게 미치지
못하매 왕자들이 시기하여 주몽을 죽이고자 하였다.

주몽이 그 사실을 알고 졸본부여(卒本扶餘218) 지금 평안북도 성천)로
망명하였다.

그 나라 왕 송양(松讓)219)의 항복을 받아, 그를 다물후(多勿侯)에 봉(封)
하고, 여기에 도읍(都邑)을 정하였다.

霧黑鶻嶺하고　波漲鼈橋로다.220)
무 흑 골 령　　　파 창 별 교

삼국유사≫에 의하면 주몽의 아버지는 천제(天帝)의 아들인 해모수(解慕漱)였으며, 어머니는 하백(河伯)의 딸 유화부
인(柳花夫人)으로 해모수와 정을 통하여 집에서 쫓겨났다. 이때 동부여의 금와왕(金蛙王)이 유화부인을 만나 방 안
에 가두었더니 햇빛이 비치어 태기가 있어 큰 알을 하나 낳았는데, 이 알에서 사내아이가 나왔다. 금와왕의 왕자들
과 신하들이 주몽을 죽이려 하자 유화부인이 멀리 도망하여 큰일을 이루라고 하여 주몽은 길을 떠나 졸본(卒本)에
이르러 도읍을 정하고 BC 37년 나라를 세워 고구려라 하였다. 그 뒤 비류국(沸流國) 송양왕(松讓王)의 항복을 받았
고, 태백산 동남쪽 행인국(荇人國)을 정벌하였으며, BC 28년에는 북옥저를 멸망시켰다. BC 19년 왕이 죽자 시호를
동명성왕이라 하였으며, 동부여에서 찾아온 왕자 유리(類利)가 왕위를 계승하였다.

217) 금와(金蛙): 금와왕의 탄생에 얽힌 설화. ≪삼국사기≫권13 고구려본기(高句麗本紀) 제1 시조동명성왕조(始祖東明
聖王條)와 ≪삼국사기≫권1 기이(紀異) 제1, 동부여(東夫餘) 고구려조에 나타나 있는 문헌설화이다. 부여왕 해부루
가 늙도록 왕위를 이을 아들이 없었는데, 하루는 이상한 돌 밑에서 금빛이 나는 개구리의 모습을 한 어린 아기를
발견하였다. 왕은 하늘이 대를 이을 아들을 주신 것이라 생각하고 아이의 이름을 금와라 하고 왕위를 잇게 하였다.
이 설화는 지생관(地生觀)을 바탕으로 한 인간생명의 탄생과 자연발생학적 인간기원을 이야기하여 견훤설화(甄萱說
話) 유의 인위토생적(人爲土生的) 기원론과 대립된다. 이는 <동명왕신화>와도 관련된다.

218) 졸본부여(卒本扶餘): 삼국시대의 고대국가 중 하나. 서기 전후 무렵 성립되어 668년에 멸망하였으며, 한반도(韓半
島) 북부와 남만주(南滿洲) 일대를 근거지로 번성하였다. 고구려족(高句麗族)은 만주(滿洲)지방에 살던 부여족(扶餘
族)에서 갈라져 나온 민족으로 처음에는 쑹화강[松花江(송화강)] 유역에 살았는데 BC 2세기경부터 남하(南下)하여
동가강유역에서 압록강(鴨綠江) 유역에 걸친 산악지대에 살면서 수렵생활을 하였다. 처음에 고구려족은 현도군의 지
배권 안에 있었으나, 그 지방이 산악지대이므로 중국의 지배력이 철저하지 못하였다. 민족의식에 눈뜬 이들은 중국
에 대하여 꾸준한 저항을 계속하였으며, 부족 간 통일의 필요성을 느끼고 강한 부족을 중심으로 한데 뭉쳐 집권국가
체제를 갖추게 되었다. 주몽(高朱蒙: 東明聖王)이 졸본부여(卒本扶餘: 桓仁지방)에 고구려를 세운 것은 ≪삼국사기
(三國史記)≫에 의하면 BC 37년으로 되어 있다. AD 3년 주몽의 아들 유리왕 때에 수도를 국내성(國內城: 지금의
通溝)지방으로 옮겼고, 제6대 태조왕(太祖王: 재위 53~146) 때부터 차츰 다른 부족들을 정복하여 강토를 넓히고
세력을 확장하기 시작하였다. 209년(산상왕 13)에는 환도성(丸都城)을 축조하였다.

219) 송양(松讓): 동가강 유역에 있던 비류국(沸流國)의 왕. 고구려의 주몽(朱蒙)이 찾아오자, 패권을 잡기 위해 변론(辨論)
과 활쏘기로 실력을 겨루었으나, 주몽이 승리함으로써 이듬해 고구려에 항복하였다. 비류국을 다물도(多勿都)라 하
고, 송양을 다물도의 주(主)로 삼았다. 이것으로 송양이 고구려에 앞서 동가강 유역의 지배자로 군림하였으나 고구려
주몽에게 그 지배권을 상실하였음을 알 수 있다. 송양의 딸은 고구려 2대 유리왕의 비가 되었다.

220) 안개 무(霧), 매 골(鶻), 고개 령(嶺), 물결 파(波), 물불을 창(漲), 자라 별(鼈), 다리 교(橋).

안개는 골령(鶻嶺)을 어둡게 하고 넘치는 강물을 자라가 다리를 놓아
건넜다.

高句麗 始祖가 逃金蛙諸子之亂하여 至淹하니 滹水無
고구려 시조   도금와제자지난   지엄   호수무

梁이라. 祝曰我는 是天帝子요 河伯外甥221)이어늘 今日
양   축왈아   시천제자   하백외생   금일

逃難222)에 追者垂及하니 奈何오한대 於是에 魚鼈成橋
도난   추자수급   내하   어시   어별성교

어늘 朱蒙得渡하니 橋乃解하여 追騎不及이라.
     주몽득도   교내해   추기불급

고구려 시조 주몽이 금와왕의 왕자들이 일으킨 난을 피하여 호수(滹
水)223)강 물가에 이르러 건너려 하였으나 다리가 없었다.

이때 주몽이 강물에 말하기를 "나는 천제의 아들이요 하백(河伯)의 외
손자(外孫子)다. 오늘 난을 피하여 멀리 가는 길에 군사에게 쫓기어 급박
한 지경에 이르렀는데 내 어찌하면 좋겠는가." 하니, 물고기와 자라들이
떠올라 다리를 만들어 주었다.

주몽이 건너자 곧 흩어져 뒤쫓던 기병(騎兵)들은 건널 수 없었다.

〈※ 주(註)〉

흔히 고구려 건국신화를 이야기하면서, 주몽이 자라가 다리를 놓아 건넜
다는 강을 엄호수(淹滹水)라 하는데, 이는 호(滹)강을 잘못 해석한 것이다.

삼국사기 본문에서 행지엄호수(行至淹滹水) 욕도무량(欲渡無梁)은 "호수(滹
水)강에 이르러 건너려 하였으나 다리가 없었다"는 것을 엄호수(淹滹水)로 잘

---

221) 외생(外甥): 〈명사〉 ① (편지 따위에) 사위가 '자기'를 장인이나 장모에 대하여 일컫는 말. 사위. ② 외손자, 생질, 자
매의 아들.
222) 도난(逃難): 재난을 피하여 멀리 달아남. 피난(避難)함.
223) 호수(滹水): 강 이름. 중국 산서성(山西省) 번치현(繁峙縣)에서 발원하여, 하북성(河北省)에서 백하(白河)에 흘러들어
가는 강.

못 해석한 것이다.

만일 여기서 엄(淹)을 강으로 본다면, 사천성(四川省)에서 발원하여 양자강으로 흘러드는 엄수(淹水)를 말하는데, 이는 고구려 건국신화와 거리가 먼 땅이다.

여기서 말하는 엄(淹)은 앞이 막혀 나가지 못하는 뜻으로 호수(淲水) 강가에 도착한 주몽이 물을 건너 보려고 여기저기 시도해 보는 의미로 보아야 한다.

따라서 8세기 이전 요동(遼東)은 산서성(山西省) 요(遼)의 동쪽을 의미하였으므로, 주몽이 건넌 강은 산서성(山西省) 번치현(繁峙縣)에서 발원하여, 하북성(河北省)에서 백하(白河)[224]에 흘러들어가는 강, 호수(淲水)를 말하는 것이며, 지금 만리장성 이북은 모두 고구려의 영토였음을 증명하는 것이다.

> ○ 高句麗 始祖 東明王[225] (卽 朱蒙) 三年에 一日黑雲
>   고구려 시조 동명왕 (즉 주몽) 삼년 일일흑운
> 이 漲滿于鶻嶺하여 咫尺不見이오 但聞山上에 有人喧作
>   창만우골령 지척불견 단문산상 유인훤작
> 工之聲이어늘 王曰 天爲我造宮闕이라 하고 後七日에
>   공지성 왕왈 천위아조궁궐 후칠일
> 霧乃散하여 見之則城郭宮室이 皆成이라.
>   무내산 견지즉성곽궁실 개성

고구려 시조 동명왕(東明王) 3년(BC 35년) 하루는 골령(鶻嶺)에 검은 구름이 자욱하여 지척(咫尺)[226]도 분간할 수가 없었는데, 다만 산꼭대기에서 사람들이 분주히 일하는 소리만이 들려왔다.

왕이 말하기를 "하늘이 나를 위하여 궁궐을 지어 주는구나"라고 하였

---

224) 백하(白河): 중국 허베이성[河北省(하북성)]과 베이징시[北京市(북경시)] 북부를 흐르는 강. 하이허[海河(해하)] 수계(水系)의 차오바이허[潮白河(조백하)] 원류(源流) 중의 하나이다.

225) 동명왕(東明王): 고구려의 시조. 성은 고(高). 이름은 주몽(朱蒙) 또는 추모(鄒牟), 중해(衆解). 해모수의 아들. [기원전 58~19: 재위 기원전 37~19].

226) 지척(咫尺): 〈명사〉 서로 떨어져 있는 사이가 썩 가까운 거리. 지척이 천리라 썩 가까운 곳에 서로 살면서도 오래 만나지 못하여 멀리 떨어져 사는 것과 같다는 말.

다. 7일이 지난 뒤 안개가 흩어져 가 보니 성곽과 궁실이 모두 완성되어
있었다.

〈※ 주(註)〉

여기서 말하는 골령(鶻嶺)은 이름 그대로 송골매가 사는 산봉우리 바위산
을 말하는 것으로, 그 산꼭대기에 7일 만에 지었다는 성곽과 궁실은 중국 요
영성(遼寧城) 환인(桓仁) 북동쪽에 있는 고구려 옛 성 주몽(朱蒙)이 비류곡(沸流
谷) 홀본(忽本)의 서쪽 산 위에 성을 쌓고 도읍으로 삼았다는 지금의 오녀산성
(五女山城)으로 보아야 한다.

광개토대왕릉비(廣開土大王陵碑)의 비문에서도 "추모왕(鄒牟王 주몽朱蒙)이
비류곡(沸流谷) 홀본(忽本)의 서쪽 산 위에 성을 쌓고 도읍으로 삼았다"고 기
록한 오녀산성은 해발 고도 820m인 천연요새지로 성의 동쪽에서 약 1.8m의
성벽이 발견되었고, 정상에는 약 0.9m 깊이의 연못과 우물이 있다.

산기슭의 고력묘자촌(高力墓子村, 高力은 고구려를 지칭)에는 수백 기에 이
르는 고구려 돌무지무덤 '적석총(積石塚)'227)이 있었으나 1970년대 초 중국
측의 댐 건설로 인하여 수몰되었다.

麻衲及藻가 景命228) 相助로다.229)
마 납 급 조 　 경 명 　 상 조

마의(麻衣)와 납의(衲衣)와 조의(藻衣)가 하늘이 내린 천명(天命)을 위해
서로 도왔다.

---

227) 적석총(積石塚): 주검을 넣은 돌널 위에 흙을 덮지 않고 돌만으로 쌓아 올린 무덤. 돌무지무덤.
228) 경명(景命): 하늘의 큰 명령 대명(大命).
229) 삼 마(麻), 장삼 납(衲), 마름 풀 조(藻).

高句麗 始祖가 逃金蛙諸子之亂하여 行至毛屯谷하여
고구려 시조　　도금와제자지난　　행지모둔곡

遇麻衣 衲衣 水藻衣 三人하니라. 乃悅曰 我方承景命하
우마의 납의 수조의 삼인　　　내열왈 아방승경명

여 遇此三賢하니 豈非天乎아 俱至卒本扶餘하여 遂建都
　우차삼현　　기비천호　구지졸본부여　　수건도

治邦이라.
치방

고구려 시조 주몽이 금와왕의 왕자들이 일으킨 난을 피하여, 모둔곡
(毛屯谷)230)에 이르러서, 마의(麻衣),231) 납의(衲衣),232) 수조의(水藻衣)233)
를 입은 세 사람을 만났다.

주몽이 기뻐하며 "내가 바야흐로 하늘의 큰 명을 받아 나라의 터전을
열려고 하는데, 마침 세 분 현인을 만났으니, 어찌 하늘의 도우심이 아니겠
는가?"라고 말하면서, 함께 졸본부여(卒本扶餘)에 이르러 도읍을 정하고 나
라를 다스렸다.

斥攘靺鞨하고　吞倂234) 沃沮로다.235)
척양말갈　　　탄병　　옥저

말갈족(靺鞨族)236)을 물리치고 옥저(沃沮)237)를 합병(合倂)하였다.

---

230) 모둔곡(毛屯谷): 지금의 혼하류역(渾河流域).

231) 마의(麻衣): 삼베옷.

232) 납의(衲衣): 승복(僧服) ① 세상 사람들이 내버린 낡은 헝겊들을 모아서 누덕누덕 기워 만든 중의 옷. ② '가사(袈裟)'의 딴 이름.

233) 수조의(水藻衣): 마름 옷.

234) 탄병(吞倂): 병탄(竝吞/倂吞) 〈명사〉 남의 물건을 강제로 제 것에 합침.

235) 물리칠 척(斥), 빼앗을 양(攘), 오랑캐 말(靺), 말갈나라 갈(鞨), 아우를 병(倂), 기름질 옥(沃), 막을 저(沮).

236) 말갈족(靺鞨族): 6~7세기 무렵 중국 수·당시대에 만주 북동부에서 한반도 북부에 거주한 퉁구스계 민족. 주나라 때에는 숙신, 한나라 때에는 읍루라 불렀다. 본디 쑹화강 유역의 물길이 지배하였으나 6세기 중엽 물길의 세력이 약화되자 각 부족이 자립하였는데, 이들을 총칭하여 말갈이라 부른다.

237) 옥저(沃沮): 한국 고대 부족국가의 하나. 그 부족을 일컫기도 한다. 지금의 함경남도 해안지대에서 두만강유역 일대에 걸쳐 위치하였고 함흥지방이 그 중심을 이루었는데, 북쪽은 읍루·부여, 남쪽은 동예와 접하였다. 함흥지방 일대

高句麗 始祖 十一年에 滅北沃沮(今 咸北)라.
고 구 려　시 조　십 일 년　　　멸 북 옥 저　(금 함 북)

고구려 시조 1년에 북옥저(北沃沮 지금 함경북도)를 멸망시켰다.

○ 靺鞨與高句麗로 地連이라. 始祖 恐見侵盜하여 遂
　말 갈 여 고 구 려　　　지 연　　　시 조 공 견 침 도　　　　수
攘斥238)之하니 靺鞨이 畏服不敢犯이라.
양 척　　　지　　　말 갈　　　외 복 불 감 범

　말갈(靺鞨)은 고구려와 땅이 연접하였다. 시조(始祖)가 침범하여 도적
질하는 것을 우려하여 물리쳐 쫓으니, 말갈족이 무서워 복종하고 감히
침범할 수 없었다.

沸流鄒忽이요 溫祚慰禮로다.239)
비 류 추 홀　　　온 조 위 례

　비류(沸流)240)는 미추홀(彌鄒忽)241)에서 살고, 온조(溫祚)242)는 위례성

　를 중심으로 거주하던 집단을 동옥저, 두만강유역의 집단을 북옥저라 하였다.

238) 양척(攘斥): 〈명사〉 물리쳐 쫓음. 양척 – 하다.

239) 끓을 비(沸), 추나라 추(鄒), 문득 홀(忽), 복 조(祚), 위로할 위(慰).

240) 비류(沸流): 백제 건국설화 이설(異說)의 건국시조. 백제 미추홀(彌鄒忽: 지금의 인천 부근으로 짐작됨)에서 일어난
　　　왕족의 시조이다. ≪삼국사기≫에 온조(溫祚)를 시조로 하는 건국설화와 함께 비류가 시조라는 이설도 실려 있다.
　　　비류집단의 계보는 전하지 않으며, 백제왕들은 모두 온조계보에 연결되어 있다. 그러나 비류계 설화가 오늘날까지
　　　남아 전해지는 것은 비류를 시조로 하는 집단이 백제 후기까지 계속 존재하였기 때문으로 여겨진다. → 백제

241) 미추홀(彌鄒忽): 백제 초기의 도읍지. ≪삼국사기≫ <백제본기(百濟本紀)> 온조왕조(溫祚王條)에 “주몽(朱蒙)의
　　　두 아들 비류(沸流)와 온조(溫祚)가 남쪽으로 내려가서 온조는 하남(河南)의 땅을 택하고, 비류는 미추홀에 가서 살
　　　았다”고 하였다. ≪삼국사기≫ <지리지>에는 매소홀현(買召忽縣)을 또한 미추홀이라고도 하였다. ‘매소홀(買召
　　　忽)’의 ‘매(買)’ 자는 ‘믈(물)’의 한자표기이다. 예컨대 ≪삼국사기≫ <지리지>에 ‘수성군(水城郡)’은 본시 고구려의
　　　‘매홀군(買忽郡)’이라고 한 데서 알 수 있다. 그리고 ‘성(城)’은 ‘홀(忽)’에 해당한다. 미추홀은 ‘매ㅅ골’이 된다. 수성
　　　군은 지금의 수원이며, ≪삼국사기≫에 물이 짜다고 한 미추홀은 지금의 인천에 해당한다.

242) 온조(溫祚): 백제의 건국시조(BC 18~AD 28). 백제의 시조로 전하는 인물들 중의 하나이고 고구려 시조 동명왕의
　　　셋째 아들이다. 형 비류(沸流)와 남하하여 도읍을 정하는 문제로 의견이 맞지 않자, 비류는 미추홀(彌鄒忽)로 가고
　　　온조는 위례성(慰禮城)에 도읍을 정했다. 이때 국호를 십제(十濟)라 하고 후에 백제로 고쳤다. 백제 초기에는 남하한
　　　부여족들이 연맹체를 맺고 모두 동명(東明)을 시조로 삼고 각기 그를 숭배하는 제전을 갖고 있었다. 온조왕은 즉위

(慰禮城)에 도읍하였다.

沸流 溫祚는 皆高句麗 始祖 朱蒙子라. 爲太子類利所
비류 온조　개고구려　시조 주몽자　　위태자유리소

不容하여 遂南行하여 至漢山하니 人皆勸沸流하여 都之
불용　수남행　지한산　인개권비류　도지

하니 沸流不聽하고 定都於彌鄒忽(今 仁川)하고 溫祚는
비류불청　정도어미추홀 (금 인천)　온조

都河南慰禮城(今 天安郡 稷山)하니 以十臣爲輔國하고
도하남위례성 (금 천안군 직산)　이십신위보국

號曰十濟라. 沸流以彌鄒忽土濕水鹹으로 不得安居하여
호왈십제　비류이미추홀토습수함　불득안거

來見慰禮할새 都邑旣定하고 人民安泰하여 慙恚而死라.
래견위례　도읍기정　인민안태　참에이사

其臣皆歸于十濟하니 乃改國號曰 百濟라.
기신개귀우십제　내개국호왈 백제

　　비류(沸流)와 온조(溫祚)는 모두 고구려 시조 주몽의 아들이었다. 태자
유리(類利)[243]에게 용납되지 못하여 남쪽으로 내려와 한강에 이르니, 사
람들이 모두 비류에게 도읍 정할 것을 권장하였으나, 비류가 허락하지
않고 도읍을 미추홀(彌鄒忽 지금 인천)에 정하였다.
　　온조는 하남(河南)[244] 위례성(慰禮城)[245]에 도읍을 정하고 열 명의 신

하자 동명묘(廟)를 세워 나라의 안녕을 빌고 을음(乙音)에게 군국정사(軍國政事)를 맡겼으나 말갈(靺鞨)의 잦은 침입
으로 타격을 받았다. 9년 마한(馬韓)을 멸망시키고 10년 아들 다루(多婁)를 태자로 책봉했으나 백제가 국가의 체제
를 갖춘 것은 근초고왕 때부터이다.

243) 유리왕(類利): 유리왕[琉璃王 ?~18(?~대무신왕 1)]. 고구려 제2대 왕(BC 19~AD 18). 이름은 유리(類利)·유류(儒
留)·누리(累利)·주류(朱留)이며, ≪위서≫ <고구려전>에는 여달(閭達)·여해(閭諧)로 되어 있다. 동명왕 주몽의
맏아들로 부여에서 아버지 주몽을 찾아 BC 19년(동명왕 19) 고구려로 와서 태자로 책봉되었으며 동명왕이 사망하
자 왕위에 올랐다. BC 17년(유리왕 3) 계비인 치희(雉姬)를 그리는 <황조가(黃鳥歌)>를 지었고, BC 9년 선비(鮮
卑)를 쳐서 항복을 받았다. BC 3년 도읍을 졸본(卒本)에서 국내성(國內城)으로 옮기고 위나암성(尉那巖城)을 쌓았다.
12년 중국의 왕망(王莽)이 흉노를 정벌하기 위하여 고구려군사의 출동을 요구하였으나 이를 거부하고 오히려 한(漢)
나라를 공격하자 왕망은 유리왕을 '하구려후(下句麗侯)'라고 비칭하였다. 13년 부여군이 침입하자 왕자 무휼(無恤:
대무신왕)을 시켜 격퇴하였고, 14년 오이(烏伊)·마리(摩離)로 하여금 군사 2만으로 양맥(梁貊)을 치고 다시 한나라
의 고구려현(高句麗縣)을 빼앗았다. 18년 두곡리궁(豆谷離宮)에서 죽었으며 두곡동원(豆谷東原)에 묻혔다.

244) 하남(河南): 하남시(河南市). 경기도 중동부에 있는 시. 면적 93.08㎢. 인구 12만 7,935(2002). 동쪽으로는 남양주

하로 보국(輔國)246)을 삼은 까닭으로 국호를 십제(十濟)라고 하였다. 비류
는 미추홀의 땅이 습하고 식수(食水)가 짜서 편안히 살아갈 수 없다고 여
기고 위례성에 와 보니, 도읍이 이미 정하여지고 백성들이 화평한 것을
보고 후회하며 화병(火病)247)으로 죽었다.

비류(沸流)의 신하들이 모두 십제(十濟)에 귀의하니, 국호를 백제(百濟)
로 개명하였다.

鼎足248)峙列하니 羅與句濟로다.249)
정 족　　　치 열　　　　라 여 구 제

신라와 고구려와 백제 삼국이 나란히 정립(鼎立)하였다.

羅는 新羅요 句는 高句麗요 濟는 百濟也라. 此時에
라　 신 라　 구　 고 구 려　　 제　 백 제 야　　　 차 시
三國鼎足而峙列이라.
삼 국 정 족 이 치 열

라(羅)는 신라, 구(句)는 고구려, 제(濟)는 백제이다. 이때에 삼국이 나
란히 정립(鼎立)하였다.

시, 서쪽으로는 서울특별시 강동구와 송파구, 남쪽으로는 성남시와 광주시, 북쪽으로는 한강에 접해 있다. 시청소재
지는 신읍동. 본래의 이름은 회안(淮安)이며 삼한시대에는 진한(辰韓)이 부족국가를 형성하였고 백제 시조인 온조(溫
祚)가 위례성(慰禮城)에서 이곳으로 도읍을 옮겼다.

245) 위례성(慰禮城): 백제 초기의 도성. 시조 온조왕(溫祚王)이 위례성을 근거로 건국하였다고 전하나 확실한 위치는 알
수 없다. 그 위치에 대하여 전라북도 익산시(益山市), 충청남도 직산(稷山), 경기도 광주(廣州) 등 여러 설이 있는데,
현재는 경기도 광주라는 설이 가장 유력하다. 위례라는 명칭은 처음 온조가 남하하여 자리 잡은 한강 북쪽, 지금의
서울 부근에 있던 위례부락에서 유래한 듯하지만, 이것도 확실하지 않다. 한강을 뜻하는 아리수(阿利水)·욱리하(郁
利河)에서 기원하였다는 설과 백제의 왕을 가리키는 어라하(於羅瑕)에서 유래하였다는 설, 또 울타리를 뜻하는 '우
리'에서 연유하였다는 주장도 있다. 위례성은 한강을 기준으로 하북위례성과 하남위례성으로 나뉘는데, ≪삼국사기≫
에 의하면 온조는 하북위례성에서 건국한 후 13년 만에 하남위례성으로 천도하였다고 한다.

246) 보국(輔國): 〈명사〉 ① 충성을 다하여 나랏일을 도움. ¶～ 충신. ② '보국숭록대부'의 준말.

247) 화병(火病): 〈명사〉 '울화병'의 준말. 울화병.

248) 정족(鼎足): 정립(鼎立)하다. 솥 밑에 발이 세 개 달린 솥처럼 삼국이 나란히 정립하였다는 뜻이다.

249) 솥 정(鼎), 산 우뚝할 치(峙), 비단 라(羅), 건널 제(濟).

類利豪俊[250]하니　善射强膂로다.[251]
류 리 호 준　　　선 사 강 려

유리(類利)는 재주와 지혜가 뛰어난 사람으로 활쏘기를 잘하고 힘이 강하였다.

泥丸塞盆하고　斷劍藏礎로다.[252]
니 환 색 분　　　단 검 장 초

진흙 탄으로 물동이를 막고 검(劍)을 끊어 주춧돌[253] 밑에 숨기었다.

高句麗 始祖 微時에 娶禮氏有娠이어늘 乃生類利하니
고구려 시조 미시　취예씨유신　　내생유리

有奇節이라. 常出遊彈雀이라가 誤中汲婦盆하니 汲婦罵
유기절　　상출유탄작　　오중급부분　　급부매

曰 此兒無父하야 其頑如此로다. 類利慚하여 復以泥丸
왈 차아무부　　기완여차　　유리참　　부이니환

으로 彈塞之하고 歸問其母한대 其母戲曰 汝無定父라.
탄색지　　귀문기모　　기모희왈 여무정부

類利泣曰 人無定父면 何面目으로 立於世리오 하고 欲
유리읍왈 인무정부　　하면목　　입어세　　　욕

自刎한대 母止之曰 前言戲耳라. 汝父非常人이니 不容
자문　　모지지왈 전언희이　　여부비상인　　불용

於國하여 出奔南方하여 開國爲王이라 하니 類利曰 父爲
어국　　출분남방　　개국위왕　　유리왈 부위

君하고 子爲匹夫하니 寧不愧乎아 母曰汝父方行에 語吾
군　　자위필부　　영불괴호　　모왈여부방행　어오

---

250) 호준(豪俊): 재주와 지혜가 뛰어난 사람.

251) 호걸 호(豪), 준걸 준(俊), 쏠 사(射), 힘줄 려(膂).

252) 진흙 니(泥), 탄환 환(丸), 변방 새(塞), 동이 분(盆), 끊을 단(斷), 칼 검(劍), 감출 장(藏), 주춧돌 초(礎).

253) 주춧돌: 초석(礎石), 건축물의 기둥을 받쳐 주는 돌. 주초(柱礎)·초석(礎石)·주추라고도 한다.

曰 有遺物藏在七嶺七谷石上松下하니 得此者는 乃吾子
왈 유유물장재칠령칠곡석상송하   득차자   내오자

也라 하니 類利往山谷하여 遍索不得이라. 一日得聞柱下
야   하니 유리왕산곡   편색불득   일일득문주하

에 有聲이어늘 詳見之礎니 乃七棱이라. 乃自解曰七嶺者
   유성   상견지초   내칠릉   내자해왈칠령자

는 七棱也오 石上松者는 柱也니 乃搜柱下하여 得斷劍
   칠릉야   석상송자   주야   내수주하   득단검

一段이라. 奉其母하고 行至高句麗하여 見王하고 奉進
일단   봉기모   행지고구려   견왕   봉진

斷劍하니 王出所藏劍하여 以合之하니 果驗이라. 乃悅
단검   왕출소장검   이합지   과험   내열

하여 立爲太子하니 是爲琉璃王이라.
     입위태자   시위유리왕

    고구려 시조가 즉위 전에 예씨(禮氏)를 얻어 아이를 낳았는데, 유리(類利)[254]였다.

    기이한 재주가 있어 항상 밖에 나가 탄궁(彈弓)[255]으로 참새를 잡으며 놀았는데, 하루는 잘못하여 물을 길러 오는 아낙의 물동이를 맞혔다.

    이에 아낙네가 꾸짖기를 "애가 애비가 없으니 이같이 모질구나"라고 하였다.

    유리가 부끄러워 다시 진흙 탄을 쏘아 뚫어진 물동이를 막아 주고, 집으로 돌아와 어머니에게 아버지에 대하여 묻자, 어머니는 희롱조로 "너

---

254) 유리(類利): 유리왕[琉璃王 ?~18(?~대무신왕 1)] 고구려 제2대 왕(BC 19~AD 18). 이름은 유리(類利)·유류(儒留)·누리(累利)·주류(朱留)이며, 《위서》 <고구려전>에는 여달(閭達)·여해(閭諧)로 되어 있다. 동명왕 주몽의 맏아들로 부여에서 아버지 주몽을 찾아 BC 19년(동명왕 19) 고구려로 와서 태자로 책봉되었으며 동명왕이 사망하자 왕위에 올랐다. BC 17년(유리왕 3) 계비인 치희(雉姬)를 그리는 <황조가(黃鳥歌)>를 지었고, BC 9년 선비(鮮卑)를 쳐서 항복을 받았다. BC 3년 도읍을 졸본(卒本)에서 국내성(國內城)으로 옮기고 위나암성(尉那巖城)을 쌓았다. 12년 중국의 왕망(王莽)이 흉노를 정벌하기 위하여 고구려군사의 출동을 요구하였으나 이를 거부하고 오히려 한(漢)나라를 공격하자 왕망은 유리왕을 '하구려후(下句麗侯)'라고 비칭하였다. 13년 부여군이 침입하자 왕자 무휼(無恤: 대무신왕)을 시켜 격퇴하였고, 14년 오이(烏伊)·마리(摩離)로 하여금 군사 2만으로 양맥(梁貊)을 치고 다시 한나라의 고구려현(高句麗縣)을 빼앗았다. 18년 두곡리궁(豆谷離宮)에서 죽었으며 두곡동원(豆谷東原)에 묻혔다.

255) 탄궁(彈弓): 탄환을 쏘는 화살. 중국 서한(西漢) 시대의 일들을 기록한 서경잡기(西京雜記)에 총명하고 말 타기와 활쏘기에 뛰어났던 한언은 탄환을 시위에 매겨 쏘는 활인 탄궁 쏘기를 즐겼는데, 항상 황금으로 탄환을 만들었다고 한다.

는 정한 아버지가 없다"라고 대답하였다.

유리가 울면서 "사람에게 정한 아버지가 없으면 무슨 면목으로 세상에 서리오?"라고 말하고 자살하려 하였다.

어머니가 만류하면서 "아까 말한 것은 농담이었다. 너의 아버지는 보통사람이 아니었다. 나라에서 용납할 수 없어서 남쪽으로 내려가 새로운 나라를 세워 왕이 되었다"라고 말하였다.

유리가 "아버지는 왕이 되고 아들은 필부가 되니 어찌 부끄럽지 않겠는가?"라고 말하였다.

어머니가 "너의 아버지가 떠나실 때 내게 이르기를 '유물(遺物)을 칠령(七嶺 일곱 고개), 칠곡(七谷 일곱 골짜기), 석상(石上 바위 위) 송하(松下 소나무 아래)에 숨기어 놓았으니, 이 물건을 찾는 사람이 나의 아들이다' 하였다"고 말하였다.

유리는 산속에 가서 아버지가 숨겨 놓은 유물을 샅샅이 찾았으나 찾을 수 없었다. 하루는 집 기둥 아래서 이상한 소리가 나는 것을 듣고 자세히 주춧돌을 살펴보니 일곱 모서리였다.

스스로 실마리를 풀면서 "일곱 고개라는 것은 일곱 모서리요, 바윗돌 위 소나무 아래라는 것은 주춧돌과 기둥이다."라고 말하면서 기둥 밑에서 끊어진 칼 한 조각을 찾았다.

어머니를 모시고 고구려에 가 왕을 뵙고 끊어진 칼을 보여 주자, 왕이 감추어 놓은 칼을 꺼내어 서로 맞추어 보더니, "과연 증험이 되었다" 하면서, 기뻐하며 유리(類利)를 태자로 삼으니 이가 유리왕(琉璃王)이다.

騎麟昇遐256)하니　虛葬遺鞭이로다.257)
기 린 승 하　　　　　허 장 유 편

기린마(麒麟馬)를 타고 하늘로 올라가 돌아오지 않으니, 빈 무덤에 남겨 준 채찍으로 장사 지냈다.

---

256) 승하(昇遐): 〈명사〉 임금이 죽음. 〈동의어〉 등하, 예척, 용어, 척방. 〈참고〉 붕어(崩御). 승하 - 하다는 뜻이지만, 왕의 죽음을 '훙(薨)'이라 하면서, 여기서만 승하(昇遐)라 한 것은, 주몽이 인(麟)을 타고 하늘로 올라가 돌아오지 않았다는 신화를 말하는 것이다.

257) 말 탈 기(騎), 기린 린(麟), 오를 승(昇), 멀 하(遐), 장사 지낼 장(葬), 남길 유(遺), 채찍 편(鞭).

高句麗 始祖가 常乘猂麟258) 馬하고 奏事259) 天上하니
고구려 시조 상승기린 마 주사 천상

年至四十에 遂昇天不返이어늘 太子以所遺玉鞭으로 葬
연지사십 수승천불반 태자이소유옥편 장

於龍山(今 平南 中和)하니 俗稱眞珠墓라.
어용산 (금 평 남 중 화) 속 칭 진 주 묘

고구려 시조가 항상 기린마(麒麟馬)를 타고 하늘을 오르내리며 상제(上帝)에게 공무(公務)를 아뢰더니, 나이 40이 되어 하늘에 올라가 다시 돌아오지 않았다.

이에 태자(太子)가 남겨 준 옥편(玉鞭)260)으로써 용산(龍山 지금 평안남도 중화군(中和郡)261))에 장사 지내어 주니 이곳을 사람들이 '진주묘(眞珠

---

258) 기린(麒麟) : 《역경(易經)》 기(麒)는 수컷. 린(麟)은 암컷이다. 몸이 사슴 같고 꼬리는 소와 같고, 발굽과 갈기는 말과 같으며, 빛깔은 5색의 서수(瑞獸). 이것이 출현하면 세상에 성왕(聖王)이 나올 길조라고 여겼다. 인은 이마에 뿔이 하나 돋아 있는데, 그 끝에 살이 붙어 있어 다른 짐승을 해치지 않는다 하여 인수(仁獸)라고 하였다. 백수(百獸)의 영장(靈長)이라는 점에서 걸출한 인물에 비유되고, 뛰어난 젊은이를 '기린아(麒麟兒)'라고 한다. 예로부터 중국에서 린(麟)을 용(龍), 봉(鳳), 귀(龜)와 더불어 사령(四靈)이라 하여 영물로 생각하였다. 여기서 기린(騏麟)은 곧 주몽은 기린마(麒麟馬)를 타고 하늘과 땅을 왕래하였다는 신화를 말하는 것이며, 목은 이색(李穡)의 부벽루(浮碧樓)에 인용되어 있다.
  작과영명사(昨過永明寺) 어제는 영명사를 지나가다가
  잠등부벽루(暫登浮碧樓) 잠시 부벽루에 올라갔노라.
  성공월일편(城空月一片) 텅 빈 옛 성터에 조각달이 걸려 있고
  석로운천추(石老雲千秋) 오래된 조천석 위에는 천 년의 구름이 흐르네.
  인마거불반(麟馬去不返) 인마(麟馬)는 떠나서 돌아오지 않고
  천손하처유(天孫何處遊) 천손은 지금 어디에서 노닐고 있는 것인가?
  장소의풍등(長嘯依風岭) 휘파람을 불며 난간에 기대어 서 있노라니
  산청강자류(山靑江自流) 산은 예전처럼 푸르고 강물만 끊임없이 흘러가는구나.
259) 주사(奏事): 〈명사〉 공사(公事)를 임금에게 아룀. 주사 – 하다.
260) 옥편(玉鞭): 옥(玉)으로 만든 말채찍. 고주몽이 황룡을 타고 하늘로 올라가 버린 연유로 시신이 없는 고주몽을 상징하여, 옥으로 만든 말채찍을 시신(屍身) 대신 매장하였다는 뜻이다.
261) 중화군(中和郡): 평양직할시 남쪽에 있는 군. 면적 909㎢. 인구 12만 4,000(1987). 동쪽은 상원군(祥原郡), 서쪽은 강남군(江南郡), 남쪽은 황해북도 황주군(黃州郡), 북쪽은 낙랑구역(樂浪區域)·역포구역(力浦區域)·사동구역(寺洞區域)과 각각 닿아 있다. 군행정중심지는 중화읍. 고조선의 강역이었고 고구려 때에는 가화갑(加火押)·식달현(息達縣)이었으며 통일신라시대에는 가화갑은 당악현(唐嶽縣), 식달현은 토산현(吐山縣)으로 되었다. 고려 초기 1136년(인종 14) 중화현이라는 이름이 생겼고, 1322년(충숙왕 9) 중화군으로 승격되었으며, 토산현도 상원군으로 승격되었다. 조선시대에는 평안도로 편입되었다. 1895년(고종 32) 평양부 상원군·중화군으로 되었고, 1896년 평안남도로 편입되었다. 1914년 상원군이 중화군으로 합해졌다가, 1952년 중화군에서 상원군과 강남군이 분리되었고 1963년 평양시로 이속되었으며, 1967년 강남군에서 4개 이(里: 東山·眞廣·白雲·乾山)가 중화군에 편입되었다. 1993년 현재 1개 읍 16개 이로 되어 있다.

墓)'라고 하였다.

> 禾雉嫉妬하니 啼鶯飛翩이로다.262)
> 화 치 질 투   제 앵 비 편

화희(禾姬)와 치희(稚姬)가 서로 질투하니 꾀꼬리가 울며 날았다.

> 高句麗 琉璃王이 娶二姬하니 曰禾姬는 鶻川人이오 曰
> 고 구 려 유 리 왕   취 이 희   왈 화 희   골 천 인   왈
> 稚姬는 漢人이라. 二姬爭妬하여 禾姬罵雉姬曰 漢家婢가
> 치 희   한 인   이 희 쟁 투   화 희 매 치 희 왈 한 가 비
> 何無禮之甚고하니 雉姬慙恨하여 亡歸하니 王親自追하여
> 하 무 례 지 심   치 희 참 한   망 귀   왕 친 자 추
> 至凉263)谷한대 雉姬怒하여 不肯返이라. 王見黃鳥飛鳴
> 지 량   곡   치 희 노   불 긍 반   왕 견 황 조 비 명
> 하고 感而作歌曰 翩翩 黃鳥여 雌雄相依로다. 念我之獨
>   감 이 작 가 왈 편 편 황 조   자 웅 상 의   염 아 지 독
> 하니 其誰與歸리오.
>   기 수 여 귀

고구려 유리왕이 두 여인을 아내로 삼았다. 화희(禾姬)는 골천(鶻川) 사
람이요, 치희(稚姬)는 한호(漢胡) 사람이었는데, 두 여인이 자주 다투었다.
화희가 치희를 꾸짖기를 "한(漢)나라의 계집이 이토록 무례함이 심하
느냐?"라고 말하자, 치희가 부끄럽고 한스러워 돌아가 버렸다.
유리왕이 친히 뒤쫓아 가 한호(漢胡)의 산길에서 돌아오라 애원하였지
만, 사랑하는 치희는 뿌리치고 돌아오지 않았다.
유리왕이 서로 짝을 부르며 정답게 노니는 한 쌍의 꾀꼬리를 보고, 황
조가(黃鳥歌)264)를 지어 불렀는데 다음과 같다.

---

262) 벼 화(禾), 꿩 치(雉), 미워할 질(嫉), 시기할 투(妬), 울 제(啼), 꾀꼬리 앵(鶯), 나부낄 번(翩).
263) 량(凉): 동진(東晉) 때 한호(漢胡)의 제족이 감숙성(甘肅省)의 땅에 할거한 나라 이름.
264) 황조가(黃鳥歌): 고구려 제2대 유리왕(瑠璃王)이 지은 노래. 현재 전해지는 가장 오래된 서정시이며 유일한 고구려

"편편황조(翩翩黃鳥) 펄펄 나는 꾀꼬리는
자웅상의(雌雄相依) 암수 서로 정다운데
염아지독(念我之獨) 외로운 이내 몸은
수기여귀(誰其與歸) 뉘와 함께 돌아갈꼬."

老嫗變男하고　猛虎踰城이로다.265)
노 구 변 남　　　　맹 호 유 성

노파는 남자로 변하고, 사나운 범이 성을 넘었다.

築柵於漢하니　爰求祥禎266)이로다.267)
축 책 어 한　　　　원 구 상 정

목책(木柵)268)을 한강 변에 쌓으니, 이때부터 상서로운 징조가 있었다.

百濟　溫祚王　十三年에　百濟王都에　有老嫗化爲男하고
백제 온조왕　십삼년　　백제왕도　　유노온화위남

五虎踰入王城이어늘　乃築柵於漢水之南(今　京畿廣州　南
오호유입왕성　　　　내축책어한수지남 (금 경기광주　남

漢)하고　而遷都之라.
한)　　　이 천 도 지

　　백제 온조왕 13년(BC 6년)에 백제의 왕도(王都)에서 늙은 할미가 남자
로 변하고 다섯 마리의 범이 왕성(王城)을 넘어왔다. 이에 목책을 한강의
남쪽(지금 경기도 광주 남한, 송파와 강동에 걸쳐 있는 하남 위례성인 풍

가요로 유리왕 3년(BC 17)에 지어진 것으로 알려진다. 원작은 전하지 않고 4언 4구의 한역가(漢譯歌)가 ≪삼국사기
(三國史記)≫에 실려 전해진다.

265) 할미 구(嫗), 변할 변(變), 사나울 맹(猛), 넘을 유(踰).
266) 상정(祥禎): 좋은 징조, 경사로운 조짐.
267) 쌓을 축(築), 울짱 책(柵), 어조사 어(於), 이에 원(爰), 상서로울 상(祥), 상서 정(禎).
268) 목책(木柵): 나무 울타리, 울짱.

납토성)에 쌓고 도읍을 그곳으로 옮겼다.

〈※ 주(註)〉

풍납토성(風納土城)[269]이 한강 변에 흙을 판축(板築)[270]하여 쌓은 크고 웅장한 토성(土城)임에도, 겨우 나무를 둘러 방어시설을 갖춘 원시적인 목책(木柵)이라 한 것은 1895년에 발간된 조선역사에도 없는 내용으로 전형적인 일제 식민사관이며 역사왜곡이다.

경와 선생님 역시 목책이라고 그대로 인용하였으나, 이것은 당시 선생님이 확인할 수 있는 사안이 아니었다.

> 改部賜姓하고　嘉俳[271] 考績[272]이로다.[273]
> 개 부 사 성　　가 배　　고 적

6부(部)의 이름을 고치고 성(姓)을 하사(下賜)하였으며, 팔월 한가위절에는 길쌈[274]을 시험하였다.

---

269) 풍납토성(風納土城): 서울특별시 강동구 풍납동에 있는 백제 초기 토축 성곽. 사적 제11호. 둘레 약 4㎞. 원래는 경기도 광주군(廣州郡)에 속하여 광주풍납리토성이라고 이름하였으며, 지금은 주로 풍납토성이라 부른다.
  토성의 형태는 남북으로 긴 타원형으로, 한강 연한 평지에 축조되었다. 성벽의 길이는 동벽이 1,500m, 남벽이 200m, 북벽이 300m 정도이며, 서벽은 1925년 대홍수 때 유실되었다. 성벽의 표면은 잔디와 잡초로 덮여 있는 곳이 많고, 내부는 고운 모래로 쌓아 올렸으며, 바깥쪽의 경사면이 2단으로 축조된 흔적이 남아 있다. 성벽의 높이는 일정하지 않으나 북벽은 약 8m이며, 동벽에는 4개의 성문 자리가 보인다.
  토성 내부는 약간의 경작지와 많은 주택들이 무질서하게 들어서 있다. 백제 초기의 유적으로는 규모가 가장 크고, 풍납리식민무늬토기·풍납리검은간토기 등 토기와 도제(陶製) 그물추[漁網錘(어망추)]·가락바퀴[紡錘車(방추차)] 등 삼국 초기의 유물들이 많이 출토되었다. 1963년 1월 21일 사적으로 지정되었다.
270) 판축(板築): 흙을 쌓을 때 널빤지를 대고 한 겹씩 다져 쌓아 올리는 토성(土城) 축조기법의 하나.
271) 가배절(嘉俳節): 가위 〈명사〉 '음력 팔월 보름'을 명절로 일컫는 말. 〈동의어〉 가배절, 가우절, 가윗날, 추석, 한가위.
272) 고적(考績): 〈명사〉 성적을 따지어 매김. 〈동의어〉 고과(考課). 고적-하다.
273) 줄 사(賜), 아름다울 가(嘉), 짝 배(俳), 상고할 고(考), 길쌈 적(績).
274) 길쌈: 부녀자들이 가정에서 베·모시·명주·무명의 직물을 짜는 모든 과정. 베길쌈·모시길쌈·명주길쌈·무명길쌈으로 나누어 부르기도 한다. 베길쌈·모시길쌈·명주길쌈은 삼한시대 이전부터 있었던 것으로 추정되며, 무명길쌈은 고려 말에 시작된 것으로 전한다. 길쌈을 통하여 만들어진 직물은 농가의 주요한 소득원이 되었고, 화폐의 대용으로 쓰이는 등 자급자족적 의류 충당뿐만 아니라 경제적 유통을 위한 구실도 담당하였다. 단군이 여인들에게 길쌈을 비롯한 수공에 전력하기를 분부하였다는 삼국유사의 기록과, 한서(漢書)의 기자(箕子)가 백성들에게 길쌈을 가

新羅 朴儒理王 九年에 改六部之名하여 仍賜姓할새
신라 박유리왕 구년　　개육부지명　　잉사성

以楊山部로 爲李姓하고 高墟部로 爲崔姓하고 大樹部로
이양산부　　위이성　　고허부　　위최성　　대수부

爲孫姓하고 于珍部로 爲鄭姓하고 加利部로 爲裴姓하고
위손성　　우진부　　위정성　　가리부　　위배성

明活部로 爲薛姓하야 旣定六部하고 使王女二人으로 各
명활부　　위설성　　기정육부　　사왕녀이인　　각

率部內女子하여 自秋七月旣望으로 每日早朝集大部之庭
솔부내녀자　　자추칠월기망　　매일조조집대부지정

하여 績麻하여 至夜而罷하고 至八月十五日에 考其功之
　　적마　　지야이파　　지팔월십오일　　고기공지

多少하여 負者置酒食하여 以謝勝者하고 相與歌舞하여
다소　　부자치주식　　이사승자　　상여가무

百戲275)皆作하니 謂之嘉俳라.
백희　　개작　　위지가배

　　신라 박유리왕(朴儒理王)276) 9년(32년 봄), 6부(部)의 이름을 고치면서, 양산부(楊山部)는 이(李)씨 성을, 고허부(高墟部)는 최(崔)씨 성을, 대수부(大樹部)는 손(孫)씨 성을, 우진부(于珍部)는 정(鄭)씨 성을, 가리부(加利部)는 배(裴)씨 성을, 명활부(明活部)는 설(薛)씨 성을 주어서, 6부를 제정하였다.

　　그리고 왕녀 두 사람으로 하여금, 각각 부(部) 안의 여자들을 거느리고, 7월 보름부터 매일 아침 일찍 대부(大部)의 마당에 모여서, 길쌈을 짜고, 밤이 되면 마치었다.

르쳤다는 기록 등을 보아 길쌈은 개국 초부터 존재해 왔으며 국책(國策)으로까지 장려되었음을 알 수 있다.

275) 백희(百戲): 모든 놀이를 말함.

276) 유리왕(儒理王): 신라 제3대 왕(24~57). 성은 박(朴)씨, 남해차차웅(南解次次雄)의 태자이다. 28년(유리이사금 5)에 <도솔가(兜率歌)>를 지었고, 32년 6부의 이름을 고치고 각 부에 이(李)·최(崔)·손(孫)·정(鄭)·배(裵)·설(薛)의 성을 내리고, 17등 관계(官階)를 제정하여 국가체계를 수립하였다. 6부의 여자들을 두 편으로 갈라 길쌈을 하게 하여 8월 15일에 그 많고 적음을 보아 승부를 결정짓는 가배(嘉俳)놀이를 시켰는데, 이때 부른 노래가 <회소곡(會蘇曲)>이었다. 대외적으로는 낙랑(樂浪)·화려(華麗)·불내(不耐) 등이 북변을 쳐들어왔으며, 맥국(貊國)과 우호관계를 맺었다. 유리이사금의 시대는 강력한 왕권국가라기보다는 부족연맹(部族聯盟)의 성격이 강하였고, 종래의 거서간(居西干) 시대보다 문물제도 면에서 향상된 시대였다.

8월 보름에 이르러서는 그 공의 많고 적음을 평가하여, 공이 적은 부내(部內)의 아녀자는 공이 많은 부내의 아녀자에게 술과 음식으로 사례하게 하고, 서로 노래하고 춤추며 온갖 놀이를 하였는데, 이 행사를 '가배' 팔월 한가위라고 하였다.

> 好童美貌하니 繼母爭嫡이로다.277)
> 호동미모   계모쟁적

호동(好童)278)의 용모가 아름다우니, 계모(繼母)279)가 왕위를 이을까 두려워하여 참소하였다.

> 高句麗 大武神王 諱 無恤이니 有子曰好童이라. 容貌
> 고구려 대무신왕 휘 무휼   유자왈호동   용모
> 美好어늘 王奇愛之하니 繼妃元氏가 恐奪嫡하여 讒好童
> 미호   왕기애지   계비원씨   공탈적   참호동
> 於王曰 好童이 欲無禮於妾이라 한대 王曰 汝以他産而疾
> 어왕왈 호동   욕무례어첩   왕왈 여이타산이질
> 之乎아 妃가 更泣告曰 請大王察之하소서 妾若不實이면
> 지호   비   갱읍고왈 청대왕찰지   첩약불실
> 當伏罪라하니 於是에 王不能不疑하여 將罪之하니 好童曰
> 당복죄   어시   왕불능불의   장죄지   호동왈
> 我若辨明則是顯母之罪하여 貽父之憂라하고 遂自殺이라.
> 아약변명즉시현모지죄   이부지우   수자살

---

277) 아이 동(童), 모양 모(貌), 이을 계(繼), 다툴 쟁(爭), 맏 적(嫡).

278) 호동[好童 ?~32(?~대무신왕 15)]: 고구려 대무신왕의 아들. 어머니는 갈사왕(曷思王)의 손녀로 대무신왕의 차비(次妃)였다. 용모가 미려하여 왕이 매우 총애했으므로 호동이라 했다고 한다. 32년 4월 옥저(沃沮)에 놀러갔다가 낙랑왕(樂浪王) 최리(崔理)를 만나 함께 낙랑에 가서 그의 딸과 혼인했다. 예로부터 낙랑에는 적병이 오면 저절로 소리를 내는 북과 나팔이 있어 고구려가 낙랑을 정복하기 어려웠다. 호동은 본국으로 돌아와 최리의 딸에게 사람을 보내 그 북과 나팔을 파괴하고 왕에게 권하여 낙랑을 습격하도록 했다. 최리는 고구려 군사들이 성 밑까지 이른 뒤에 북과 나팔이 파괴된 것을 알고 딸을 죽인 뒤 항복했다. 일설에는 고구려왕이 낙랑을 정복하기 위해 혼인을 청하여 낙랑왕의 딸을 며느리로 삼은 뒤, 그녀를 본국으로 돌려보내 북과 나팔을 파괴하게 했다고도 한다. 그 뒤 호동은 대무신왕의 원비(元妃) 죄를 받게 되었는데, 그때 자신이 해명하면 원비의 죄악이 드러나고 왕에게 근심을 끼친다 하여 칼을 물고 자결했다.

279) 계모(繼母): 의붓어머니 〈명사〉 아버지가 다시 결혼함으로써 맞게 된 어머니. 〈동의어〉 계모. 의모(義母), 후모.

고구려 대무신왕(大武神王)280)의 이름은 무휼(無恤)이다. 그에게 차비(次妃)가 낳은 호동이라는 아들이 있었는데, 용모가 아름다워, 왕이 애지중지하면서 사랑하였다.

계모 원비(元妃)가 호동을 태자로 삼을까 두려워하여 참소하기를 "왕자가 첩에게 무례하게 하는 것은 아마도 제 몸을 어지럽히고자 하는 것 같습니다"라고 말하였다.

왕이 "너는 네가 낳지 않아서 왕자를 미워하느냐?"라고 물었다.

다시 계비가 울면서 "대왕은 비밀히 그 징조를 살피시어 첩의 말이 사실이 아니라면 죄를 감수하겠습니다"라고 하였다.

왕은 의심을 하지 않을 수 없어 호동왕자를 장차 죄 주려 하였다.

호동왕자는 "내가 만약에 이 일을 밝게 분별하면 어머니의 죄를 드러내어 아버지에게 걱정을 심어 주게 되는 것이니, 이 어찌 효도라 하겠는가?"라고 탄식하고 스스로 자살하였다(재위 15년, AD 32년 11월의 일이었다).

圓卵剖殼하니　駕洛勃興281)이로다.282)
원 란 부 각　　가 락 발 흥

둥근 알의 껍데기를 깨니 가락국(駕洛國)283)이 왕성하게 일어섰다.

茜旗284)**緋帆과　黃盒紫繩**285)이로다286).
천 기　　비 범　　황 합 자 승

---

280) 대무신왕[大武神王 4~44(유리왕 23~민중왕 1)]: 고구려의 제3대 왕(18~44). 일명 대해주류왕(大解朱留王). 이름은 무휼(無恤). 어머니는 송양(松讓)의 딸이다. 22년 동부여(東扶餘)를 공격하여 병합하였고, 26년 개마국(蓋馬國)을 정복하였다. 28년에는 한(漢)나라 요동태수(遼東太守)가 침략해 왔으나 송옥구(松屋句)와 을두지(乙豆智)의 지략으로 물리쳤으며, 32년 호동왕자의 활약으로 낙랑을 공격하는 등 국토를 크게 넓혔다. 대내적으로는 많은 인물을 등용하고, 좌·우보체제(左右輔體制)를 설치·확립시켜 국정 전반에 걸친 중요한 문제를 다루게 함으로써 고구려의 중앙 집권적인 정치체제 형성을 위한 첫 단계를 만들었다. 44년 사망하였으며 대수촌원(大獸村原)에 장사 지냈다.

281) 발흥(勃興): 〈명사〉 갑자기 왕성하게 일어나서 잘됨. 발흥-하다.

282) 깰 부(剖), 껍질 각(殼), 수레명에 가(駕), 낙 수 낙(洛), 변색할 발(勃), 일 흥(興).

283) 가락국(駕洛國 42~532): ① 수로왕이 경상남도 김해 지방에 세운 나라. 10대 491년간 존속하다가 신라에 병합되었다. 〈동의어〉 가량국. 가야 ② 〈참고〉 육가야. 가야국.

붉은 기(旗), 붉은 돛배는 서해에서 오고, 금빛 합(盒)[287]은 붉은 줄에 매달려 있었다.

駕洛有九干하니 曰我刀 汝刀 彼刀 吾刀 留水 留天
가락유구간　　　왈아도　여도 피도　오도 유수 유천

神天 神鬼 五天 等하니 各總其衆하여 爲酋長이라. 聚居
신천 신귀 오천 등　　각총기중　위추장　　취거

山野하여 無君臣位號러니 一日에 九干等이 禊飮于水濱
산야　　무군신위호　　일일　구간등　계음우수빈

할새 望見龜旨峰에 有異氣어늘 就見則有紫繩繫金盒이
　　망견구지봉　　유이기　　취견즉유자승계금합

어늘 開視之하니 有六卵이 圓如日輪이라. 其翌日에 六卵
　개시지　　유육란　원여일륜　　기익일　육란

剖殼하여 爲六童子하니 年可十五라. 衆皆驚異하여 推
부각　　위육동자　　연가십오　중개경이　　추

立初生者하여 爲主하고 以其生于金盒으로 以金爲姓하
입초생자　　위주　이기생우금합　　이김위성

니 卽駕洛國(今金海郡) 首露王이라.
즉가락국 (금김해군) 수로왕

가락국에는 아도간(我刀干), 여도간(汝刀干), 피도간(彼刀干), 오도간(吾 刀干), 유수간(留水干), 유천간(留天干), 신천간(神天干), 신귀간(神鬼干), 오천간(五天干) 등 구간(九干)이 각기 그 백성들을 거느리고 추장이 되어 무리 지어 산과 들에서 살았으나, 임금과 신하의 지위도 이름도 없었다.

하루는 9간(干) 등이 강가에서 계사(禊事)[288]를 행하다 구지봉(龜旨峰)

---

284) 천기(茜旗): 붉은 기(旗).

285) 승(繩): 줄, 노끈.

286) 꼭두서니 천(茜), 기 기(旗), 붉은 비단 비(緋), 돛대 범(帆), 합 합(盒), 붉을 자(紫), 줄 승(繩).

287) 합(盒): 음식을 담는 그릇. 운두가 그리 높지 않고 둥글넓적하며 뚜껑이 있다. 재료는 보통 놋쇠를 사용하나 궁에서는 은으로 만든 은합을 사용하기도 하였다. 크기에 따라 큰 합·중합·작은 합·알합 등으로 불리며 돌잡이용은 돌합이라 한다. 떡국·장국·밥·약식 등을 담는 데 쓰였으며, 조선 중기에는 실생활 용구로 쓰여 부유한 양반가에서는 전통적 유기제작법으로 만든 방짜합을 많이 사용하였고, 일반서민들은 손쉬운 주물기법으로 만든 주물합을 사용하였다. 그 밖에 주발 정도 크기로 반상기 일습을 만들기도 하였다.

을 바라보니 이상한 기운이 피어오르고 있어, 가서 보니 금합이 자줏빛 줄에 매달려 있었다.

열어 보니 금색의 알 여섯 개가 있었는데 해처럼 둥글었다.

다음 날 여섯 개의 알들은 껍질을 깨고 여섯 동자가 되었는데 나이가 15세 정도였다.

무리들이 놀라운 일이라며, 처음 태어난 동자를 왕으로 옹립하고, 그가 금합에서 태어난 까닭으로 김(金)으로 성씨를 삼아 주었다.

이가 곧 가락국(駕洛國 지금 김해군) 수로왕(首露王)이다.

○ 金首露王 七年에 緋帆茜旗가 自海西而至어늘 人
　　김 수 로 왕　칠 년　　비 범 천 기　　자 해 서 이 지　　　　인
馳告于王한대 王於宮西에 設幔待之하니 有一女維舟登
치 고 우 왕　　　왕 어 궁 서　　설 만 대 지　　　유 일 녀 유 주 등
陸이어늘 王迎入宮할새 同輦還闕하여 立以爲后하니
륙　　　왕 영 입 궁　　동 연 환 궐　　입 이 위 후
曰許王后라.
왈 허 왕 후

김수로왕(金首露王)[289] 7년(AD 48년)에 붉은 기와 붉은 돛대를 단 배가 서해로부터 오거늘, 백성들이 달려와 왕에게 알려 주었다.

왕이 궁의 서쪽에 장막을 치고 기다리는데, 한 여인이 배를 매어 놓고 육지로 올라왔다.

왕이 맞이하여, 함께 수레를 타고, 궁궐로 돌아와 왕비로 삼으니 이가

---

288) 계사(禊事): 계제(禊祭)의 행사. 계(禊)는 물가에서 행하는 요사(妖邪)를 떨어 버리는 제사. 음력 3월 3일에 행하는 것을 춘계(春禊)라 하고 7월 14일에 행하는 것을 추계(秋禊)라 한다.

289) 수로왕(首露王): 가야(가락국)의 시조(42~199). 수릉(首陵)이라고도 하며 김해 김씨의 시조이다. 탄생과 치적은 ≪삼국유사≫ <가락국기>에 전해지고 있다. 나라가 없던 시절 가락지역의 주민들은 3월 어느 날 하늘의 명을 받아 9간(九干) 이하 수백 명이 구지봉(龜旨峰)에 올라가 하늘에 제사하고 춤추며 노래하자 하늘에서 붉은 보자기에 싸인 금빛 그릇이 내려왔는데, 그 속에는 황금색 알이 6개 있었다. 12일이 지난 뒤 이 알에서 남아가 태어났는데 제일 먼저 나온 아이가 수로였다. 주민들은 수로를 가락국의 왕으로, 다른 남아들은 각각 5가야의 왕으로 모셨다. 수로는 관직을 정비하고 아유타국(阿踰陀國)의 왕녀 허황옥(許黃玉)을 왕비로 맞이하여 157년을 재위하다가 죽었다. 이 신화는 신성한 왕권의 내력을 풀이한 천강난생신화(天降卵生神話)로서 한국 고대국가 성립기에 나타나는 건국시조신화에 속한다. 수로왕은 금관가야가 신라에 병합된 뒤에도 가야의 시조로 봉사(奉祀)되었고, 고려시대까지 계속되었다.

바로 허왕후(許王后)[290]이다.

가락국 수로왕 원년 임인년(壬寅年 42년)은 신라 유리왕 18년(AD 41년)이다. 가락국 수로왕으로부터 마지막 구해왕(仇亥王)까지 11왕이 있었다. 487년을 지낸 후 신라 김법흥왕(金法興王) 원종(原宗)에게 멸망되었다.

〈※ 주(註)〉

수로왕 원년 임인년(壬寅年)은 서기 42년이고, 신라 유리왕 18년은 서기 41년이다.

어느 것이 옳은지 알 수는 없으나, 여기서는 김수로왕의 역사를 서술한 기록이므로, 임인년(壬寅年) 서기 42년이 옳은 것으로 보아야 한다.

浦邊諸藩과　大小伽倻로다.[291]
포 변 제 번　대 소 가 야

바닷가 포구에는 임금의 수레요. 크고 작은 가야국이었다.

---

290) 허황후(許黃后): 허황옥(許黃玉 ?~188), 가야국(가락국) 수로왕의 비(妃). 허황후(許黃后)라고도 한다. 본래 인도 아유타국(阿踰陀國)의 공주로 48년(유리왕 25) 가야에 건너와 수로왕의 왕후가 되고 이듬해 태자 거등공(居登公)을 낳은 이후 8명을 더 낳았는데 1명은 자신의 성인 허(許)를 주었다고 한다. 157세에 죽었는데 구지봉(龜旨峰) 동북쪽 언덕에 장사 지냈다고 하며 현재 김해시(金海市) 구산동(龜山洞)의 고분이 허왕후의 능이라고 전해 오고 있다. 시호는 보주태후(普州太后).

291) 물가 포(浦), 가 변(邊), 덮을 번(藩), 절 가(伽), 땅이름 야(倻).

阿那碧珍과　潢江沿涯로다.292)
아 나 벽 진　　황 강 연 애

아나(阿那)와 벽진(碧珍)과 황강(潢江)과 연애(沿涯)였다.

六童子中에　一人이　爲駕洛首露王하고　其餘五人은
육 동 자 중　　일 인　　위 가 락 수 로 왕　　　　기 여 오 인
各歸爲五伽倻主할새　以潢江(今 洛東江)伽倻山으로　爲界
각 귀 위 오 가 야 주　　이 황 강 (금 낙 동 강) 가 야 산　　　　위 계
하고　高靈爲大伽倻하고　固城爲小伽倻하고　星州爲碧珍
　　　고 령 위 대 가 야　　　　고 성 위 소 가 야　　　　성 주 위 벽 진
伽倻하고　咸安爲阿那伽倻하고　咸昌爲古靈伽倻라.
가 야　　　함 안 위 아 나 가 야　　　함 창 위 고 령 가 야

여섯 동자 가운데 한 사람은 가락국 수로왕이 되고, 남은 다섯 사람은 각각 5가야의 왕이 되었는데, 황강(潢江 지금 낙동강) 가야산(伽倻山)으로 경계를 삼았다.

고령(高靈)은 대가야(大伽倻)가 되고, 고성(固城)은 소가야(小伽倻)가 되고, 성주(星州)는 벽진가야(碧珍伽倻)가 되고, 함안(咸安)은 아나가야(阿那伽倻)가 되고, 함창(咸昌)은 고령가야(古靈伽倻)가 되었다.

○ 大伽倻國　自始祖　伊珍阿鼓王으로　至道設智王히
　　대 가 야 국　자 시 조　이 진 아 고 왕　　　지 도 설 지 왕
凡十六王이니　歷年五百二十年이라.　後爲新羅 金眞興王
범 십 육 왕　　역 년 오 백 이 십 년　　　후 위 신 라　김 진 흥 왕
諱 彡麥宗 所滅이라.
휘　삼 맥 종　소 멸

대가야국 시조 이진아고왕(伊珍阿鼓王)으로부터 도설지왕(道設智王)에

---

292) 언덕 아(阿), 어찌 나(那), 푸를 벽(碧), 은하수 황(潢), 물 따라갈 연(沿), 물가 애(涯).

이르기까지 16왕이 있었다. 520년을 지낸 뒤 신라 김진흥왕(金眞興王) 삼
맥종(彡麥宗)에게 멸망되었다.

〈※ 주(註)〉

555년 진흥왕이 즉위 16년부터 가야정벌을 시작하여, 562년 9월 사다함(斯
多含)을 부장(副將)으로 삼아, 가야의 반란을 진압(鎭壓)하여 가야를 신라에 완
전 귀속(歸屬)[293]시키면서 가야는 역사 속으로 사라졌다.

> 慕本遂成이 暴虐悖譎이로다.[294]
> 모 본 수 성   포 학 패 휼

모본왕(慕本王)[295]과 수성(遂成)[296]은 포학하고 도덕과 의리가 없었다.

> 終殞他手하니 豈逭作孽가.[297]
> 종 운 타 수   기 환 작 얼

끝내는 다른 사람의 손에 죽으니, 어떻게 지은 죄가 달아나겠는가?

---

293) 귀속(歸屬): 〈명사〉 재산 · 권리 · 영토 따위가 어떤 주제에 붙거나 딸림. 귀속 – 하다.

294) 사모할 모(慕), 이룰 수(遂), 사나울 포, 폭(暴), 사나울 학(虐), 어그러질 패(悖), 속일 휼(譎).

295) 모본왕(慕本王 ?~53): 고구려의 제5대 왕(48~53). 막래(莫來)라고도 한다. 제3대 왕인 대무신왕의 장자로서 32년
(대무신왕 15) 태자로 책립되었으나, 대무신왕의 동생인 민중왕의 뒤를 이어 왕위에 올랐다. 성품이 사납고 정사를
돌보지 않아 백성들의 원한을 사 재위 6년 만에 신하인 모본인(慕本人) 두로(杜魯)에게 피살되었다. 49년(모본왕 2)
한(漢)나라의 북평(北平) · 어양(漁陽) · 상곡(上谷) · 태원(太原)을 쳐들어갔다. 아들 익(翊)을 태자로 책립하였으나, 사
후에 고추가(古鄒加) 재사(再思)의 아들 궁(宮)이 즉위하였다.

296) 수성(遂成): [차대왕(次大王) 71~165(태조왕 19~차대왕 20)] 고구려 제7대 왕(146~165). 이름은 수성(遂成). 태조
왕의 동생. 121년(태조왕 69) 후한(後漢)의 유주자사(幽州刺史) 풍환(馮煥), 현도태수 요광(姚光), 요동태수(遼東太守)
채풍(蔡諷) 등이 고구려를 침범하자 이를 정벌하였다. 그 뒤 군사와 국정 전반을 통솔하게 되는 등 점차 세력을 확장
하여 146년 왕위 찬탈을 꾀하자, 미리 짐작한 태조왕이 양위함으로써 즉위하였다. 즉위 당시 이미 76세였으며 용맹
하나 포악한 성품이었다고 한다. 147년 왕의 계승을 반대하던 태조왕 측근 우보(右輔) 고복장(高福章)을 살해하고
148년 태조왕 아들 막근(莫勤)을 제거하자 그 동생 막덕(莫德)도 자결하였다. 재위기간 중 천재지변이 잦고 왕의 횡
포와 학정이 심하여 백성의 원성이 높던 중 165년 연나조의 명림답부(明臨答夫)에게 살해되었다.

297) 마침내 종(終), 죽을 운(殞), 어찌 기(豈), 도망할 환(逭), 죄 얼(孽).

高句麗 慕本王 諱 解憂가 暴虐不仁하여 坐必藉人하고
고구려 모본왕 휘 해우 포학불인   좌필자인

臥必枕人러니 人或動搖則輒殺之라. 杜魯가 藏刀侍王이
와필침인   인혹동요즉첩살지 두노 장도시왕

라가 王引欲坐之어늘 遂弑之라.
왕인욕좌지   수시지

고구려 모본왕의 이름은 해우(解憂)이다. 그가 포학하고 어질지 못하여, 앉을 때는 사람을 의자로 삼고, 누울 때는 사람을 베개로 삼고서, 그 사람이 혹시라도 움직이면 바로 죽이었다.

두노(杜魯)가 비수(匕首)를 감추고 왕을 모시는데, 왕이 그를 이끌어 앉으려 할 때, 드디어 왕을 시해(弑害 서기 53년 11월)하였다.

○ 高句麗 次大王 諱 遂成이 年七十六卽位하여 日事殺
고구려 차대왕 휘 수성   연칠십육즉위   일사살

戮하니 答夫가 遂弑之라.
육   답부   수시지

고구려 차대왕(次大王) 이름은 수성(遂成)이다. 그 나이 76에 즉위하고서도, 날마다 살육을 일삼더니, 답부(答夫)가 그를 시해(弑害)하였다.

婁戀彌妻하고 優蒸兄嫂로다.298)
루 연 미 처   우 증 형 수

개루왕(蓋婁王)299)은 도미(都彌)300)의 아내를 사랑하였고, 산상왕(山上

---

298) 여러 루(婁), 사모할 연(戀), 더욱 미(彌), 넉넉할 우(優), 찔 증(蒸), 형수 수(嫂).

299) 개루왕(蓋婁王 ?~165): 백제의 제4대 왕(128~165). 제3대 기루왕(己婁王)의 아들이다. 132년(개루왕 5)에는 북한산성(北漢山城)을 쌓았다. 155년 모반(謀反)을 하다 탄로가 나서 백제로 도망 온 신라의 아찬(阿飡) 길선(吉宣)을 신라왕이 돌려주기를 청하였으나 거절하였다. 이에 노한 신라왕이 백제를 침공했으나 막아 냈다.

300) 도미(都彌): 백제 개루왕 때의 평민. ≪삼국사기≫에 따르면, 서울인 한성 부근의 벽촌에서 가난하게 살았으나 의리가 있었으며, 아내는 아름답고 절개가 굳기로 유명하였다. 왕이 이를 시험해 보기 위하여 도미를 불러들이고, 신하를 왕으로 속여 그의 아내에게 보내어 동침을 요구하였다. 도미의 아내는 몸종을 단장시켜 왕을 모시게 하였고, 이를

王) 연우(延優)는 형수(兄嫂)[301]를 증음(烝淫)[302]하였다.

百濟 蓋婁王이 聞其臣都彌妻美하고 召都彌留之하고 使
백제 개루왕　문기신도미처미　　소도미류지　　사
近臣詐爲王하여 抵其家하여 語彌妻曰 己與都彌로 博賭하여
근신사위왕　　저기가　　어미처왈 기여도미　박도
欲私之어늘 妻請更衣하고 詿飾一婢子하여 薦之하니 王後知
욕사지　　처청경의　　괘식일비자　　천지　　왕후지
見欺하고 大怒하여 誣都彌以罪하여 矐其兩目하고 泛之河
견기　　대노　　무도미이죄　　확기양목　　범지하
하고 更引其妻하여 欲亂之한대 妻曰 今良人已逝하니
　　갱인기처　　욕란지　　처왈 금양인이서
妾身不能自保라. 敢爲王辭하노라. 但今有月事하니 請竢
첩신불능자보　　감위왕사　　단금유월사　　청사
他日하소서 하니 王許之라. 妻逃至江口하여 忽遇行船
타일　　　　왕허지　　처도지강구　　홀우행선
泊이라가 至泊泉城島則其夫已先在라 遂同奔高句麗하다.
박　　지박천성도즉기부이선재　　수동분고구려

　백제 개루왕(蓋婁王)이 신하인 도미의 아내가 아름답다는 이야기를 듣고, 도미를 불러 도성에 머물게 하고, 근신(近臣)으로 하여금 왕인 것처럼 거짓으로 꾸미고, 도미의 집으로 보내 도미 부인에게 말하기를 "도미와 더불어 내기를 하고 이겨 사사로이 정을 통하려 왔노라" 하였다.

　도미의 처가 옷을 갈아입고 오겠다고 말하고, 속임수로 계집종을 단장시켜 들여보냈다.

　왕이 그 뒤 속은 줄을 알고 크게 노하여, 도미에게 죄가 있다고 무고(誣告)하여, 두 눈을 빼 버린 후 배에 태워 강에 띄워 버렸다.

안 왕은 크게 노하여 도미의 두 눈을 뽑고 작은 배에 태워 보냈다. 도미의 아내는 궁중을 탈출하여 강가에서 통곡하다 밀려온 배 한 척을 타고 천성도(泉城島)에 이르러 남편을 만나 고구려 땅에 가서 살았다고 한다.

301) 형수((兄姿, 兄嫂): 〈명사〉 형의 아내. 〈반의어〉 계수(季嫂).
302) 증음(烝淫): 자기보다 나이 또는 신분이 높은 여자와 몰래 정을 통하는 일.

다시 그 아내를 붙들어다 욕정을 채우려 하매, 도미 부인이 말하기를 "이제 남편을 잃어 첩은 스스로 몸을 보호할 필요가 없으니 언제든지 왕을 위하여 사양(辭讓)하지 않겠습니다. 다만 오늘 월사(月事)303)가 있사오니, 청컨대 다른 날을 기다려 주십시오" 하니 왕이 허락하였다.

도미의 아내가 도망하여 강어귀에 도착하여 때마침 지나가는 배를 만나 몸을 의탁하고 박천성(泊泉城) 섬에 이르렀는데, 앞서 온 남편 도미가 있으매 함께 고구려로 도망하였다.

※ 박혜범의 주(註)

개루왕(蓋婁王)으로 표기되어 있으나 개로왕(蓋鹵王)으로 보는 견해가 일반적이다. 삼국사기 열전(列傳)에 실려 있다.

○ 高句麗 故國川王 諱男武 薨에 王后于氏가 秘不發喪
고구려 고국천왕 휘남무 홍　　왕후우씨　　비불발상

하고 夜往王弟發岐家曰 王無嗣子하니 宜嗣之라한대 發岐
야 왕 왕제 발기 가 왈　왕 무 사 자　　의 사 지　　발 기

不知王薨하고 曰天之曆數가 必有所歸하니 不可輕議온
불 지 왕 홍　　왈 천 지 역 수　필 유 소 귀　　불 가 경 의

況婦人夜行이 禮乎아 后慚하여 卽往次弟延優家한대 延
황 부 인 야 행　예 호　후 참하여　즉 왕 차 제 연 우 가　　연

優延之同飮할새 后曰 王薨無嗣하고 發岐年長而當嗣나
우 연 지 동 음　후 왈　왕 홍 무 사　발 기 연 장 이 당 사

然이나 謂妾有異心無禮라 是以來見하니 今夜深이라.
연　위 첩 유 이 심 무 례　시 이 래 견　　금 야 심

恐有不虞라하고 遂執延優手하여 入宮하고 翌日矯命立之
공 유 불 우　수 집 연 우 수　입 궁　익 일 교 명 입 지

303) 월사(月事): 〈명사〉 ① 《생물학》 = 월경(月經) 〈명사〉 《생물학》 성숙한 여자의 자궁에서 정기적으로 피가 나오는 생리적 현상. 보통 열둘 내지 열일곱 살부터 시작하여 쉰 살 전후까지 계속되는데, 임신 중이나 수유기를 빼놓고는 평균 28일마다 3~7일 계속된다. 〈동의어〉 경도, 경수, 계수, 달수, 몸엣것. ② 생리. ③ 월후.

　　고구려 고국천왕(故國川王)304) 이름 남무(男武)가 죽었다. 왕후 우(于)씨가 숨기고서 상(喪)을 말하지 않고, 밤에 왕의 아우 발기(發岐)의 집에 가서 "왕은 후사(後嗣)가 없으니 군(君)이 후사를 잇는 것이 옳다"라고 하였다.

　　발기는 왕의 죽음을 모르고 "하늘의 역수(曆數)305)가 돌아가는 곳이 있어 함부로 의논하지 않는데, 하물며 부인이 밤에 돌아다니는 것이 예(禮)입니까?"라고 꾸짖었다.

　　왕후가 부끄러워 곧 아래 동생 연우(延優)의 집에 가니, 연우가 왕후를 맞이하고 함께 술을 마시었다.

　　왕후는 "왕은 죽어 후사가 없고 발기는 연장으로 후사에 적당하나 첩에게 괴이한 마음이 있고 예(禮)가 없다고 나무랐다. 이러한 까닭으로 와 보니 지금 밤이 깊고 불우한 일이 있을까 두렵습니다"라고 말하며, 연우의 손을 잡고 궁으로 들어갔다.

　　다음 날 교명(矯命)306)을 세우니 이가 산상왕(山上王)307)이다. 산상왕

---

304) 고국천왕(故國川王 ?～197): 고구려 제9대 왕(179～197). 이름은 남무(男武). 신대왕(新大王)의 둘째 아들. 국양왕(國襄王)이라고도 한다. 176년(신대왕 12)에 태자로 책봉되어, 신대왕이 죽은 뒤 대신들의 지지를 받아 즉위하였다. 184년에 후한 요동태수(遼東太守)의 침입을 좌원(坐原)에서 격퇴시키는 등 고구려사회의 성장을 저지하는 세력에 능동적으로 대처해 나갔다. 한편, 180년에 제나부(提那部) 우소(于素)의 딸을 왕비로 삼아 왕비족과의 결탁을 통해 왕권 지지기반 및 지배질서 확립에 힘썼다. 190～191년에 걸친 좌가려(左可慮)와 어비류(於卑留)의 난을 진압하고, 191년에 을파소(乙巴素)를 국상(國相)으로 임명하여 훌륭한 정치를 베풀었으며, 194년에는 진대법(賑貸法) 실시로 궁핍한 농민들에 대한 구휼책을 마련하였다. 이때를 계기로 왕위 계승방법이 형제상속에서 부자상속으로의 전환을 가져왔으며, 왕권 및 초부족적 지배체제의 강화를 꾀하였다. 왕의 장지는 고국천원(故國川原)이다.

305) 역수(曆數): 〈명사〉 ① 천체의 운행과 기후의 변화가 철을 따라서 돌아가는 차례. ② 자연히 정해진 운명. ③ 햇수.

306) 교명(矯命): 명령을 속임. 왕명이라고 거짓으로 꾸며댐. 교제(矯制).

307) 산상왕(山上王): 고구려 제10대 왕(197～227). 이름은 연우(延優) 또는 이이모(伊夷模)이며, 고국천왕의 둘째 동생이다. 고국천왕이 죽자 왕비 우 씨(于氏)는 밤중에 몰래 연우의 집에 가서 공모한 다음, 왕의 유명(遺命)이라 거짓말하여 연우가 왕위에 올랐다. 형인 발기(發岐)는 연우가 우 씨와 모의하여 왕위에 오른 것에 분노하여 한나라 공손도(公孫度) 세력과 함께 왕궁을 포위했으나 연우의 동생인 계수(須)에게 패했고 그 자신은 자살했다. 왕은 후에 우 씨를 왕비로 삼았다. 이 사실은 형이 죽으면 형수를 취하여 산다는 취수혼(娶嫂婚)의 사례로서 유명하다. 고구려는 이후부터 왕위계승 방법이 형제상속에서 부자상속으로 바뀌었다. 한편 산상왕은 아들이 없어 고심하던 중에 주통촌(酒桶村)의 여자를 소후(小后)로 삼고 아들을 낳아 이름을 교체(郊彘)라 했다. 교체는 213년에 태자로 책봉되고 후에 왕위에 오르니 이가 바로 동천왕(東川王)이다. 198년 지안[輯安] 지역에 환도성(丸都城)을 쌓고 209년에 그곳으로 수도를 옮겼다. 217년 한나라 평주(平州) 사람인 하요(夏瑤)가 백성 1,000여 호를 이끌고 투항하자 이들을 책성(柵城)에

이 즉시 그의 형수 우 씨를 왕비로 삼았다.

峻嚴史筆이 宜乎聲討[308] 로다.[309]
준 엄 사 필　의 호 성 토

준엄한 사관(史官)[310]의 붓이 의당 성토(聲討)할 것이다.

按凡人無禮면 天必厭戮하니 奚啻聲討而已哉아. 必戒
안 범 인 무 례　천 필 염 륙　해 시 성 토 이 이 재　필 계
之懲之라.
지 징 지

생각해 보건대 사람이 예(禮)가 없으면 하늘이 싫어하고 죽일 것이니,
어찌 성토하고 말뿐이겠는가? 반드시 징계(懲戒)할 것이다.

后女郊彘는 暗符名實이로다.[311]
후 여 교 체　암 부 명 실

후여(后女)와 교체(郊彘)는 아무도 모르게 이름과 실상이 부절(符節)[312]
같이 맞았다.

高句麗 山上王이 追郊彘至酒桶村하니 有一女年二十
고 구 려　산 상 왕　추 교 체 지 주 통 촌　유 일 여 연 이 십
이라. 美而艶이어늘 遂幸[313]之하여 生王子하여 以因郊彘
미 이 염　수 행　지　생 왕 자　이 인 교 체

살게 했다. 죽은 뒤 산상릉(山上陵)에 장사 지냈다.
308) 성토(聲討): 〈명사〉 여러 사람이 모여서 어떤 잘못을 규탄함.
309) 산 높을 준(峻), 엄할 엄(嚴), 붓 필(筆), 마땅할 의(宜), 어조사 호(乎), 칠 토(討).
310) 사관(史官): 〈명사〉 역사의 초고를 쓰는 버슬아치.
311) 임금 후(后), 들 교(郊), 돼지 체(彘), 어두울 암(暗), 병부 부(符).
312) 부절(符節): 〈명사〉 돌이나 대나무·옥 따위로 만든 부신. 옛날에 사신이 가지고 다니던 물건으로 둘로 갈라 하나는
　　조정에 두고 하나는 본인이 가지고 신표로 쓴다. 〈동의어〉 부계.

고구려 산상왕(12년, 208년 11월)이 달아나는 멧돼지를 쫓아 주통촌(酒
桶村)에 이르니 20세의 한 소녀가 있었는데, 아름답고 요염하여 왕이 계
획적으로 여자와 관계를 하였다.

이듬해(207년 9월) 소녀가 왕자를 낳으니, 멧돼지로 인하여 얻었으므
로 이름을 '교체(郊彘)'라고 하고, 그 소녀를 소후(小后)로 삼았다.

처음 소후의 어머니가 임신하여 아직 낳지 않았을 때, 무당을 불러 점
을 쳐 보니 무당이 말하기를 "반드시 왕후를 낳으리라" 하였으므로, 아
이를 낳자 이름을 후녀(后女)라고 하였다.

달고(達賈)315)와 돌고(咄固)는 의심하고 시기하여서 죽음을 맞이하였다.

---

313) 수행(遂行): 〈명사〉 계획한 대로 해냄.

314) 통달할 달(達), 장사 가(賈), 꾸짖을 돌(咄), 의심 의(疑), 꺼릴 기(忌), 이룰 치(致).

315) 달고[達賈 ?~292(?~봉상왕 1)]: 고구려의 정치가. 서천왕(西川王)의 동생. 280년(서천왕 11) 숙신(肅愼)이 침입하
자 그 토벌에 나서 단로성(檀盧城)을 빼앗아 추장을 죽이고 부락을 항복시켰다. 그 공로로 안국공(安國公)이 되고 내
외병마사(內外兵馬事)를 겸해 양맥(梁貊)과 숙신의 여러 부락을 다스렸다. 백성들의 신임을 받게 되자 292년 새로
즉위한 조카 봉상왕(烽上王)에 의해 살해되었다.

달고(達賈)는 고구려 봉상왕(烽上王)[317] 상부(相夫)의 작은아버지다. 봉상왕이 교만(驕慢)[318]하고 방일(放逸)[319]하며 시기(猜忌)[320]가 많았다.

292년 3월(봉상왕 원년) 안국군(安國君) 달고가 큰 공이 있어서, 백성들이 그를 의지하고 우러러 기대하는 바가 되는 까닭으로 왕이 미워하여 달고를 죽이니, 백성들이 소리 없이 눈물을 뿌리며 서로 조문(弔問)하였다.

○ 咄固는 烽上王弟니 烽上王이 疑其弟有異心하여 賜
　　돌 고　　봉 상 왕 제　　봉 상 왕　　의 기 제 유 이 심　　　사
死하니 國人莫不痛惜[321]이라.
사　　　　국 인 막 불 통 석

돌고(咄固)는 봉상왕의 아우였다. 293년 9월 봉상왕이 아우에게 다른 마음이 있다고 의심하여 사사(賜死)하니, 백성들이 몹시 슬퍼하였다.

竹葉積陵하고　柴梢[322]覆原이로다.[323]
죽 엽 적 릉　　　시 초　　　복 원

대나무 잎이 죽장릉(竹長陵)[324]에 쌓이고, 나뭇가지가 시원(柴原)을 덮었다.

---

316) 체읍(涕泣): 〈명사〉 소리를 내지 않고 눈물을 흘리면서 슬피 욺. 〈동의어〉 읍체, 유읍. 체읍 - 하다.

317) 봉상왕(烽上王 ?~300): 고구려 제14대 왕(292~300). 치갈왕(雉葛王)이라고도 한다. 서천왕의 아들로 태어나 왕위에 오르자 왕권강화에 주력. 숙부 달가(達賈)와 동생 돌고를 죽이는 등 안전에 위협이 될 수 있는 세력들을 제거하였다. 또한 왕의 권위를 드러내기 위해 궁실을 대규모로 증축하였다. 대외적으로는 293년 선비(鮮卑) 모용외의 침략을 받았는데, 신성태수(新城太守) 고노자(高奴子)의 활약으로 격퇴하였다. 300년 궁실 증축의 부당함을 간하는 국상(國相) 창조리(倉助利)를 죽이려 하다가 사태가 불리함을 알고 자결하였다.

318) 교만(驕慢): 〈명사〉 잘난 체하며 건방진 태도.

319) 방일(放逸): 〈명사〉 제멋대로 난봉이나 부리고 함부로 놂. 〈동의어〉 종일(縱逸). 방일 - 하다.

320) 시기(猜忌): 〈명사〉 샘하여 미워함. 시기 - 하다.

321) 통석(痛惜): 몹시 애석하다.

322) 시초(柴梢): 마른 나뭇가지.

323) 잎 엽(葉). 쌓을 적(積). 언덕 릉(陵). 땔감나무 시(柴). 가지 초(梢). 덮을 부, 엎어질 복(覆).

324) 죽장릉(竹長陵): 경상북도 경주시(慶州市) 황남동(皇南洞)에 있는 신라 제13대 미추왕의 능. 사적 지정면적 6만 1,144m². 무덤의 지름 56.7m, 높이 12.4m. 능은 대릉원(大陵苑) 내에 있으며, 단순한 둥근봉토무덤[圓形封土墳(원형봉토분)]이다. 능 앞에는 화강석으로 만든 혼유석(魂遊石)이 있고, 남쪽에는 삼문(三門)이 있으며 이를 따라 담장이 둘려져 무덤을 보호하고 있다. 또 왕을 제사하기 위하여 숭혜전(崇惠殿)이 마련되어 있다. 무덤의 내부구조는 돌무지덧널무덤[積石木槨墳(적석목곽분)]으로 판단되고 있다. 미추왕릉은 죽장릉(竹長陵)·죽현릉(竹現陵)이라고도

新羅 昔儒理王 十四年에 伊西小國(今 慶北淸道)이
신 라 석 유 리 왕　　십 사 년　　　이 서 소 국 (금 경 북 청 도)

攻新羅金城甚急이어늘 新羅擧兵禦之할새 不能克이러니
공 신 라 금 성 심 급　　　신 라 거 병 어 지　　　불 능 극

忽有異兵大至하여 皆啣竹葉하고 助羅軍하여 擊賊破之라.
홀 유 이 병 대 지　　개 함 죽 엽　　조 라 군　　격 적 파 지

竟不知其所歸러니 後見竹葉數萬이 積於金味鄒王陵前이
경 불 지 기 소 귀　　후 견 죽 엽 수 만　　적 어 금 미 추 왕 릉 전

어늘 國人謂先王以異兵陰助라하여 因號陵曰竹長이라.
국 인 위 선 왕 이 이 병 음 조　　인 호 릉 왈 죽 장

297년 정월, 신라 석유리왕(昔儒理王)[325] 14년, 이서소국(伊西小國 지금 경상북도 청도)이 신라 금성(金城)을 공격하매, 나라가 위급하여 군사를 일으켜 막았지만 이길 수 없었다.

문득 다른 병사가 몰려와 도와주었는데, 모두 대나무 잎을 입에 물고 신라군을 도와 적을 물리쳤다.

그러나 그들이 돌아가는 곳을 알지 못하였는데, 대나무 수십만 잎이 김미추왕릉(金味鄒王陵) 앞에 쌓인 것을 보고, 백성들이 "선왕께서 다른 병사를 이끌고 와서 몰래 도와주었다"라고 하며, 그 능을 '죽장릉(竹長陵)'이라고 불렀다.

○ 高句麗 東川王 諱 郊彘가 仁慈러니 及薨에 國人懷
고 구 려 동 천 왕 휘 교 체　　인 자　　급 흥　　국 인 회

하는데, 이에 얽힌 전설로서 죽엽군(竹葉軍) 이야기가 ≪삼국사기≫에 전한다. 사적 제175호.

325) 석유리왕(昔儒理王): 유례이사금(儒禮尼師今), 신라 제14대 왕(재위 284~298). ≪삼국사기≫의 주(註)에서는 ≪고기(古記)≫를 인용하여 3대와 14대 두 임금의 이름이 유리(儒理) 혹은 유례(儒禮)로 같다고 하였다. 신라 상고의 기사에 따르면 유례이사금의 성은 석(昔)이고, 조분이사금(助賁尼師今)의 맏아들이며 어머니는 박씨 갈문왕(葛文王) 내음(柰音)의 딸이라 한다. 그는 286년(유례이사금 3) 백제에 사신을 보내어 화친을 청하였으며, 287년 왜병의 일례군(一禮郡)·사도성(沙道城)·장봉성(長峰城) 공격에 백제와 연합하여 왜(倭)에 원정하려 하였으나 서불한(舒佛邯) 홍권(弘權)의 만류로 중지하였다. 293년에는 사도성을 개축하여 사벌주(沙伐州: 지금의 경상북도 尙州)의 호민(戶民) 80여 호를 옮겼다. 297년 이서고국(伊西故國)이 금성(金城)에 침공하자 죽엽군(竹葉軍)의 도움을 받아 격퇴하였다.

　　고구려 동천왕(東川王)326) 이름 교체(郊彘)는 인자하였다. (서기 248년
9월) 그가 급작스런 죽음에 이르자, 나라의 사람들이 그 덕을 생각하여
슬퍼하지 않는 사람이 없었고, 장례하는 날에는 무덤에 찾아와 순사(殉
死)327)하는 사람들이 많았다.

　　나라 사람들이 나무를 베어 그 시체들을 덮었으므로, 그 땅 이름을 '시
원(柴原)'328)이라고 불렀다.

〈※ 주(註)〉

　　경와 선생님이 전한 동악산본에는 중천왕(中川王)으로 되어 있었으나, 동천
왕(東川王)의 잘못이므로 필자가 수정하여 바로잡았다.

　　박제상(朴堤上)331)의 굳은 절개(節槪332))는 치술령(鵄述嶺)333)의 원통

---

326) 동천왕(東川王 209~248): 고구려 11대 왕(227~248). 또는 동양왕(東襄王)이라고도 한다. 이름은 우위거(憂位居).
　　산상왕(山上王)의 아들로 213년에 태자로 책봉되었다. 236년(동천왕 10) 중국 오(吳)나라 손권(孫權)이 사신 호위(胡
　　衛)를 보내어 화친을 청하자 왕은 호위의 머리를 베어 위나라로 보냈고, 242년에는 위나라 요동의 서안평(西安平)을
　　급습하였다. 243년에는 아들 연불(然弗)을 태자로 책립하였고, 245년에는 신라를 침공하였다. 그러나 246년에는 위
　　나라 장수 관구검이 환도성(丸都城)에 쳐들어와 성이 함락되자 남옥저(南沃沮)로 피할 수밖에 없었다. 후에 장군 유
　　유(紐由)의 계획으로 국토를 회복했으나 환도성이 심하게 파괴되었으므로 247년 서울을 평양성(平壤城: 평안)으로
　　옮기고, 248년에는 신라에 사신을 파견하여 화친을 맺었다.
327) 순사(殉死): 〈명사〉 ① 나라를 위하여 목숨을 바침. ② 죽은 사람의 뒤를 이어 따라서 죽음. 순사 - 하다.
328) 시원(柴原): 동천왕을 장사 지낸 지명. 현재 평안남도 강동군 마산면에 동천왕릉이라 전해지는 고구려 봉토분이 있
　　다고 한다.
329) 고절(苦節): 〈명사〉 어려운 지경에서도 끝까지 지켜 나가는 굳은 절개.
330) 언덕 제(堤), 쓸 고(苦), 솔개 치(鵄), 기술할 술(述), 원망할 원(怨), 혼 혼(魂).
331) 박제상(朴堤上): 신라의 충신. 내물왕 때부터 눌지왕 때까지 활동한 인물이다. ≪삼국사기≫에 그의 세계(世系)에 대

한 혼이 되었다.

朴堤上은 新羅 金訥祇王時人이라 時王弟 未斯欣이
박 제 상   신 라 김 눌 지 왕 시 인   시 왕 제 미 사 흔

質於日本하니 堤上이 遂使於日本하여 詒日本人하여 使
질 어 일 본   제 상 수 사 어 일 본   이 일 본 인   사

未斯欣으로 潛還하고 堤上이 獨寢舟中하여 以竢未斯欣
미 사 흔   잠 환   제 상 독 침 주 중   이 사 미 사 흔

遠行하니 倭主詗知見欺하고 囚堤上鞫之하니 堤上曰 吾是
원 행   왜 주 형 지 견 기   수 제 상 국 지   제 상 왈 오 시

鷄林之臣이라 欲成吾君之志라한대 倭主怒曰 汝若稱倭
계 림 지 신   욕 성 오 군 지 지   왜 주 노 왈 여 약 칭 왜

之臣則必賞以重祿호리라 堤上曰 寧爲鷄林之犬豕언정 不
지 신 즉 필 상 이 중 록   제 상 왈 영 위 계 림 지 견 시   불

爲倭之臣子라 한대 倭主益怒하여 剝脚刈蒹하여 使趨其
위 왜 지 신 자   왜 주 익 노   박 각 예 겸   사 추 기

上하고 問曰 汝何國臣고 堤上曰 鷄林臣이라한대 又使
상   문 왈 여 하 국 신   제 상 왈 계 림 신   우 사

立熱鐵上하고 問之한대 堤上答之如前하여 辭色益勵어
입 열 철 상   문 지   제 상 답 지 여 전   사 색 익 려

늘 倭主乃燒殺之하니 堤上向拜本國而死라 王聞而哀慟
왜 주 내 소 살 지   제 상 향 배 본 국 이 사   왕 문 이 애 통

하여 贈官하고 使未斯欣으로 娶其第二女하니 堤上妻率
증 관   사 미 사 흔   취 기 제 이 녀   제 상 처 솔

한 설명이 있으나 거의 신빙성이 없다. 신라는 백제를 견제하기 위하여 402년(실성왕 1) 일본에 내물왕의 셋째 아들 미사흔(未斯欣)을, 412년 둘째 아들 복호(卜好)를 고구려에 파견하여 군사원조를 요청하였으나 두 왕자는 인질이 되었다. 내물왕의 큰아들 눌지왕은 즉위한 뒤 두 동생을 구출하기 위해 당시 양산(梁山)지방의 토호세력으로서 삽량주 간의 직책을 맡고 있던 박제상을 고구려와 일본에 보냈다. 두 왕자를 구출시킨 박제상은 일본에서 잡혀 충절을 지키다 참형을 당하여 죽었다. 이를 안 눌지왕은 그를 대아찬으로 추증하고, 부인을 국대부인(國大夫人)으로 책봉하였으며, 둘째 딸을 미사흔의 아내로 삼게 하였다.

332) 절개(節槪/節介): 〈명사〉 (지조나 정조를) 굽히지 않는 꿋꿋한 태도. ¶~를 지키다. 충신의 굳은 ~. 〈동의어〉 절(節).
333) 치술령(瑪述嶺): 경상북도 경주시(慶州市) 외동읍(外東邑) 소재.

三女하고 上鵄述嶺하여 東望痛哭而死하니 仍爲鵄述嶺
삼 녀　　　　상 치 술 령　　　동 망 통 곡 이 사　　　잉 위 치 술 령
神이라 今有祠라.
신　　　　금 유 사

박제상은 신라 김눌지왕(金訥祗王)[334] 때 사람이다. 당시 왕의 아우 미사흔(未斯欣)이 일본의 볼모[335]가 되었다.

박제상이 일본의 사신이 되어 일본인을 속이고 미사흔을 몰래 고국으로 돌려보내고, 혼자서 배 가운데 남아 일행이 무사히 멀리 가기를 기다리고 있었다.

왜왕(倭王)이 염탐하여 속은 줄을 알고 제상을 가두어 심문하였다.

박제상이 "나는 계림의 신하이다. 우리 임금의 뜻을 이루려고 하고자 한 것이다"라고 말하였다.

왜왕이 화를 내면서 "네가 만일 왜의 신하라고 하면 필히 상(賞)을 주고 많은 녹(祿)[336]을 주겠노라"라고 하였다.

박제상이 "계림의 개돼지가 될지언정 왜의 신하는 되지 않으련다"라고 말하였다.

왜왕은 분노가 극에 달하여 제상의 다리 가죽을 벗기고 갈대를 베어 그 위로 걷게 하면서 "너는 어느 나라 신하인가?"라고 묻자, 박제상은 "계림의 신하이다"라고 단호하게 대답하였다.

그러자 이번에는 달구어진 쇠기둥 위를 걷게 하면서 물었지만, 박제상의 대답은 여전하였으며 얼굴색 하나 변하지 않고 목소리는 더욱 우렁찼다.

왜왕이 그 자리에서 불에 태워 죽이려 하자 박제상은 고국을 향하여

---

334) 김눌지왕(金訥祗王): 눌지마립간(訥祗麻立干 ?~458 ?~자비마립간 1), 신라 제19대 왕(417~458). 성은 김씨. 아버지는 내물마립간이고, 어머니는 미추이사금의 딸인 보반부인(保反夫人)이며, 비는 실성이사금의 딸이다. ≪삼국사기≫에 의하면 최초로 마립간이라는 왕호를 사용한 것으로 되어 있다. 눌지는 고구려의 힘을 빌려서 왕위에 올랐지만, 한편으로 나제동맹(羅濟同盟)을 체결하여 고구려의 남진정책에 대항하였다. 또한, 왕실 내부의 분쟁을 미리 막기 위하여 왕위계승의 부자상속제를 확립시켰다. 이 밖에도 중앙정청인 남당에서 왕이 친히 노인들을 봉양함으로써 민심을 수습하였고, 백성들에게 우차의 사용법을 가르쳐서 화물유통을 쉽게 하였다.

335) 볼모: 〈명사〉 ① 약속을 지키겠다는 담보로 잡혀 두는 물건. 〈동의어〉 전당물, 전당품. ② 나라 사이에 맺은 약속의 담보로 상대 나라에 맡겨 두는 왕자나 그 밖의 유력한 사람. ¶~로 잡혔다. 〈동의어〉 시자, 유질(留質), 인질(人質), 지자, 질자. 볼모를 잡다: 약속을 지키지 않을 경우에 보장받기 위해 담보를 받다.

336) 녹(祿): 〈명사〉 ≪역사≫ '녹봉(祿俸)'의 준말. 녹을 먹다: 벼슬살이를 하며 녹봉을 받다. ¶나라의 녹을 먹는 신하.

절하고 태연히 죽음을 맞이하였다.

신라 눌지왕은 소식을 듣고 애통(哀慟)해하며, 그에게 높은 벼슬을 추증
(追贈)337)하고, 아우 미사흔으로 하여금 박제상의 둘째 딸을 아내로 삼게
하였다.

박제상의 아내가 남은 세 딸을 데리고 치술령(鵄述嶺)338)에 올라가 동
해(東海)를 바라보며 통곡하고 죽으니, 치술령의 혼령이 되었다. 지금도
사당(祠堂)이 있어 그 혼령을 위한 제사를 지내고 있다.

奇烏含書하고 誑獅載船이로다.339)
기 오 함 서   광 사 재 선

기특한 까마귀는 편지를 물고, 사자(獅子)를 배에 실어 속였다.

新羅 金炤智王 十年 正月 十五日에 王이 幸天泉寺할
신라 김소지왕 십년 정월 십오일   왕   행천천사

새 有烏啣書而來하니 得見其書에 外面云 開見二人死하고
  유오함서이래   득견기서   외면운 개견이인사

不開見一人死라하니 王曰 與其二人死론 孰若一人死리
불개견일인사   왕왈 여기이인사   숙약일인사

오하니 日官奏云 一人者는 王也라하니 王開見書하니 曰
      일관주운 일인자   왕야   왕개견서   왈

射琴匣이라하여늘 王入宮射之하니 果有內殿焚修僧이
사금갑   왕입궁사지   과유내전분수승

與王妃로 潛通하여 謀害王하니 僧與妃가 皆伏誅라 自是
여왕비   잠통   모해왕   승여비   개복주   자시

國俗이 每歲是日以糯飯祭烏하니라.
국속   매세시일이나반제오

---

337) 추증(追贈): 〈명사〉 《역사》 ① 종2품 이상 벼슬아치의 죽은 아버지·할아버지·증조할아버지 등에게 벼슬을 줌.
〈동의어〉 이증(吏贈), 추영(追榮). ② 나라에 공로가 있는 벼슬아치가 죽은 뒤에 품계를 높여 줌. 〈동의어〉 증관(贈官).
추증-하다.
338) 치술령(鵄述嶺): 울주군과 월성군의 경계를 이루고 있는 산, 높이 765m.
339) 기이할 기(奇), 까마귀 오(烏), 머금을 함(含), 속일 광(誑), 사자 사(獅), 실을 재(載), 배 선(船).

신라 김소지왕(金炤智王)[340] 10년(488년 정월 15일) 왕이 천천사(天泉寺)로 가는데, 까마귀 한 마리가 편지를 머금고 날아왔다.

그 편지의 겉봉투에는 "뜯어보면 두 사람이 죽고 그렇지 않으면 한 사람이 죽는다"라고 씌어 있었다.

왕이 "두 사람이 죽는 것은 한 사람이 죽는 것만 같지 못하다"라고 하니, 일관(日官)[341]이 "한 사람은 왕을 의미한다"라고 아뢰었다.

왕이 곧 편지를 뜯어보니 "거문고 궤짝을 활로 쏘아라"라고 씌어 있어, 왕이 궁으로 와서 거문고 궤짝을 활로 쏘니, 과연 내전(內殿)[342] 분수승(焚修僧)[343]이 왕비와 사통하여, 왕을 살해하려는 음모가 밝혀져 왕비와 중이 죽음을 당하였다.

이로부터 나라 풍속에 매년 이날 찰밥으로 까마귀에게 젯밥을 올리었다.

〈※ 주(註)〉

이 설화는 불교의 신라 전래가 이미 오래전에 있었음을 알 수 있고, 다른 한편으로 이 설화는 신라 왕실이 불교(佛敎)를 받아들이는 과정에서 토착신앙에 의한 탄압이 빚어낸 사건이 전설이 된 것이다.

○ 新羅 金智證王 諱 智大路 十三年에 于山國(今鬱陵
신라 김지증왕 휘 지대로 십삼년 우산국(금울릉

島)이 降하다 初于山國이 恃險不服이라가 金異斯夫가
도) 항 초우산국 시험불복 김이사부

---

340) 소지왕(炤智王): 소지마립간(炤知麻立干 ?~500) 신라 제21대 왕. 성은 김씨. 자비마립간의 맏아들로 어머니는 서불한 미사흔의 딸 김 씨이다. 481년 고구려와 말갈의 침입을 백제·가야와 연합하여 물리쳤으며, 484년 고구려의 재침을 받아 다시 백제군과 연합하여 모산성에서 격퇴하였다.

341) 일관(日官): 천문 관측과 점성(占星)을 통하여 나라나 인간의 길흉(吉凶)을 점치던 관원. 천체에 관한 연구는 삼국시대까지만 해도 과학적인 연구보다는 점성술(占星術)에 의한 판단이 지배적이었다. 이것이 뒤에 와서 천문학적 지식으로 적용되게 되었다. 고구려에서는 일자(日者), 신라에서는 사천박사(司天博士)라 하였다. 백제에는 일관부(日官部)라는 기관이 있었고, 고려시대에는 서운관(書雲觀), 조선시대에는 관상감(觀象監)이 있어 이 방면의 사무를 맡아 보았다. 고려·조선시대에는 기술직으로 변하여 잡과를 통해 등용되었다.

342) 내전(內殿): 〈명사〉 ① 왕비의 높임말. ② 왕비가 거처하는 전각. ③ 안전(─殿).

343) 분수승(焚修僧): 분향하며 수행하는 승려. 대웅전 분수승. ① 각 절마다 전각의 관리 책임을 맡은 승려들. 즉 기도승들을 말함이다. ② 여기서는 내전에 있는 법당을 관리하는 승려를 말함이다.

以爲于山人愚悍하여 難하니 以威來可以計服이라하고
이 위 우 산 인 우 한　　　　난　　　　이 위 래 가 이 계 복

乃以木造獅子로 分載戰船하고 抵其島하여 誑之曰 汝若
내 이 목 조 사 자　　분 재 전 선　　저 기 도　　광 지 왈 여 약

不服이면 卽放此獸殺之라한대 國人懼而乃降이라.
불 복　　즉 방 차 수 살 지　　국 인 구 이 내 항

신라 김지증왕(金智證王)344) 이름 지대로(智大路) 13년(512년 6월)에 우산국(于山國) 지금 울릉도)이 항복하였다.

이전에 우산국은 지형이 험함을 믿고 굴복하지 않았는데, 김이사부(金異斯夫)345)가 우산국 사람은 어리석고 모진 성품을 가지고 있어서 굴복하기 어려우니, 위엄으로써 굴복시킬 꾀가 있다고 하고, 바로 나무로 많은 사자를 만들어 배에 나누어 싣고, 그 섬에 이르러 속여 말하기를 "너희가 항복하지 않으면 이 짐승에게 죽을 것이다"라고 하니, 백성들이 무서워 항복하였다.

---

344) 지증왕(智證王 437~514): 신라 제22대 왕(500~514). 지증마립간(智證麻立干)이라고도 한다. 성은 김(金), 이름은 지대로(智大路)·지도로(智度路)·지철로(智哲老). 내물마립간의 증손이고 습보갈문왕(習寶葛文王)의 아들이다. 어머니는 조생부인(鳥生夫人)이며 왕비는 연제부인(延帝夫人)이다. 순장(殉葬)을 금하고, 우경(牛耕)을 실시하는 등 농업을 장려하였다. 왕호를 방언인 마립간에서 중국식인 '왕(王)'이라 하였으며, 국명을 '신라(新羅)'로 확정하였다. 주군제도(州郡制度)를 실시하여 지방조직을 체계화하였고 실직주(悉直州)를 두어 이사부(異斯夫)를 군주(軍主)로 삼았다. 동북방면에 12성을 쌓았고, 우산국(于山國)을 복속시켰으며, 아시촌(阿尸村)에 소경(小京)을 두었다. 이 밖에도 상복법(喪服法)의 제정, 서울에 동시(東市)의 설치, 선박이익의 권장 등을 실시하는 등 고대국가의 기틀을 확고히 다진 왕이다. 죽은 뒤 '지증'이라는 시호를 받았는데, 이는 시법(諡法)의 시초이다.

345) 김이사부(金異斯夫): 신라 진흥왕 때 장군. 일명 태종(苔宗). 성은 김씨(金氏). 내물왕의 4대손이다. 505년(지증왕 6) 군현제가 실시되어 최초로 실직주(悉直州)가 설치되자 그곳의 군주(軍主)가 되었고, 512년 아슬라주(阿瑟羅州: 江陵)의 군주로서 우산국(于山國: 鬱陵島)을 공격할 때 나무로 만든 사자로 위협하여 항복을 받았다. 541년(진흥왕 2) 이찬(伊飡)으로서 상대등·시중을 겸할 수 있는 최고 요직의 하나인 병부령(兵部令)이 되었고, 545년 국사편찬의 필요성을 왕에게 건의하여 거칠부(居柒夫)로 하여금 ≪국사≫를 편찬하도록 하였다. 550년 고구려와 백제가 충돌, 양국의 국력이 소모된 틈을 타서 계쟁지(係爭地)인 고구려의 도살성(道薩城)과 백제의 금현성(金峴城)을 점령하여 신라의 영토로 삼았다. 1978년 발견된 ≪단양신라적성비(丹陽新羅赤城碑, 국보 198)≫에 의하면, 549년(진흥왕 10) 전후 이찬 이사부는 파진찬 두미(豆彌)와 아찬 비차부(比次夫) 등을 이끌고 한강 상류지역을 경략하여 신라영토를 넓혔다. 562년 가야가 반란을 일으키자 출정하여 대가야를 멸망시켜 낙동강 하류 지역을 장악하고 이들과 연결되어 있던 일본의 세력을 한반도에서 제거하였다.

枢重悲壯346) 하고　墓諫忠虔이로다. 347)
구 중 비 장　　　　　묘 간 충 건

널348)이 무거워 슬픔을 더하고, 무덤에서까지 간언(諫言)을 하니, 그 충성이 정성스럽다.

高句麗 平原王 諱 陽成이 有壻하니 曰溫達이라 平原
고구려 평원왕 휘 양성　　유서　　왈온달　　평원

王 三十二年에 溫達率兵하여 伐新羅할새 臨行에 誓曰
왕 삼십 이년　온달솔병　　벌신라　　임행　서왈

若不服竹嶺之西면 則不返이라 하고 與羅軍奮戰하여 爲
약불복죽령지서　즉불반　　여라군분전　　위

流矢所中而死라 欲葬한대 枢不肯動이어늘 妻來撫棺曰
유시소중이사　욕장　구불긍동　　처래무관왈

死生決矣라 於乎歸矣라하니 枢乃動이라.
사생결의　오호귀의　　구내동

고구려 평원왕(平原王)349) 양성(陽成)의 사위는 온달(溫達)350)이었다.

---

346) 비장(悲壯): 〈형용사〉〈여불규칙활용〉 슬프면서도 마음을 억눌러 씩씩하다.

347) 널 구(枢), 슬플 비(悲), 장성할 장(壯), 무덤 묘(墓), 간할 간(諫), 정성 건(虔).

348) 널: 〈명사〉 ① '널빤지'의 준말. ② 널뛰기에 쓰는 널빤지. ③ 시체를 넣는 궤. 〈동의어〉 관(棺), 관구(棺枢), 시구(屍枢). ④ ≪역사≫ 한림이 사초(史草)를 넣어 두던 궤. 크기가 거의 관과 같다.

349) 평원왕[平原王 ?~590(?~영양왕 1)]: 고구려 제25대 왕(559~590). 일명 평강상호왕(平岡上好王). 이름은 양성(陽城). 양원왕(陽原王)의 태자(太子). 즉위하자 진(陳)·수(隋)·북제(北齊)·후주(後周) 등 여러 나라에 조공(朝貢)하여 수교(修交)하고, 427년(장수왕 15) 평양의 동북쪽 대성산성(大城山城)으로 국도를 옮긴 뒤 552년(양원왕 8) 장안성(長安城: 平壤)에 대규모의 축성 공사를 시작, 586년 공사가 끝나 평양성으로 천도했다.

350) 온달[溫達 ?~590(?~영양왕 1)]: 고구려 평원왕 때 장군. 온달은 눈먼 어머니를 봉양하기 위하여 남루한 옷차림으로 거리에서 구걸하고 다녀 모두들 바보온달이라 하였다. 평원왕은 늘. 울기를 잘하는 어린 딸 평강공주(平岡公主)에게 그렇게 자주 울면 커서 온달에게 시집보내겠다고 하였는데, 공주가 커서 온달에게 시집을 보내 달라고 하자. 설득을 하여도 듣지 않으므로 공주를 내쫓았다. 온달은 자신을 찾아온 평강공주와 결혼한 후, 해마다 3월 3일에 낙랑(樂浪)언덕에서 군신과 5부의 병사들이 사냥하여 천신(天神)과 산천신(山川神)에게 제사 지내는 대제전에 참가하여 좋은 성적을 올렸다. 또한 북주(北周) 무제(武帝)가 요동(遼東)에 침입했을 때 선봉에 서서 큰 공을 세워 국왕의 사위로 공인받고 대형(大兄)이 되었다. 영양왕이 즉위한 590년 신라에게 빼앗긴 한강유역 탈환을 위하여 자원하여 출정하였다가 아차산성(阿且山城) 전투에서 화살을 맞고 전사하였다. ≪삼국사기≫에 전해 오는 온달의 일대기는 6세기 고구려사를 이해하는 데 있어서 중요한 자료이다.

평원왕(平原王) 32년(590년) 온달이 군사를 이끌고 신라를 정벌(征伐)[351]
하였는데, 떠나기 전 "만약 죽령(竹嶺)[352]의 서쪽을 차지하지 못하면 돌
아오지 않을 것이다"라고 맹세하였다.

신라군과 분전(奮戰)[353]하다가 화살에 맞아 죽으매, 온달의 시신을 장
사 지내려고 하였으나 널이 움직이지 않았다.

아내가 와서 널을 어루만지며 죽고 사는 일이 이미 정해졌으니, 돌아
가자며 슬피 우니 널이 움직였다.

○ 新羅 金眞平王 諱 伯淨이 好田獵하니 金后稷이
　신라　김진평왕　휘　백정　　호전렵　　　김후직

常諫而王不聽이라. 後后稷이 病臨死에 謂其子曰 吾爲
상간이왕불청　　　후후직　　병임사　　위기자왈 오위

人臣하여 不能匡救君惡하니 恐王遊娛不已는 必至於亡
인신　　불능광구군악　　공왕유오불이　　필지어망

이니 是吾憂也라. 吾死後에 須瘞我於王遊畋路側하라하니
시오우야　　오사후　수예아어왕유전로측

其子從之라. 其後王出畋한대 路中有聲하여 若曰 王毋去
기자종지　　기후왕출전　　로중유성　　약왈 왕무거

矣라. 王顧問之하니 從者曰 聲自后稷墓出이라하고 遂
의　　왕고문지　　종자왈 성자후직묘출　　　　수

陳后稷臨死之言하니 王潸然流涕曰 生而忠諫이러니 死
진후직임사지언　　왕잠연유체왈 생이충간　　　사

而不忘하니 愛我深矣라하고 遂終身不復獵하니라.
이불망　　애아심의　　　수종신불부렵

신라 김진평왕(金眞平王)[354]의 이름은 백정(伯淨)이며, 사냥하기를 매

---

351) 정벌(征伐): 〈명사〉 무력으로 침. 〈동의어〉 정토(征討). 정벌-하다.

352) 죽령(竹嶺): 경상북도 영주시 풍기읍과 충청북도 단양군 대강면의 경계에 있는 고개. 일명 죽령재. 대재.

353) 분전(奮戰): 〈명사〉＝분투(奮鬪). 〈명사〉 있는 힘을 다하여 싸움. 분전-하다.

354) 진평왕[眞平王 ?~632(?~선덕여왕 1)]: 신라 제26대 왕(579~632). 성은 김씨(金氏). 이름은 백정(白淨). 아버지는
　　진흥왕의 태자인 동륜(銅輪), 어머니는 입종갈문왕(立宗葛文王)의 딸인 만호부인(萬呼夫人), 왕비는 복승갈문왕(福勝
　　葛文王)의 딸인 마야부인(摩耶夫人) 김씨(金氏)이다. 노리부(弩里夫)를 상대등(上大等)에, 후직(后稷)을 병부령(兵部

우 좋아하였다.

신하 김후직(金后稷)355)이 항상 만류하였으나 왕은 듣지 않았다.

훗날 김후직이 병으로 죽음에 이르러 아들에게 "나는 신하로서 임금의 악(惡)을 바로잡지 못하였다. 왕이 유희(遊戲)를 그만두지 않으면 반드시 나라가 망할 것이다. 이 점이 나의 걱정이니 내가 죽거든 나를 왕이 사냥을 즐기는 길 곁에 묻어다오"라고 유언을 남기었는데 아들이 그의 유언대로 하였다.

어느 날 왕이 사냥을 떠났는데 길가에서 "왕이시여 가지마소서"라고 만류하는 소리가 들려왔다.

왕이 돌아보고 그 연유를 물으니, 종자가 대답하기를 "이 목소리는 김후직의 묘에서 나오는 소리입니다"라고 하면서, 김후직의 유언을 상세히 일러 주었다.

그때서야 왕은 눈물을 흘리면서 "생전에는 충성스러운 간언으로 나를 돕고 죽어서도 나를 잊지 않고 있으니, 과인을 사랑함이 매우 깊도다"라고, 탄복하고 종신토록 다시는 사냥을 하지 않았다.

乙支禦隋하고　庚信和唐이로다.356)
을 지 어 수　　　 유 신 화 당

을지문덕(乙支文德)357)은 수(隋)358)나라 군사를 막고, 김유신(金庾信)은

슈)에 각각 임명하여 관제의 정비와 적극적인 외교정책을 실시하고, 진흥왕에 이어 왕권을 지속적으로 강화시켰다.

355) 김후직(金后稷): 신라시대의 충신. 지증왕의 증손. 이찬(伊飡)으로서 580년(진평왕 2) 병부령(兵部令)을 지냈다. 왕이 지나치게 사냥을 즐기므로 <간렵문(諫獵文: 上眞平王書)>을 올려 사냥을 중지할 것을 간했다. 이 글에서 ≪노자(老子)≫와 ≪서경(書經)≫을 인용해 방탕한 마음을 가지고 있으면 망국을 불러들인다고 하였는데 왕이 그의 간언을 받아들이지 않았다. 그는 결국 왕이 사냥 다니는 길목에 묻어 달라는 유언을 남기고 죽었다. 뒤에 왕이 사냥을 나가다가 이상한 소리가 들리므로 그 까닭을 묻자, 신하가 김후직의 유언임을 알렸다. 왕은 이에 감동하여 다시는 사냥을 나가지 않고 정사에 힘썼다고 한다.

356) 지탱할 지(支). 막을 어(禦). 수나라 수(隋). 곳집 유(庾).

357) 을지문덕(乙支文德): 고구려 영양왕 때 대신·장군. ≪삼국사기≫ <을지문덕전>에서는 그의 출생과 성장 배경을 알 수 없다고 하였으나 ≪해동명장전(海東名將傳)≫에는 평양 석다산(石多山) 출생으로 나와 있다. ≪자치통감≫에는 위지문덕(尉支文德)이라고도 표기하고 있다. 612년(영양왕 23) 수(隋)나라 양제(煬帝)가 113만에 달하는 대군을 이끌고 고구려에 수륙 양면으로 쳐들어왔으나 고구려의 저항이 예상외로 격렬하자 별동대(別動隊) 30만 5,000명을 압록강 서쪽에 집결시켜 놓고 평양성을 공격하려 하였다. 이때 고구려군을 총지휘하던 을지문덕은 단신으로 적진에 들어가 적의 동태를 살피고 돌아왔는데, 적의 사기가 떨어진 것을 알고 군사력을 소모시키기 위하여 패배를 가장, 수나라 군대를 평양성 30리 밖까지 유인하였다. 식량이 다하고 피곤에 지친 수나라 군대가 자력으로 평양성을 함락

당나라와 화친(和親)하였다.

> 高句麗 嬰陽王 諱 元 二十三年에 隋遣將伐高句麗어
> 고구려 영양왕 휘 원 이십삼년 수견장벌고구려
> 늘 高句麗使乙支文德으로 禦之하여 大破之라. 隋之初
> 고구려사을지문덕 어지 대파지 수지초
> 來也에 凡三十萬五千騎러니 及敗引還에 僅存二千七百
> 래야 범삼십만오천기 급패인환 근존이천칠백
> 騎라. 乙支文德은 高句麗之名將이니 資質沈鷙하여 有
> 기 을지문덕 고구려지명장 자질심지 유
> 智畧이라.
> 지략

고구려 영양왕(嬰陽王)[359]의 이름은 원(元)이다. 재위 23년(612년) 수(隋)나라 장군이 고구려를 침략하였는데, 고구려 을지문덕(乙支文德) 장군이 막아 싸워 크게 승리하였다.

수나라 군사가 처음 침략할 때는 30만 5천 기(騎)였는데, 패하여 돌아갈 때는 겨우 2천7백 기(騎)였다. 을지문덕 장군은 자질(資質)이 깊고 용맹하며, 지략(智略)이 있는 고구려의 명장이다.

시킬 수 없음을 깨닫고 군대를 돌려 후퇴하던 중 살수(薩水: 지금의 淸川江)에 이르렀을 때, 미리 매복해 있던 고구려군은 수나라 군대의 배후를 기습 공격하였다. 이때 압록강을 건너 요동까지 살아 돌아간 수나라 병사는 2,700여 명에 불과했으며 이 전투는 고구려의 대승으로 끝이 났다. 이를 '살수대첩'이라 한다. 그는 침착·대담하고 지략과 무용에 뛰어났으며 시문에도 능하였다.

358) 수(隋): 중국의 왕조(581~618). 남조(南朝)의 진(陳)나라를 정복하여 4세기 이래의 남북의 정치적 대립에 종지부를 찍고, 중국 주변지역으로의 세력 확장에 힘썼으나 단명으로 그쳤다. 수나라의 국명은 창건자 양견(楊堅: 뒤의 文帝)이 수국공(隋國公)이었던 데서 유래한다.

359) 영양왕(嬰陽王 ?~618): 고구려 제26대 왕(590~618). 이름은 원(元) 또는 대원(大元). 평양왕(平陽王)이라고도 한다. 평원왕의 맏아들로서, 즉위 후 중국 수(隋)나라 문제(文帝)로부터 상개부의동삼사(上開府儀同三司)의 지위를 인정받았고, 조공을 통하여 수나라와의 화친을 꾀하였다. 그러다가 598년 전략거점을 확보하기 위해 말갈(靺鞨)의 군사를 이끌고 요서(遼西)를 선제공격하였는데, 수나라는 국력을 총집결하여 4차례에 걸쳐 고구려를 침공해 왔다. 고구려는 이를 격퇴. 이 전쟁에서 결정적으로 피해를 입은 수나라는 곧 멸망하였다. 신라에 빼앗긴 한강유역을 탈환하기 위하여 온달(溫達)이 아단성(阿旦城)을 공격하였고, 603년, 608년에는 북한산성을 공격하였다. 또 백제에 대해서는 백제가 수나라와 접근책을 쓰므로 598년, 607년에 이를 공격하였으나, 수나라와의 대결을 위하여 한편으로는 관계 개선에도 노력하였다. 600년 태학박사 이문진(李文眞)에게 ≪유기(留記, 100권)≫를 정리하여 ≪신집(新集, 5권)≫을 엮게 하였다.

<※ 주(註)>

이때 을지문덕 장군이 수나라 장군 우중문(于仲文)에게 보낸 유명한 오언시(五言詩)360)는 우중문을 희롱하는 시(詩)였지만, 결과적으로는 을지문덕의 살수대첩(薩水大捷)361)으로 결정적 피해를 입은 수나라는 곧 멸망하였으니, 수나라의 만용(蠻勇)을 희롱(戲弄)하고 멸망케 한 명문(名文)이었다. 동악산(動樂山) 초부(樵夫)는 오늘 우리 시대의 을지문덕 장군을 기다리면서, 장군의 오언시(五言詩)를 여기 적는다.

"신책구천문(神策究天文)

그대의 신기한 책략은 하늘의 이치를 다했고

묘산궁지리(妙算窮地理)

오묘한 계산은 땅의 이치를 꿰뚫었도다.

전승공기고(戰勝功旣高)

---

360) 오언시(五言詩): 〈명사〉 ≪문학≫ 오언으로 지은 한시. 〈동의어〉 오언.

361) 살수대첩(薩水大捷): 612년(고구려 영양왕 23) 평양성 부근까지 침략하였다가 후퇴하는 수(隋)나라의 군대를 고구려가 살수(薩水: 지금의 청천강)에서 크게 격파한 싸움. 581년 수왕조가 개창되면서 고구려와 수나라는 평화적 관계를 수립, 유지하고자 하였다. 그러나 수나라가 남조의 진(陳)나라를 치고 통일제국을 수립한 뒤, 돌궐·토욕혼(吐谷渾: 선비족의 일파) 등 주변세력에 대해 압력을 가하면서 고구려의 영향권인 거란·말갈 등에까지 세력을 뻗쳐 옴에 따라, 요서(遼西) 방면으로의 진출을 노리던 고구려와 충돌하게 되었다. 598년(영양왕 9) 고구려의 요서 공격과 수륙 양로를 통한 수나라의 반격은 양국의 대립관계를 표면화하는 계기가 되었다. 612년 수나라는 수륙 양로를 통하여 제2차 침공을 시작하였다. 수나라 육군은 탁군(지금의 北京)에 집결하여 좌우 각각 12군으로 편성하였고, 동원된 병력은 113만 3,800명. 군량운반자는 정규군의 배가 되었으며, 군대를 출발시키는 데에도 40일이 소요되었다. 수나라군은 요동성(遼東城)을 포위, 공격하였으나 고구려의 완강한 저항과 지휘계통의 혼란 등으로 지구전에 돌입하게 되었다. 이에 수나라군은 우중문(于仲文)·우문술(宇文述) 등을 지휘관으로 한 30만 5,000명의 별동대를 편성하여 평양성 30리 지점까지 진군하였다. 그러나 수나라군 지휘부 내부의 불화, 물자 부족 등으로 더 이상의 진군이 불가능하게 되었다. 수나라군의 약점을 간파한 주장(主將) 을지문덕(乙支文德)은 수나라군을 내륙 깊숙이 유도하여 그들의 능력을 한계점에 이르게 한 뒤 거짓 항복을 하여 퇴각하게 하였다. 수나라군이 살수를 건너고 있을 때, 배후에서 공격하여 수나라 장수 신세웅(辛世雄)을 전사시키는 등 큰 전과를 올려 요동성까지 돌아간 병력은 2,700명에 불과하였다. 한편, 패수(浿水: 지금의 대동강)를 통하여 평양성을 공격하려던 수나라의 해군도 고건무(高建武)가 지휘하는 고구려 결사대에 의하여 막대한 피해를 입고 후퇴하였다. 수륙 양면에서 큰 손실을 입은 수나라는 두 번째 침략도 실패로 끝났다. 이 싸움에서 수나라는 고구려의 요하 서쪽 무려라를 장악하는 데 불과했으며, 이 참패를 만회하기 위해 613년과 614년에 고구려를 다시 침공하였으나 모두 실패하였고, 이로 인하여 수나라 내부의 동요가 일어나 패망을 재촉하게 되었다. 고구려도 되풀이되는 수나라의 침공을 격퇴하여 국제사회에서의 위치는 신장시켰으나 많은 국력소모로 뒷날 멸망에 이르는 중요한 요인의 하나가 되었다.

그대 전쟁에 이겨 이미 공이 높으니

지족원운지(知足願云止)

이제 만족할 줄 알고 그만둠이 어떠한가?"

○ 金庾信은 新羅 金武烈王時人이니 與唐和親하여
　김유신　　신라　김무열왕시인　　여당화친

合兵伐百濟滅之라. 金庾信爲人이 剛毅有勇畧하니 新羅
합병벌백제멸지　　김유신위인　　강의유용략　　신라

之名將이라.
지명장

　　김유신(金庾信)362)은 신라 무열왕(武烈王) 때 장수였다. 당나라와 화친
을 맺고 연합하여 백제를 쳐 멸망시켰는데, 뜻이 굳고 강직하며 용맹하
고 지략이 뛰어난 신라의 유명한 장군이다.

義慈痴蠢하니　甸畿363) 淪喪이로다.364)
의 자 치 준　　　전 기　　윤 상

　　의자왕(義慈王)365)이 어리석고 미욱하여, 나라를 잃고 망해 사라져 버렸다.

---

362) 김유신[金庾信 595~673(진평왕 17~문무왕 13)]: 삼국통일을 이룩한 신라의 명장(名將)·문신. 본관은 김해(金海).
　　가야국(伽倻國) 시조 김수로왕(金首露王)의 12대 손으로, 신라 명장 서현(舒玄)의 아들이다.

363) 전기(甸畿): 전복(甸服) ① 오복(五服)의 하나. 주대(周代)에 왕성(王城)에서 사방 500리 이내의 땅을 이른다. ② 구
　　복(九服)의 하나. 왕성에서 사방 500리 떨어진 곳에서 1,000리 사이 500리 구간의 땅.

364) 사랑할 자(慈), 어리석을 치(痴), 꿈틀거릴 준(蠢), 경기 전(甸), 경기 기(畿), 빠질 륜(淪).

365) 의자왕(義慈王): 백제 제31대 왕(641~660년). 무왕(武王)의 맏아들로 일찍이 효성과 우애가 깊어 해동증자(海東曾
　　子)로 불렸다. 642년(의자왕 2) 귀족 중심의 정치운영체제에 일대개혁을 단행하여 귀족세력에 대한 왕권의 통제력을
　　강화하고, 친히 신라를 공격하여 미후성 등 40여 성을 함락시켰다. 장군 윤충(允忠)에게 군사 1만 명으로 대야성(大
　　耶城)을 공격하게 하여 함락시키고 김춘추의 사위인 성주 품석(品釋)을 죽였다. 그리고 고구려와 연합하여 신라의
　　당항성(黨項城)을 공격하여 대당교통로(對唐交通路)를 차단하려고 하였다. 645년 신라를 공격하여 7성을 빼앗았으
　　며, 655년 고구려·말갈의 연합군과 신라의 북쪽을 공격하여 30여 성을 파괴하였다. 그러나 그의 즉위 후 국위를
　　회복하려는 노력도 귀족들의 내부분열과 왕실의 사치·방종으로 통치 질서가 붕괴되면서 국정이 문란해져 실패하
　　였다. 660년 나당 연합군의 협공으로 사비성이 포위되자 웅진성(熊津城)으로 피하였다가 당군에 항복하였다. 왕은
　　태자 효(孝)·왕자 융(隆) 및 대신·장사 88명. 백성 1만 2,000여 명과 당나라로 압송되어 그곳에서 병사하였다.

新羅 金庾信이 合唐兵攻百濟어늘 百濟王 義慈가
신라 김유신　　합당병공백제　　　백제왕　의자

不用成忠之言하고 不爲之備하여 遂乃滅亡이라.
불용성충지언　　　불위지비　　　수내멸망

신라 김유신이 당나라 군사와 연합하여 백제를 공격하였다. 백제 의자왕은 성충(成忠)[366]의 간언(諫言)을 듣지 않고, 대비를 하지 못하다가 드디어 660년에 멸망하고 말았다.

臧極驕奢하니 詎免湮滅가[367]
장극교사　　　거면인멸

보장왕(寶藏王)[368]이 교만하고 사치함을 다하니, 어찌 멸망함을 면할 수 있으랴?

高句麗 寶藏王 諱 臧이 驕奢不已어늘 新羅 金庾信이
고구려 보장왕 휘 장　　교사불이　　　신라　김유신

合唐兵攻平壤城拔之하니 高句麗遂亡이라.
합당병공평양성발지　　　고구려수망

---

366) 성충[成忠 ?~656(?~의자왕 16)]: 백제 의자왕 때 문신. 656년 좌평(佐平)으로 있을 때 왕이 신라에 연승하여 자만과 주색에 빠져 국운이 위태롭게 되자 극간하다가 투옥되었다. 단식으로 간하다가 죽음에 임박하여 왕에게 글을 올려 "적군이 쳐들어오면 육로로는 탄현(炭峴)을 넘지 못하게 하고, 수군은 기벌포(伎伐浦)에 못 들어오게 한 뒤, 험한 지형에 의지하여 싸우면 틀림없이 이길 것"이라고 하였다. 결국 그의 말대로 660년 신라군은 탄현을 넘어, 당(唐)나라 군대는 기벌포를 지나 사비로 쳐들어와 백제는 멸망하였다. 흥수(興首)·계백(階伯)과 함께 부여 삼충사(三忠祠)에 배향되었다.

367) 착할 장(臧), 다할 극(極), 교만할 교(驕), 사치할 사(奢), 어찌 거(詎), 면할 면(免), 빠질 인(湮), 멸할 멸(滅).

368) 보장왕(寶藏王 ?~682): 고구려 제28대 왕이며 마지막 왕(642~668). 이름은 장(臧, 藏) 또는 보장(寶臧, 寶藏). 영류왕의 동생인 태양왕(太陽王)의 아들이다. 정변을 일으켜 권력을 잡은 연개소문(淵蓋蘇文)에 의해 왕으로 옹립되었기 때문에 왕으로서의 실권을 가지지는 못했다. 재위기간 중 국내적으로는 천재지변이 잦았고, 연개소문의 주장에 따라 도교진흥책을 썼다. 신라와는 적대관계를 계속하여 자주 신라를 공격했고, 백제와는 긴밀한 관계를 유지했다. 연개소문의 사후 고구려가 멸망하자 보장왕은 당나라로 잡혀 갔고, 정치의 책임이 왕에게 있지 않다고 하여 당나라로부터 '사평대상백원외동정(司平大常伯員外同正)'에 임명되었다. 677년에는 요동도독 조선군왕(遼東都督朝鮮郡王)에 임명되어 요동으로 돌아왔다. 이것은 당나라의 한반도 포기에 따른 요동지역의 동요를 막기 위해 취한 조처였으나, 보장왕은 오히려 고구려 유민을 규합하고 말갈과 내통하여 고구려 부흥을 도모했다. 이러한 사실이 발각되어 681년 공주로 유배되었고, 682년 무렵 죽었다. 당나라의 수도인 장안(長安)에 장사 지냈다. 아들로는 남복(男福, 福男)·임무(任武)·덕무(德武)·안승(安勝) 등이 기록에 보인다.

고구려 보장왕(寶藏王)의 이름은 장(臧)이다. 교만하고 사치스러움을
그칠 줄 몰랐던 그는, 신라 김유신이 당나라와 연합하여 평양성을 공략
하니, 마침내 고구려가 멸망(668년)하였다.

> 統一全區하고 春秋偉傑이로다.369)
> 통 일 전 구　　　춘 추 위 걸

전국을 통일하니 무열왕(武烈王)370) 춘추(春秋)는 위대한 사람이었다.

> 春秋는 新羅 金武烈王 諱也라. 廟號太宗이니 統一
> 춘 추　　신 라　김 무 열 왕　휘 야　　묘 호 태 종　　　통 일
> 三韓이라.
> 삼 한

춘추(春秋)는 신라 김무열왕(金武烈王)의 이름이다. 묘호(廟號)371) 태종
(太宗)으로 삼한(三韓)372)을 통일하였다.

---

369) 거느릴 통(統), 나눌 구(區), 클 위(偉), 호걸 걸(傑).

370) 무열왕(武烈王 604~661 재위 654~661): 신라 제29대 왕(654~661). 성은 김씨(金氏). 이름은 춘추(春秋). 진지왕
(眞智王)의 손자로 이찬(伊飡) 용춘(龍春 또는 龍俊)의 아들이다. 어머니는 진평왕(眞平王)의 딸인 천명부인(天明夫
人)이고, 비는 김유신(金庾信)의 누이동생 문명부인(文明夫人)이다. 화백회의(和白會議)에서 왕으로 추대되어 최초의
진골 출신 왕이 되었다. 웅변에 능하고 외교수단이 뛰어나 사신으로 여러 차례 당(唐)나라에 파견되어 외교성과를
거두었다. 642년(선덕여왕 11) 백제의 침입으로 대야성(大耶城)이 함락되고 사위인 성주(城主) 김품석(金品釋)이 죽
은 뒤 백제에 보복하고자 고구려에 원병을 청하러 갔으나 한강 상류유역의 영토반환문제로 오히려 억류되었다가 돌
아왔다. 김유신 누이와의 정략결혼으로 새로 진골귀족에 편입된 금관가야계의 군사력을 흡수하여 진골귀족 내에 신
귀족집단을 형성하였다. 이에 대항하여 647년 일어난 비담의 반란을 진압하고 진덕여왕을 세우는 과정에서 구귀족
세력을 배제하고 정치적 실권을 완전히 장악하였다. 자주적인 연호를 버리고 당나라 연호를 사용하는 등 적극적인
친당정책을 추진한 끝에 당 태종에게서 군사지원을 약속받아 삼국통일의 토대를 마련하였다. 즉위년인 654년 이방
부령(理方府令) 양수(良守)에게 이방부격(理方府格) 60여 조를 개정하도록 하여 율령정치에 의한 왕권강화를 꾀하였
다. 655년 아들 법민(法敏: 文武王)을 태자에 임명하여 왕권의 안정을 꾀하고 직계친족을 요직에 임명, 자신의 권력
기반을 강화하였다. 660년 측근 김유신을 과거 귀족세력의 대표로서 왕권견제세력이었던 상대등에 임명, 왕권 전제
화의 계기를 마련하였다. 같은 해 3월 나당(羅唐)연합군이 결성되어 당나라군 13만 명이 백제를 침공하자, 5월 태자
법민, 김유신 등과 함께 정병(精兵) 5만 명을 이끌고 본격적인 백제정벌에 나서 7월 백제를 멸망시켰다. 661년 고구
려를 정벌하고자 군사를 일으켰으나 삼국통일을 완성하지 못하고 죽었다. 묘호는 태종(太宗). 시호는 무열(武烈).

371) 묘호(廟號): 임금의 시호(諡號).

372) 삼한(三韓): 〈명사〉《역사》 상고 시대에 한반도 남쪽에 있던 세 나라. 마한 · 진한 · 변한을 일컫는다. 여기서는 고
구려 · 백제 · 신라를 말한다.

단추를 꿰매어 줌으로 인하여 장가들고, 바지를 말림의 결과로 아이를
잉태(孕胎)하였다.

태종 무열왕이 미시(微時)377)에 김유신과 함께 축국(蹴踘)378) 놀이를
하였는데, 김유신이 고의로 무열왕의 옷을 밟아 단추를 떨어뜨리면서,
"다행히도 우리 집이 가까우니 가서 단추를 달자"라고 청하였다.

---

373) 철뉴(綴紐): 잡아 맬 끈, 옷고름, 단추.

374) 쇄고(曬袴): 바지를 햇볕에 말리다.

375) 이을 철(綴), 인끈 뉴(紐), 인할 잉(仍), 장가들 취(娶), 햇빛에 말릴 쇄(曬), 바지 고(袴), 아이 밸 신(娠).

376) 문명왕후(文明王后 ?~?): 신라 제29대 태종무열왕의 비(妃). 이름은 문희(文姬). 소판(蘇判) 서현(舒玄)의 막내딸이
며 김유신(金庾信)의 누이이다. ≪삼국유사≫에는 훈제부인(訓帝夫人)으로 되어 있으며 문명왕후는 시호이다. 문희
와 김춘추(金春秋)의 결혼에 관계된 김유신과의 유명한 일화가 전해진다. 소생으로는 문무왕인 태자 법민(法敏), 각
간(角干) 인문(仁問)과 문왕(文王) · 노차(老且) · 지경(智鏡) · 개원(愷元) 등이 있다.

377) 미시(未時) 〈명사〉 ① 십이 시의 여덟째 시. 오후 한 시부터 세 시까지의 동안. ② 이십사 시의 열다섯째 시. 오후
한 시 반부터 두 시 반까지의 동안. 〈동의어〉 미(未).

378) 축국(蹴踘): 동양식 옛 축구경기. 중국 고대의 황제가 군사훈련을 위해 처음으로 시작하였다고 전해진다. 한국에서는
삼국시대부터 조선 말까지 행하여졌으며 농주 또는 기구라고도 하였다. 당나라 때 고구려 · 백제 · 신라로 전해져 일
본에까지 들어갔다.

　　김유신은 무열왕과 함께 가서 술상을 마련하고, 여동생 문희(文姬 문명왕후)를 불러 떨어진 단추를 달게 하였는데, 여동생의 미모가 아름답고 요염하였다.

　　무열왕은 마음이 기뻐 청혼을 하고 사내아이를 낳으니, 이름은 법민(法敏)이며 후에 문무왕(文武王)[379]이 되었다.

　　항상 아버지 태종을 따르고 그를 도와 삼한을 통합하니, 훗날에 신라의 영걸스러운 왕이 되었다.

○ 武烈王時에　有宗室寡婦在瑤石宮하니　時僧元曉唱
　무 열 왕 시　　유 종 실 과 부 재 요 석 궁　　시 승 원 효 창

歌云　誰許設柯斧[380] 오.　我斫支天柱[381] 라　하니　武烈王이
가 운　수 허 설 가 부　　아 작 지 천 주　　　　무 열 왕

聞之曰　此師欲得貴婦生賢子之謂也라.　國有大賢하니　利
문 지 왈　차 사 욕 득 귀 부 생 현 자 지 위 야　　국 유 대 현　　이

莫大焉이라하고　勅宮吏覓元曉而來하니　元曉佯墮水中하
막 대 언　　　칙 궁 리 멱 원 효 이 래　　원 효 양 타 수 중

니　宮吏가　使元曉로　至瑤石宮曬袴하여　因留宿寡婦하여
　궁 리　　사 원 효　　지 요 석 궁 쇄 고　　인 유 숙 과 부

果有娠生子하니　卽薛聰이라.　後爲東方大儒하니라.
과 유 신 생 자　　즉 설 총　　후 위 동 방 대 유

---

379) 문무왕[文武王 ?~681(?~문무왕 21)]: 신라 제30대 왕(661~681). 이름은 법민(法敏). 그는 태종무열왕(太宗武烈王)의 맏아들로서 어머니는 김유신(金庾信)의 누이인 문명왕후(文明王后)이다. 650년(진덕여왕 4) 왕명으로 당(唐)나라에 가서 대부경(大府卿) 벼슬을 받았고, 654년(무열왕 1) 파진찬(波珍飡)으로 병부령(兵部令)이 되었다. 654년 무열왕이 즉위하자 태자에 책봉. 660년(무열왕 7) 당(唐)의 소정방(蘇定方)이 백제를 공격하려고 군사를 이끌고 오자 김유신과 함께 당군과 연합하여 백제를 멸망시켰고, 661년 고구려를 정벌할 때 아버지 무열왕이 죽자 귀국하여 즉위했다. 이어 백제의 잔적을 소탕, 664년(문무왕 4) 부인들에게 당나라 식 제복을 따르게 하고 당악(唐樂)을 배우게 하는 등 당문화 수입에 노력하고, 666년에는 고구려 정벌에 착수. 당나라에 군사적 도움을 요청, 이적(李勣)이 요동행군(遼東行軍)의 대총관(大總管)으로 왔으며, 668년 8월 당군과 합세하여 평양을 함락, 고구려를 멸망시켰다. 당이 백제·고구려 옛 땅에 도호부(都護府)를 두고 통치하려 하자, 신라는 다시 당군과 싸워 북으로 쫓고 처음으로 반도 통일의 성업을 이룩했다. 674년(문무왕 14)에 당나라 역술(曆術)을 본떠 신력(新曆)을 쓰고, 675년 동인(銅印)을 제작하여 사용하게 했다. 또 당나라를 몰아낼 세력을 구축하기 위해 고구려 유민들의 부흥운동을 원조, 677년에 한반도에서 완전히 몰아냈다. 죽은 뒤 시체는 유언대로 화장하여 동해 대왕암(大王巖) 가운데 물속에 안장(安葬)하고, 바닷가에 감은사(感恩寺)를 세웠다.

380) 몰가부(沒柯斧): 자루 빠진 도끼 = 여성(요석공주).

381) 지천주(支天柱): 하늘 받칠 기둥 = 남성, 아들(설총), 임금을 보필할 나라의 인물.

무열왕 때에 종실(宗室)[382] 과부가 요석궁(瑤石宮)에 살고 있었다.

당시 승려 원효대사(元曉大師)[383]가 노래하기를 "누가 자루 빠진 도끼를 빌려 주겠나 나는 하늘 받칠 기둥을 깎으리라"고 하였다.

무열왕이 듣고 "대사(大師)께서 귀부인을 얻어 현자(賢子)를 얻고자 하는구나, 국가에 위대하고 어진 이가 있으니 이로움이 이것보다 클 수는 없다"라고 말하면서, 궁지기를 시켜 원효대사를 찾아오게 하니, 원효가 거짓으로 물속에 빠져 버리매, 궁지기가 원효에게 요석궁에서 바지를 말리라고 하였다.

이로 인하여 원효가 과부와 유숙하여 아이를 낳으니 곧 설총(薛聰)[384]이다.

---

382) 종실(宗室): 종친(宗親), 임금의 친척.

383) 원효[元曉 617~686(진평왕 39~신문왕 6)]: 신라 중기 승려. 아명은 서당(誓幢)·신당(新幢). 속성은 설씨(薛氏). 압량(押梁: 지금의 慶山市) 불지촌(佛地村) 출신. 나마(奈麻) 담날(談捺)의 아들이며, 설총(薛聰)의 아버지이다. 그의 어머니가 만삭의 몸으로 율곡(栗谷)을 지나다 갑작스런 산기로 밤나무 밑에서 낳았는데, 이 나무를 사라수(娑羅樹)라 불렀다. 29세 때 출가를 결심. 집을 헐어 초개사(初開寺)를 짓고, 648년(진덕여왕 2) 황룡사(皇龍寺)로 들어가 각종 불전을 섭렵하며 수도에 정진했다. 34세 때 구법(求法)을 위해 의상(義湘)과 당(唐)나라로 떠났으나 중도에 귀환. 10년 뒤 다시 떠났다. 가는 도중 잠결에 해골에 괸 물을 마시고는 이튿날 '모든 사물과 법은 마음에서 난다'는 깨달음을 얻고 되돌아왔다. 장안 거리에서 "누가 자루 없는 도끼를 내게 주겠느냐, 네 하늘을 받칠 기둥을 깎으리로다."라고 노래해 무열왕이 이를 듣고 홀로 된 요석공주(瑤石公主)와 짝을 지어 주어 설총을 낳았다. 실계(失戒)한 그는 스스로 소성거사(小性居士)·복성거사(卜性居士)라 하며 속인 행세를 했다. 광대 복장으로 지내며 ≪화엄경(華嚴經)≫의 이치를 쉬운 내용으로 담은 ≪무애가≫라는 노래를 지어 민중 속에 퍼뜨렸다. 그는 불교사상의 종합과 실천에 노력하였으며, 많은 저서를 썼으나 총 100여 부 240권 중 20부 22권만이 현존한다. 특히 ≪대승기신론소(大乘起信論疏)≫는 중국 고승들이 즐겨 인용하였고, ≪금강삼매경론(金剛三昧經論)≫은 그의 세계관을 반영한 대저술이다. 그는 학승(學僧)으로서뿐만 아니라 민중 교화승으로서 당시 왕실 중심의 귀족불교를 민중불교로 바꾸는 데 크게 기여한 것으로 평가된다. 또한 정토교(淨土敎)의 선구로서 분파된 불교이론을 하나의 진리로 종합. 정리하여 세운 화쟁사상(和諍思想)은 그의 일심사상(一心思想)·무애사상과 함께 가장 독자적인 사상체계이다. 혈사(穴寺)에서 죽었고, 뒤에 고려 숙종이 대성화정국사(大聖和靜國師)라는 시호(諡號)를 주었다. 저서로 ≪화엄경소≫, ≪해심밀경소≫, ≪발심수행장≫, ≪삼론종요≫, ≪십문화쟁론≫, ≪무량수경종요≫, ≪아미타경소≫, ≪미륵상생경종요≫ 등이 있다.

384) 설총(薛聰): 신라 경덕왕 때 학자. 자는 총지(聰智). 원효(元曉)가 아버지이고, 요석공주(瑤石公主)가 어머니이다. 6두품 출신인 듯하고, 관직은 한림(翰林)에 이르렀다. 신라십현(新羅十賢)의 한 사람이다. ≪증보문헌비고≫에 경주 설씨(慶州薛氏)의 시조로 기록되어 있다. 출생시기는 태종무열왕대인 654~660년 사이로 짐작된다. 설총은 나면서부터 재주가 많았고, 경사(經史)에 박통하였으며 신라말로 구경(九經)을 읽고 후생을 가르쳐 유학의 종주가 되었다. 강수(强首)·최치원(崔致遠)과 함께 신라삼문장(新羅三文章)으로 꼽혔다. 설총이 향찰(鄕札: 이두)을 고안하였다는 '설총이두창제설(薛聰吏讀創製說)'은 잘못된 것으로, 향가 표기식 방법인 향찰. 설총 이전인 568년(진흥왕 29) 북한산 비봉(碑峰)에 세운 진흥왕순수비문에 나타나 있고 또 향찰표기 작품인 ≪서동요(薯童謠)≫, ≪혜성가(彗星歌)≫가 진평왕 때, ≪풍요(風謠)≫가 선덕여왕 때 이미 있었다. 설총은 향찰을 집대성. 정리하였는데, 육경(六經)을 읽고 새기는 방법을 발명하여 한문을 국어화하고 유학 등 한학의 연구를 발전시키는 데 공이 컸다. 또 신문왕 때의 국학(國學) 설립에 주동적 역할을 하였을 것으로 짐작된다. 설총의 문적(文蹟)으로는 우화적 단편산문인 ≪화왕계(花王戒)≫가 당시 신문왕을 풍간(諷諫)하였다는 일화로서 ≪삼국사기≫ <설총열전>에 실려 있다. 고려 현종 때 홍유후(弘儒侯)의 시호를 추증받았다. 문묘 동무에 최치원과 함께 종향(從享)되었고, 경주 서악서원(西嶽書院)에 배향되었다.

설총은 훗날 우리나라의 큰 학자가 되었다.

斧柯385) 芳媒오 天做婚姻386)이 로다.387)
부 가   방 매   천 주 혼 인

도끼자루의 노래는 아름다운 중매요. 임금은 혼인(婚姻)을 지었다.

敏有雄圖하고 聰寔弘儒로다.388)
민 유 웅 도   총 식 홍 유

문무왕(文武王) 법민(法敏)은 웅대한 포부(抱負)389)가 있었고, 설총(薛
聰)은 진실로 훌륭한 선비였다.

敏은 是法敏이오 聰은 是薛聰이라.
민   시 법 민   총   시 설 총

민(敏)은 법민(法敏)을 말하고 총(聰)은 설총(薛聰)을 말한다.

禱誠蝗斃하고 授爵栢蘇로다.390)
도 성 황 폐   수 작 백 소

지성으로 기도하니 황충(蝗蟲)391)이 죽고, 벼슬을 주니 죽은 잣나무가

---

385) 부가(斧柯): 도끼자루.
386) 혼인(婚姻): 〈명사〉 남자와 여자가 예를 갖추어 부부가 되는 일. 혼인 - 하다.
387) 도끼 부(斧), 자루 가(柯), 꽃다울 방(芳), 중매 매(媒), 지을 주(做), 혼인할 혼(婚), 혼인 인(姻).
388) 민첩할 민(敏), 수컷 웅(雄), 귀 밝을 총(聰), 이 식(寔), 클 홍(弘), 선비 유(儒).
389) 포부(抱負): 〈명사〉 마음속에 품고 있는 앞날에 대한 훌륭한 계획이나 희망.
390) 빌 도(禱), 멸구 황(蝗), 죽을 폐(斃), 벼슬 작(爵), 잣나무 백(栢), 되살아날 소(蘇).
391) 황충(蝗蟲): 벼멸구. 매미목 멸구과의 곤충. 몸길이 암컷 약 4.4㎜, 수컷 약 4.1㎜. 갈색멸구라고도 한다. 몸과 머리
    및 더듬이는 암갈색, 겹눈은 흑색, 홑눈은 흑갈색을 띤다. 앞가슴과 방패판에는 각각 3줄의 불분명한 융기선이 있으
    며, 암갈색을 띤다. 날개 맥은 황갈색이며 날개 전체는 반투명한 갈색으로 광택이 난다. 정수리는 겹눈보다 약간 앞
    으로 나와 있다. 뒷다리 제1 발목마디에는 1∼5개의 가시털이 나 있다. 알은 유백색으로 바나나 모양이다. 유충은

되살아났다.

金惠恭王 諱 乾運 十四年에 金巖이 守良康漢三州러
김 혜 공 왕　휘　건 운　십 사 년　　　김 암　　　수 양 강 한 삼 주

니 有蝗入界蔽野어늘 百姓憂懼한대 巖이 至誠禱之하니
유 황 입 계 폐 야　　　백 성 우 구　　　암　　지 성 도 지

忽風雨作하여 蝗盡斃라.
홀 풍 우 작　　　황 진 폐

김혜공왕(金惠恭王)392)의 이름은 건운(乾運)이다. 재위 14년(778년) 김암(金巖)393)이 양주(良州), 강주(康州), 한주(漢州) 세 고을의 수령으로 있었는데, 황충(蝗蟲) 떼가 몰려와 들녘을 해치었다.

백성들이 두려워하고 걱정하자 김암이 지성으로 하늘에 기도를 드리니, 하늘이 감동하여 갑자기 풍우를 일으켜 황충이 모두 죽었다.

〈※ 주(註)〉

황충은 벼멸구를 말하는 것으로 벼농사에 치명적인 해충이다. 기록에 갑

담갈색에서 흑갈색까지 나타나며 몸 표면에 밀랍가루가 붙어 있다. 이 곤충은 벼의 대표적인 해충으로 6~7월 무렵에 동남아시아 및 중국의 양쯔강 유역으로부터 장마철의 저기압 기류를 타고 날아와서 농작물 특히 벼에 기생한다. 천적으로는 논거미 · 신총채벌 · 날개집게벌 등이 있다. 한국 · 일본 · 중국 · 타이완 · 필리핀 · 인도네시아 · 인도 · 스리랑카 · 괌 · 피지 등지에 분포한다.

392) 혜공왕(惠恭王 758~780): 신라 제36대 왕(765~780). 성은 김씨(金氏). 이름은 건운(乾運). 경덕왕의 적자(嫡子)로서, 태종무열왕 직계 손으로 계승된 신라 중대왕실의 마지막 왕이다. 8세에 즉위하여 한때 태후(太后)가 섭정하였다. 재위기간 중 천재지변이 잦고 흉년으로 민심이 어수선하였으며 사치와 방탕을 일삼아 궁중의 기강이 문란하였다. 또한 강력한 전제왕권을 구축하였던 신라 중대사회의 모순이 드러나면서 귀족세력들이 정치 일선에 등장. 정권쟁탈전을 전개함으로써 많은 정치적 반란사건이 일어났다. 768년 일길찬(一吉湌) 대공(大恭)의 반란을 비롯하여 770년 대아찬(大阿湌) 김융(金融)의 반란. 775년 이찬(伊湌) 김은거(金隱居)의 반란 등이 있었다. 780년 이찬 김지정(金志貞)의 반란 때 왕비와 함께 살해되었다.

393) 김암(金巖): 신라의 이찬(伊湌) · 점복가 · 병술가. 명장 김유신(金庾信)의 적손(嫡孫)인 윤중(允中)의 서손이다. 당(唐)나라에 유학하여 그곳에서 숙위(宿衛)라는 관직에 있으면서 음양학(陰陽學)을 배웠으며, 스스로 둔갑입성법(遁甲立成法)을 창안하기도 하였다. 귀국 후 사천대박사(司天大博士)가 되었으며 천문 · 역수 등을 맡아 보았다. 이어 양주(良州) · 강주(康州) · 한주(漢州)의 태수를 역임했고. 다시 집사시랑(執事侍郎)과 패강진(浿江鎭)의 두상(頭上)을 지내며 백성들에게 육진병법(六陣兵法)을 가르쳤다. 한편. 그는 술법으로 이적을 보이기도 하였는데. 한번은 황충(蝗蟲)이 서쪽에서 날아와 패강진 일대를 덮쳐 백성들이 농사를 근심하게 되자. 그가 산마루에 올라가 향을 피우고 주문을 외며 하늘에 기원하니 갑자기 비바람이 일어나 황충이 모두 죽었다고 한다. 779년(혜공왕 14) 일본에 사신으로 파견되었는데. 귀국할 때 고닌[光仁(광인)] 천황이 그의 도술이 높음을 알고 만류. 더 머물게 하였다고 한다.

자기 바람이 불어 황충의 떼가 사라졌다는 것은, 낮은 온도에 약한 벼멸구의 특성을 말하는 것으로, 아마도 태풍이 불어오면서 기상이변이라 할 수 있는 저온현상이 있었던 듯하다.

극심한 벼멸구 피해에 이어 다시 저온현상이 발생했다는 것은, 벼농사는 물론이거니와 밭농사와 과수까지 모든 농작물에 피해가 있었다는 반증이며, 이듬해 779년 경주에서 발생한 지진으로 백여 명이 죽었다는 기록은 당시 민생들의 고통을 엿볼 수 있는 대목이다.

○ 金孝成王 諱 承慶이 在潛邸時에 常與信忠으로 圍
김효성왕 휘 승경 재잠저시 상여신충 위

碁於柏樹下할새 謂曰 他日我不忘汝하리니 汝亦不改貞
기어백수하 위왈 타일아불망여 여역불개정

操하라. 未幾에 王卽位하여 錄功臣而忘信忠이어늘 信忠
조 미기 왕즉위 록공신이망신충 신충

作歌하여 貼於柏樹하니 樹忽枯死라. 王怪之하여 使人
작가 첩어백수 수홀고사 왕괴지 사인

審之하여 得歌하고 大驚曰 幾乎忘矣라하고 召賜信忠
심지 득가 대경왈 기호망의 소사신충

爵하니 柏乃蘇라.
작 백내소

김효성왕(金孝成王)394)의 이름은 승경(承慶)이다. 잠저(潛邸)395)에 있을

---

394) 효성왕[孝成王 ?~742(?~경덕왕 1)]: 신라 제34대 왕(737~742). 성은 김씨(金氏), 이름은 승경(承慶). 성덕왕의 둘째 아들이며 어머니는 소덕왕후(炤德王后), 비는 이찬(伊飡) 순원(順元)의 딸 혜명부인 김씨(惠明夫人 金氏)이다. 737년 이찬 김정종(金貞宗)을 상대등에 임명하여 귀족회의를 관장하게 하고 739년 이찬 김신충(金信忠)을 중시(中侍)에 임명하여 행정을 담당하게 하였으며 동생 헌영(憲英: 뒤의 경덕왕)을 파진찬(波珍飡)으로 하여 태자로 삼았다. 또한 성덕왕 때 정상화된 당(唐)나라와의 외교관계를 한층 강화하였으며 중국의 선진문물을 수입하였다. 740년 파진찬 영종(永宗)의 모반사건을 평정하였다. 죽은 뒤 유언에 따라 법류사(法流寺) 남쪽에서 화장, 골분(骨粉)을 동해에 뿌렸다. 시호는 효성(孝成).
395) 잠저(潛邸): 〈명사〉 ① 창업의 임금이나 종실에서 들어와 된 임금을, 아직 왕위에 오르기 전의 상태로 돌이켜서 일컫는 말. 〈동의어〉 잠룡. ② 용잠.

때 항상 신충(信忠)396)과 잣나무 아래에서 바둑을 두고 놀면서 언약하기를 "내가 다른 날에 그대를 잊지 않으리니 그대 또한 정조를 바꾸지 말라" 하였다.

얼마 있다가 왕이 즉위하여 공신을 임명하면서 신충은 빠뜨리므로, 신충이 노래를 지어서 잣나무에 붙여 놓으니 나무가 갑자기 말라 죽었다.

왕이 괴상스럽게 여기고 사람을 시키어 살펴보게 하여 신충의 노래를 듣고는 크게 놀라며, 지난날의 언약을 잊고 있었음을 깨닫고 신충을 불러 벼슬을 내려주니 잣나무가 되살아났다.

琴傳于勒하고　舞於處容이로다.397)
금 전 우 륵　　　무 어 처 용

거문고는 우륵(于勒)398)에게 전수받고 춤은 처용(處容)에게 본받았다.

眞興王 十三年에 王이 如琅城하여 召見于勒하여 令
진 흥 왕 십 삼 년　　왕　　여 랑 성　　　소 견 우 륵　　　　영

奏其樂하니 于勒이 造十二曲하여 曰下加都 曰上加羅都
주 기 악　　　우 륵　　조 십 이 곡　　　왈 하 가 도　왈 상 가 라 도

曰寶伎 曰達己 曰思勿 曰勿慧 曰下奇物 曰師子伎 曰居
왈 보 기　왈 달 기　왈 사 물　왈 물 혜　왈 하 기 물　왈 사 자 기　왈 거

烈 曰沙八兮 曰爾赦 曰上奇物이라. 或諫王曰 伽倻는 亡
열　왈 사 팔 혜　왈 이 사　왈 상 기 물　　　혹 간 왕 왈　가 야　　망

---

396) 신충(信忠): 신라 경덕왕 때의 대신. 효성왕과는 어릴 때부터 친하여 잠저(潛邸) 시절에 장차 자신을 중용하여 주겠다는 약속을 받았다. 그러나 효성왕이 즉위한 후 약속을 이행하지 않자, 그는 〈원가(怨歌)〉를 지어 궁정의 잣나무에 걸어 두었는데 그 나무가 시들었다 한다. 이에 왕은 잘못을 뉘우치고 중용하게 되었다. 739년(효성왕 3) 이찬(伊飡)으로 중시(中侍)가 되었고, 757년(경덕왕 16) 상대등에 올라 왕의 개혁정치에 큰 힘이 되었다. 763년 관직에서 물러나 승려가 되어 단속사(斷俗寺)를 짓고 효성왕의 명복을 빌었다고 한다. 한편 〈원가〉는 진골 귀족의 압력으로 관직에서 물러난 신충이 단속사에 은거하면서 세태의 변화를 원망한 말년의 작품이라는 견해도 있다.

397) 거문고 금(琴), 굴레 륵(勒), 춤출 무(舞), 살 처(處).

398) 우륵(于勒): 신라 진흥왕 때 가얏고의 명인. 가야국 성열현(省熱縣)에서 살았다고 하나 어느 가야인지 알 수 없다. 《삼국사기》에 의하면 가야국 가실왕이 "나라의 방언도 서로 다른데 어찌 성음이 하나일 수 있겠는가." 하며 가얏고 악곡 12곡을 짓게 하였다고 전한다.

진흥왕 13년(552년) 왕이 낭성(琅城 청주)에 가서 우륵을 만나 보고 음
악을 연주하게 하니 우륵이 12곡, 즉 하가라도(下加羅都) · 상가라도(上加羅
都) · 보기(寶伎) · 달기(達己) · 사물(思勿) · 물혜(勿慧) · 하기물(下奇物) · 사
자기(師子伎) · 거열(居烈) · 사팔혜(沙八兮) · 이사(爾赦) · 상기물(上奇物)을
지어 주었다.

어떤 사람이 왕에게 "가야의 음악은 나라를 망칠 것이니 취하여서는
안 됩니다"라고 간하였다.

왕이 대답하기를 "가야왕이 음란하여 스스로 음악에 망하였는데, 무슨
어려움이 있겠는가?"라고 하면서, 그 거문고를 '가야(伽倻)'라고 이름을 붙
여 주었다.

김헌강왕(金憲康王)[399]의 이름은 정(晸)이다. 왕이 문운포(聞雲浦)에 나갈 적에 한 사람이 기이한 얼굴과 괴이한 옷을 입고서, 왕 앞에서 노래와 춤으로 왕의 덕을 칭송하고, 왕을 따라 서울로 들어와 스스로 '처용(處容)'이라고 불렀다.

항상 달밤에 저자에서 노래를 부르며 춤을 추었는데, 그가 있는 곳은 알지 못하여 사람들은 귀신이라고 여기고 '처용무'를 짓고 가면을 쓰고 놀이를 하였다.

그 노래 가사에 "지리다도(知理多逃) 도파도파(都破都破)"라는 가사가 있었는데, "지혜로 나라를 다스리는 사람이 미리 알고, 많이 도망하여 도읍이 장차 망한다"는 뜻이었다.

그러나 사람들은 알지 못하고 도리어 상서로움으로 여기어 음악을 더욱더 탐락함에 나라가 마침내 망하였다.

曼恣淫私하니 **招禍釀凶**이로다.[400]
만 자 음 사   초 화 양 흉

진성여주(眞聖女主)[401] 만(曼)이 방자하고 음란하여 화를 부르고 요사(夭死)[402]하였다.

---

399) 헌강왕[(憲康王 ?~886(?~헌강왕 12)]: 신라 제49대 왕(875~886). 성은 김(金). 이름은 정(晸). 경문왕(景文王)의 아들. 어머니는 문의왕후(文懿王后). 비(妃)는 의명부인(懿明夫人)이다. 문치(文治)에 힘썼으며, 876년(헌강왕 2) 황룡사(皇龍寺)에 백고좌강경(白高座講經)을 베풀어 불경을 강(講)하게 하였다. 878년 당나라 희종(僖宗)에 의해 신라왕에 책봉되었고, 이듬해 반란을 도모한 일길찬(一吉湌) 신홍(信弘)을 주살(誅殺)하였다. 재위 중 처용무(處容舞)가 유행하였으며, 헌강왕 때부터 신라는 쇠퇴기에 접어들었다. 능은 경주시(慶州市) 도동동(道東洞)에 있다.

400) 길 만(曼). 방자할 자(恣). 음란할 음(淫), 부를 초(招), 술빚을 양(釀).

401) 진성여주(眞聖女主): 본문에 여주(女主)라 한 것은 여왕을 천시한 뜻이다. 진성여왕[(眞聖女王 ?~897(?~효공왕 1)] 신라 제51대 왕(887~897). 3명의 신라 여왕 중 마지막 여왕이다. 아버지는 경문왕이고 어머니는 헌안왕의 장녀로 뒤에 문의왕후(文懿王后)에 봉해진 영화부인(寧花夫人) 김씨이다. 즉위 직후 주·군에 1년간 조세를 면제하고, 황룡사(皇龍寺)에 백좌강경(百座講經)을 설치하는 등 민심수습에 힘썼으나 887년 남편 위홍(魏弘)이 죽자 정치기강이 문란해지기 시작하였다. 888년부터 세금이 걷히지 않아 국고가 비게 되자 세금을 독촉하였는데 이를 계기로 각지에서 봉기가 일어났다. 이때 원종(元宗)과 애노(哀奴)가 사벌주(沙伐州: 지금의 尙州)에서 난을 일으켰으나 이를 진압하지 못하였다. 891년 북원(北原: 지금의 原州)의 적수 양길(梁吉)이 부하 궁예(弓裔)를 시켜 명주(溟州: 지금의 江陵)를 함락시켰고, 이듬해 견훤(甄萱)이 완산주(完山州: 지금의 全州)에서 후백제를 세워 세력을 떨친 데 이어 895년에는 궁예가 영주·저족(猪足)·생천(生川)·한주(漢州)·철원(鐵圓)까지 차지하게 되어, 신라는 겨우 경주 주변만을 통치하게 되었다. 이러한 상황 속에서 894년 최치원(崔致遠)이 시무 10조(時務十條)를 제시하였으나 진골귀족의 반대로 시행되지 못하였다. 이 개혁안이 무산됨으로써 신라의 국세는 한껏 기울었고 후삼국이 정립(鼎立)하게 되었다. 897년 요(嶢)에게 왕위를 물려주고, 12월에 죽었다. 시호는 진성(眞聖).

眞聖女主 諱 曼이 與角干魏弘으로 私通하여 常入內
진 성 여 주　휘　만　　여 각 간 위 홍　　　사 통　　　상 입 내

用事라. 又潛引年少美男子하여 私之하고 授以要職하니
용 사　　우 잠 인 연 소 미 남 자　　　사 지　　　수 이 요 직

佞幸肆志하여 紀綱壞弛하여 釀成403)禍機404)라.
녕 행 사 지　　　기 강 괴 이　　　양 성　　　화 기

진성여주(眞聖女主)의 이름은 만(曼)이다. 각간(角干)405) 위홍(魏弘)406)
과 사통하여 항상 내전에서 일을 행하였다.

몰래 젊은 미남자들을 불러들여 음란한 짓을 하고 주요한 관직을 주었
는데, 이로 인하여 아첨하는 자들이 뜻을 펴고 부정부패가 만연하여, 기강
이 무너지고 신라 천 년 사직이 멸망하는 재앙을 부르는 계기가 되었다.

盜賊蜂起하니　響應嘯聚로다.407)
도 적 봉 기　　　향 응 소 취

도적이 봉기(蜂起)408)하여 소리로서 응대하고, 휘파람으로 무리를 모
았다.

---

402) 요사(夭死): 나이가 젊어서 죽음. 요절(夭絶).
403) 양성(釀成): ① 술, 장 등을 빚어 냄. ② 어떤 사건이나 분위기 또는 감정 등을 자아냄.
404) 화기(禍機): 〈명사〉 재변(災變)이 아직 드러나지 아니하고 잠겨 있는 기틀.
405) 각간(角干): 신라의 최고 관급(官級). 신라 17관등제(官等制)와는 별도로 정해진 상대등(上大等) 및 각간은 진골(眞
　　骨)만이 할 수 있는 벼슬로 최고 관위(官位) 중의 하나였다. 660년(무열왕 7)에 각간직(角干職)에 대각간(大角干)을
　　두었으며 608년(문무왕 8)에 또 태대각간(太大角干)을 두었다. 처음으로 대각간의 급(級)을 받은 사람은 김유신(金庾
　　信)이며, 삼국통일의 공으로 태대각간의 급을 받은 사람도 김유신인데, 태대각간은 이벌찬(伊伐湌)과 같은 관급이다.
406) 위홍(魏弘): 신라 왕족·대신. 희강왕의 손자이며, 신무왕의 외손자, 경문왕의 동생이다. 872년(경문왕 2)에 상재상
　　(上宰相) 이찬(伊湌)으로서 황룡사 9층탑 중수의 총책임을 맡았다. 조카 헌강왕이 즉위하자 875년(헌강왕 1)에 위진
　　(魏珍)의 후임으로 상대등에 임명되어 헌강왕의 정무를 보좌하였다. 진성여왕이 즉위하자 그전부터 사랑하던 위홍을
　　궁중에 불러들여 정치를 맡겼다. 888년에는 대구화상(大矩和尙)과 함께 신라시대의 향가를 집대성한 《삼대목(三代
　　目)》이라는 향가집을 만들었다. 이해에 위홍이 죽자 진성여왕은 애통해하며 그에게 혜성대왕(惠成大王)이라는 시호
　　를 주었고, 원당(願堂)을 세워 명복을 빌었다고 한다.
407) 도둑 도(盜), 도적 적(賊), 벌 봉(蜂), 메아리 향(響), 응할 응(應), 휘파람 소(嘯), 모을 취(聚).
408) 봉기(蜂起): 〈명사〉 벌 떼처럼 세차게 일어남. ¶민중 ~. 무장 ~. 〈참고〉 궐기. 봉기-하다.

至女曼時에　盜賊蜂起하니　國內不安이라.
지 여 만 시　　　도 적 봉 기　　　국 내 불 안

진성여주 만(曼)의 시대에 이르러 도처에서 도적들이 벌 떼처럼 횡행하니 나라 안이 불안하였다.

裔占泰封하고　萱領完府로다.409)
예 점 태 봉　　　훤 령 완 부

궁예(弓裔)410)는 태봉국(泰封國)411)을 차지하고, 견훤(甄萱)은 완산부(完山府)를 영토(領土)로 삼았다.

裔는　弓裔니　叛據鐵原(今江原道鐵原)하여　國號泰封
예　　궁 예　　반 거 철 원 (금 강 원 도 철 원)　　　국 호 태 봉
이라　하였다.

---

409) 옷깃 예(裔), 점령할 점(占), 클 태(泰), 봉할 봉(封), 원추리 훤(萱), 옷깃 령(領), 완전할 완(完).

410) 궁예[弓裔 ?~918(?~신라 경명왕 27)]: 후고구려를 건국한 왕(901~918). 성은 김(金). 승호(僧號)는 선종(善宗). 신라 제47대 헌안왕(憲安王)의 서자 또는 제48대 경문왕(景文王)의 서자라고 전한다. 세달사(世達寺)에 들어가 승려가 되었다가 균전제(均田制)가 문란해진데다 흉년이 들어 신라 각지에서 호족들의 반란이 일어나자, 891년(진성여왕 5) 죽주(竹州: 永同)에서 웅거한 도둑의 괴수 기훤(箕萱)의 부하가 되었다. 892년에는 북원(北原)의 양길(梁吉)의 부하가 되었다. 893년 양길의 부하를 거느리고 주천(酒泉)·내성(奈城) 등을 공략하여 항복받고 그 이듬해에는 명주(溟州: 江陵)를 점령하였다. 계속해서 강원도·황해도·경기도 일대를 공략하여 많은 전과를 세우고, 철원(鐵圓: 鐵原)을 근거로 나라의 면모를 갖추었다. 왕건(王建)이 송악(松嶽: 開城)으로부터 투항하여 오자 철원군 태수로 임명하였으며, 896년에는 왕건으로 하여금 승령(僧嶺)·임강(臨江) 2현을, 897년에는 인물현(仁物縣)을 공략게 하여 얻었다. 898년(효공왕 2) 국원(國原: 忠州)·청주(淸州: 溫陽) 등 30여 성을 함락했으며, 송악을 근거지로 901년에는 스스로를 후고구려(後高句麗)의 왕이라 칭했다. 904년에는 국호를 마진(摩震), 연호(年號)를 무태(武泰)라 하고 도읍을 송악에서 철원으로 옮겼다. 후에 연호를 성책(聖册)이라 고쳤다. 또 906년에는 완산주(完山州)를 근거로 후백제의 왕이라 칭한 견훤의 군대를 상주(尙州)의 사화진(沙火鎭)에서 맞아 크게 격파하고 910년 왕건으로 하여금 수군으로써 서남 해상을 공략게 하여 진도(珍島)를 취하고 고이도(皐夷島)를 쳐부수었으며, 금성(錦城: 羅州)을 빼앗아 견훤을 견제하였다. 이 무렵 궁예의 판도는 남으로는 공주(公州)와 상주, 동북으로는 증성(甑城: 安邊), 서북으로는 황해도·평안도까지 이르러 국세를 크게 떨쳤다. 911년에는 국호를 태봉(泰封), 연호를 수덕만세(水德萬歲)라 개원하고, 스스로를 미륵불(彌勒佛), 큰아들을 청광보살(靑光菩薩), 작은아들을 신광보살(神光菩薩)이라 하였다. 많은 신하를 죽이고 횡포를 일삼던 중 918년 부하인 신숭겸(申崇謙)·홍유(洪儒)·복지겸(卜智謙)·배현경(裵玄慶) 등의 모의로 왕건에게 왕위를 빼앗기고 도망가다가 평강(平康)에서 살해되었다.

411) 태봉국(泰封國): 후삼국의 하나. 후고구려 또는 마진(摩震)이라고도 하였다. 신라 말기 901년 궁예(弓裔)가 세운 국가로 918년 왕건(王建)에게 빼앗기기까지 18년 동안 존속하였다.

예(裔)는 궁예(弓裔)이다. 반란을 일으켜 철원(鐵原 지금 강원도 철원)
에 웅거하고, 나라의 이름을 태봉으로 삼았다.

○ 萱은 甄萱이니 叛據完山(今全州)하여 國號後百濟
라 하였다.

훤(萱)은 견훤(甄萱)412)이다. 반란을 일으켜 완산부(完山府 지금 전주)
에 웅거(雄據)413)하고 국호를 후백제로 하였다.

飽亭醉酣하니 邱墟414)斯盧415)로다.416)

포석정(鮑石亭)417)에서 주지육림(酒池肉林)418)으로 세월을 보내니 천

---

412) 견훤[甄萱 ?~936(?~고려 태조 19)]: 후백제(後百濟)의 시조(재위 900~935년). 황간 견씨(黃澗甄氏)의 시조로 아
자개(阿慈介)의 아들이다. 상주(尙州) 가은현(加恩縣) 출생. 신라에서 태어나 서남해(西南海)의 방위에 공을 세워 비
장(神將)이 되었다. 나라가 혼란한 틈을 타 892년(진성여왕 6) 반기를 들고 여러 성을 공략한 다음 무진주(武珍州:
광주)를 점령하여 독자적인 기반을 닦았다. 900년(효공왕 4) 완산주(完山州: 전주)에 입성. 스스로를 후백제왕이라
칭하고 관제를 정비하는 한편, 중국에도 사신을 보내어 국교를 맺으면서 궁예(弓裔)의 후고구려(後高句麗)와 자주
충돌하며 세력 확장에 힘썼다. 그 뒤 왕건(王建)이 세운 고려와도 수시로 혈전을 벌여 군사적 우위를 유지하였다.
926년 신라의 수도 경주(慶州)를 함락하여 친려정책(親麗政策)을 취하던 경애왕(景哀王)을 죽인 다음, 김부(金傅)를
왕으로 삼고 철수하여 신라인의 원한을 샀다. 929년 고창(高敞)에서 왕건의 군사에게 패전한 후부터 차차 세력이 기
울어져 유능한 신하들이 왕건에게 투항. 934년 웅진(熊津: 공주) 이북의 30여 성(城)이 고려로 넘어갔다. 이듬해 왕
위계승 문제로 맏아들 신검(神劍)에 의하여 금산사(金山寺)에 유폐되었다가 탈출, 왕건에게 투항하여 상보(尙父) 칭
호와 양주(楊州)를 식읍(食邑)으로 받았다. 936년 왕건에게 신검 토벌을 요청하여 후백제를 멸망케 했으며 얼마 뒤
에 황산사(黃山寺)에서 등창으로 죽었다.
413) 웅거(雄據): 〈명사〉 한 지역을 차지하고 굳세게 막아 지킴. 웅거-하다.
414) 구허(邱墟): 구허(丘墟) 〈명사〉 예전에는 번화하였으나 뒤에 쓸쓸하게 되어 버린 곳.
415) 사로(斯盧): '신라'의 옛 이름.
416) 배부를 포(飽), 정자 정(亭), 술 취할 취(醉), 술 즐길 감(酣), 언덕 구(邱), 터 허(墟), 이 사(斯), 성씨 로(盧).
417) 포석정(鮑石亭): 포석정지(鮑石亭址), 경상북도 경주시(慶州市) 배동(拜洞)에 있는 통일신라시대의 연회 장소였던 포
석정의 터. 현재는 전복 모양의 석구(石溝)만 남아 있다. 이 석구가 언제 만들어졌는지는 확실하지 않으나, 문헌에는
신라 제49대 헌강왕 때 처음으로 기록이 보인다. 원래는 남산의 계곡에서 흘러내리는 물을 끌어들였고, 홈을 따라
흘러드는 물 위에 잔을 띄워 주위 사람들이 잔이 자기 차례에 오기 전에 시를 짓는 '유상곡수(流觴曲水)'라는 시회
(詩會)를 벌일 수 있도록 만든 것이다. 물을 받아 토하는 거북 모양의 돌이 있었다고 하나, 지금은 소재를 알 수 없
다. 현재는 이 토수(吐水)를 받는 원형 석조(石槽)가 있고, 거기서부터 구불구불한 수로(水路)의 곡석(曲石)이 타원형
으로 돌려져 되돌아오게 되어 있다. 이곳은 특히 신라 경애왕이 열락(悅樂)에 빠져 나라를 망쳤다는 애사(哀史)를 남

년 신라의 역사가 허무하였다.

斯盧는 卽新羅國名이니 朴景哀王 諱 魏膺이라. 四年
사로　　즉신라국명　　　박경애왕　휘　위응　　　　사년

에 率宗室妃嬪及諸臣하여 幸鮑石亭하여 設流觴曲水之
솔종실비빈급제신　　　행포석정　　　설유상곡수지

宴할새 甄萱이 率兵猝至하여 遂殺王하고 亂其妃嬪하고
연　　　견훤　　솔병졸지　　　수살왕　　　난기비빈

立金溥하니 是爲敬順王이라. 在位九年에 降于高麗하니
입김부　　　시위경순왕　　　재위구년　　　항우고려

新羅傳五十五世歷九百九十二年에 朴氏十世오 昔氏八世오
신라전오십오세력구백구십이년　　박씨십세　석씨팔세

金氏三十七世에 女主三이라.
김씨삼십칠세　　여주삼

사로(斯盧)는 신라의 국명이며, 박경애왕(朴景哀王)[419]의 이름은 위응(魏膺)이다.

재위 4년(927년 11월) 종실의 비빈(妃嬪)[420]과 여러 신하를 이끌고 포석정으로 가서 유상곡수(流觴曲水)[421]의 잔치를 베풀고 있었는데, 견훤이 장졸을 거느리고 급습하여 왕을 죽이고, 그 비빈들을 강간(强姦)하는 등 난행(亂行)을 저지르고 김부(金溥)를 옹립하니, 이가 경순왕(敬順王)[422]이다.

긴 곳으로도 유명하다. 사적 제1호.

418) 주지육림(酒池肉林): 〈명사〉 ('술이 못을 이루고 고기가 숲을 이루었다'는 뜻으로) '호화롭게 잘 차린 술잔치'를 비유하는 말.

419) 경애왕[景哀王 ?~927(?~경애왕 4)]: 신라의 제55대 왕(924~927). 성은 박(朴), 이름은 위응(魏膺). 신덕왕(神德王)의 아들, 경명왕(景明王)의 아우. 어머니는 헌강왕의 딸인 의성왕후(義城王后). 917년(경명왕 1) 상대등(上大等)이 된 뒤, 신라 말의 혼란기에 즉위하여 왕건(王建)·견훤(甄萱) 등의 강대한 세력에 눌려 국왕다운 면모를 갖추지 못했다. 927년 포석정(鮑石亭)에서 연회를 하다가 견훤의 습격을 받고 자살하였다. 능은 경상북도 경주시(慶州市) 배동(拜洞)에 있다.

420) 비빈(妃嬪): 비(妃)와 빈(嬪).

421) 유상곡수(流觴曲水): 곡수유상(曲水流觴) 〈명사〉 《역사》 돌아 흐르는 물에 술잔을 띄워 둘러앉은 사람에게 와 닿는 대로 시를 짓고 술을 마시며 즐기던 놀이. 〈동의어〉 곡수연.

422) 경순왕[敬順王 ?~979(?~고려 경종 4)]: 신라 제56대 왕(927~935). 성은 김(金), 이름은 부(傅). 문성왕(文聖王)의 6대 손, 이찬(伊飡) 효종(孝宗)의 아들. 어머니는 헌강왕의 딸 계아태후(桂娥太后)이다. 비는 알려져 있지 않으나, 슬하에

경순왕 재위 9년(935년 11월) 고려에 투항(投降)하니, 신라는 55대를 전하고 992년을 지냈다. 그중에 박(朴)씨가 10대(代), 석(昔)씨가 8대(代), 김(金)씨가 32대(代)였는데 여왕(女王)이 3명이었다.

版籍423) 眞主가 匡合四隅424) 로다.425)
판 적   진 주   광 합 사 우

국토와 백성의 참다운 임금이 천하를 바르게 통합하였다.

泰封弓裔가 暴虐日甚하여 殺戮無常하니 諸將離叛이
태 봉 궁 예   포 학 일 심   살 육 무 상   제 장 이 반
라. 遂推戴王建爲王하니 是爲高麗太祖라. 遂倂新羅後
수 추 대 왕 건 위 왕   시 위 고 려 태 조   수 병 신 라 후
百濟泰封이라. 元年丙申은 卽後晉高祖元年이라.
백 제 태 봉   원 년 병 신   즉 후 진 고 조 원 년

태봉국(泰封國) 궁예의 포학함이 날로 심하여졌다. 시도 때도 없이 살육을 일삼았다.
모든 장수들이 모반을 일으켜 드디어 왕건(王建)426)을 추대하여 왕으

마의태자 · 범공(梵空)이 있다. 927년 후백제 견훤(甄萱)의 침공으로 경애왕(景哀王)이 죽은 뒤 왕위에 올랐다. 재위 시에는 각처에서 군웅(群雄)이 할거(割據)하여 국력이 쇠퇴하고 특히 여러 차례에 걸친 후백제의 침공과 약탈로 국가의 기능이 완전히 마비되었다. 강토는 날로 줄어들고 일반 민심이 신흥 고려로 기울어짐을 알고 군신회의(群臣會議)를 소집하여 고려에 귀부(歸附)하기로 결정. 935년 김봉휴(金封休)로 하여금 항복하는 국서를 왕건에게 전하게 하였다. 이때 큰아들 마의태자(麻衣太子)는 고려에 항복하는 것을 반대. 개골산(皆骨山)으로 들어갔으며, 둘째 아들 범공(梵空)은 화엄사(華嚴寺)에 들어가 승려가 되었다. 경순왕은 고려 태조로부터 유화궁(柳花宮)을 하사받았으며, 왕건(王建)의 딸 낙랑공주(樂浪公主)를 아내로 맞고 정승공(正承公)에 봉해지는 한편 경주(慶州)를 식읍(食邑)으로 받았다. 한편 경주의 사심관(事審官)에 임명됨으로써 고려시대 사심관제도의 시초(始初)가 되었다. 능은 장단(長湍)에 있다.

423) 판적(版籍): ① 토지와 호적 또는 토지나 호적을 기록한 장부. ② 토지와 백성. 영토(領土).

424) 사우(四隅): 〈명사〉 ① 물건의 네 모퉁이나 구석. ② 방 따위의 네 쪽 방위. 곧. 동남 · 동북 · 서남 · 서북. ③ ('네 쪽 구석'이란 뜻으로) '사방' 또는 '천하'를 일컫는 말.

425) 인쇄할 판(版), 호적 적(籍), 바를 광(匡), 모퉁이 우(隅).

426) 왕건(王建 877~943): 고려 제1대 왕(918~943). 성은 왕(王). 이름은 건(建). 자는 약천(若天). 신라 헌강왕(憲康王) 3년 정유(877) 정월 14일 송악(松嶽) 출생. 아버지는 금성태수(金城太守) 융(隆)이며 어머니는 한씨(韓氏)이다. 895년(신라 진성여왕 9) 아버지를 따라 궁예(弓裔)의 부하가 된 뒤 900년(효공왕 4) 광주(廣州) · 충주(忠州) · 청주(淸州) 등 군현을 평정하였으며 903년(효공왕 7) 수군을 이끌고 후백제의 금성군(錦城郡) 등을 공격하여 함락시키는 등 많

로 삼으니 이가 고려 태조이다.

신라와 후백제와 태봉을 병합한 원년 병인년(丙申年 936)은 곧 후진(後
晉)의 고조(高祖)[427] 원년이었다.

建夢塔層하고　武面席紋이로다.[428]
건 몽 탑 층　　　무 면 석 문

왕건은 꿈에 구층탑을 보고 혜종왕(惠宗王)[429] 무(武)의 얼굴에는 돗자
리 무늬가 있었다.

高麗太祖 諱 建 年三十에 夢見九層金塔하여 登其上
고 려 태 조　휘 건　연 삼 십　　몽 견 구 층 금 탑　　　등 기 상
하니 膺後日登極之兆로다.
응 후 일 등 극 지 조

은 전공을 세우고 913년 파진찬(波珍湌)에 올라 시중(侍中)이 되었다. 그 뒤 궁예가 난폭한 행동으로 민심을 잃자
918년 강대해진 세력을 바탕으로 홍유(洪儒)·배현경(裵玄慶)·신숭겸(申崇謙)·복지겸(卜智謙) 등의 추대를 받아
궁예를 내쫓고 왕위에 올랐다. 그는 국호를 고려(高麗), 연호를 천수(天授)라 정한 뒤 이듬해 송악으로 도읍을 옮겼다.
935년 신라 경순왕(敬順王)의 항복을 받고, 후백제 견훤(甄萱)과 아들 신검(神劍)과의 싸움이 벌어진 틈을 타서 견훤
을 포섭하고 신검을 공격하여 멸망시킴으로써 마침내 후삼국을 통일하였다. 건국이념으로 융화정책·북진정책·숭
불정책을 내세워 국가의 토대를 마련하였다. 신라와 후백제 유민들을 포섭, 융화·결혼정책을 쓰고 지방 호족들을 회
유, 무마하는 한편, 서경(西京)을 개척하고 여진(女眞)을 공략하였으며 불교를 호국신앙으로 삼아 각 지역에 절을 세
웠다. 태조는 통일 직후 ≪정계(政誡)≫, ≪계백료서(誡百寮書)≫를 저술하여 정치의 귀감으로 삼게 하였고 943년
≪훈요십조(訓要十條)≫를 유훈으로 남겼는데 그의 정치사상이 엿보이는 귀중한 자료이다. 능호는 현릉(顯陵), 시호
는 신성(神聖).

427) 고조(高祖 892~942): 중국 오대(五代) 후진(後晉)의 건국자. 성명은 석경당(石敬塘), 묘호(廟號)는 고조. 돌궐계(突
厥系) 출신이다. 후당(後唐) 명종(明宗)의 제1 공신으로, 선무(宣武: 開封) 등 몇 개 요지의 절도사(節度使)를 겸하였
고, 후에는 거란(契丹)과의 경계선인 타이위안[太原(태원)]을 평정하고서 그 방위에 힘썼다. 그와 뜻이 맞지 않은 폐
제(廢帝)가 명종 사망 후에 즉위하자, 거란과 손잡고서 제위(帝位)에 앉았으며, 국호를 대진(大晉)이라고 정하고 거란
의 원조를 받아 936년 후당을 멸망시켰다. 그때, 거란에 대한 대상(代償)으로서 막대한 공물(貢物)을 약속하였고, 거
란국왕을 아버지라고 부르면서 섬겼다. 또한 이때의 장성(長城) 이남의 땅인 연운 16주(燕雲十六州)를 할양(割讓)했
으나, 오랫동안 계쟁지역(係爭地域)이 되었다.

428) 세울 건(建), 꿈 몽(夢), 탑 탑(塔), 층 층(層), 무늬 문(紋).

429) 혜종[惠宗 914~945(신덕왕 1~혜종 2)]: 고려 제2대 왕. 재위 943~945. 이름은 무(武). 자는 승건(承乾). 태조의
맏아들이다. 태조를 도와 후삼국의 통일에 큰 공을 세웠으나, 재위기간 호족세력에 억눌려 왕권이 크게 약화되었다.
특히 왕규(王規)의 시해음모와, 지방 호족세력 및 이복형제들의 도전을 제압할 만한 독자적 세력기반이 없었으므로
항상 신변에 위협을 느꼈고, 재위 2년 만에 병으로 죽었다. 능은 개성(開城) 순릉(順陵)이다. 시호는 의공(義恭).

고려 태조의 이름은 건(建)이다. 왕건의 나이 30에(907년) 꿈속에서 9
층 금탑을 보고 그 꼭대기로 올라갔다. 이것은 훗날 왕좌에 오르는 징조
에 부합(符合)[430]한 것이다.

○ 太祖子 惠宗諱武는 其母莊和王后吳氏니 羅州人이라.
태조자 혜종휘무　기모장화왕후오씨　라주인

后가 嘗夢龍來入腹中하여 驚覺하여 以語其父母하니 共奇
후　상몽용래입복중　경각　이어기부모　공기

之라. 未幾에 太祖以水軍將軍으로 出鎭羅州하여 望見川
지　미기　태조이수군장군　출진라주　망견천

上有五色雲氣하고 尋至則后浣布於川邊이어늘 太祖召幸
상유오색운기　심지즉후완포어천변　태조소행

之하나 以側微之故로 不欲有娠하여 宣精于寢席하니 后卽吸
지　이측미지고　불욕유신　선정우침석　후즉흡

之하여 遂有娠生子하니 是爲惠宗이니 面上有席紋이라.
지　수유신생자　시위혜종　면상유석문

태조의 아들 혜종(惠宗) 무(武)는 나주 오씨(吳氏) 장화왕후(莊和王后)[431]
가 어머니였다. 전에 왕후의 꿈에 용이 배 속으로 들어와 놀라서 그 부모
에게 말하니, 함께 기이하다고 여기었다.

　며칠 후 태조가 수군장군이 되어 나주로 출정하였는데, 냇가 위로 오색
구름이 일어 그곳으로 찾아가 본즉 왕후가 냇가에서 빨래를 하고 있었다.

　태조가 불러 사랑을 하였으나, 출신이 미천(微賤)하여 임신(姙娠)하는
것을 원하지 않았다.

　그런 연유로 태조가 그녀와 동침(同寢)[432]하며 관계를 맺을 때 정액(精
液)[433]을 돗자리에 배설하여 버렸는데, 왕후가 돗자리 위에 사정(射精)된

---

430) 부합(符合): 〈명사〉 틀림없이 서로 꼭 들어맞음. 〈동의어〉 계합. 동부(同符)② 부합－하다.

431) 장화왕후(莊和王后 ?～?): 고려 태조 왕건(王建)의 비. 성은 오씨(吳氏). 본관은 나주(羅州). 부돈(富純)의 딸이며 태
조의 맏아들인 혜종(惠宗)의 어머니이다. 914년 궁예(弓裔)의 부장으로 견훤(甄萱)을 공격하기 위해서 나주에 출전한
왕건과 혼인하고, 918년 왕건이 즉위하자 왕후가 되었다.

432) 동침(同寢): 〈명사〉 한자리에서 함께 잠. 〈동의어〉 동금(同衾). 동침－하다.

433) 정액(精液 semen, sperma): 〈명사〉 ① 순수한 진액으로 된 액체. ② ≪생물학≫ 남성 생식기에서 나오는, 정충이

태조의 정액을 자신의 몸속에 넣어 임신하니, 이가 곧 혜종이며 이러한
까닭으로 혜종의 얼굴에는 돗자리 무늬가 있었다 한다.

〈※ 주(註)〉

여담(餘談)[434]이지만 만일 이것이 사실이라면, 우리나라 최초의 인공수정
(人工受精)으로 황우석(黃禹錫) 박사의 원조(元祖)라 할 것이다.

혜종의 얼굴에 돗자리 무늬가 있었다는 허황된 이야기가 만들어진 것은,
태조가 죽자 그의 왕위를 노리는 세력들 특히 태조에게 두 딸을 시집보낸 왕
규의 세력과 태조의 세 번째 부인 소생인 요(堯 고려 제3대 정종)와 소(昭 고
려 제4대 광종) 등 세력들이 병약한 혜종을 제거하려는 음모에서 비롯된 것
으로 보아야 한다.

그러나 분명한 사실은 비록 총독부 시절이라고는 하나 근엄한 조선사회에
서 어린 학생들을 가르치는 천자문에 이처럼 부적절한 야사(野史)의 내용들
로 일관한 것은, 바로 조선국민들로 하여금 자신들의 역사에 자괴감(自愧之
心)[435]을 갖게 하려는 총독부의 음모라는 사실이다.

> **洪裵申卜이 佐麗樹勳이로다.[436]**
> 홍 배 신 복   좌 려 수 훈

홍유(洪儒)[437]와 배현경(裵玄慶)[438]과 신숭겸(申崇謙)[439]과 복지겸(卜智

많이 들어 있는 액체. 〈동의어〉음수(陰水), 음액, 정수(精水).

434) 여담(餘談): 〈명사〉이야기하는 본 줄거리와는 관계가 없는 말.

435) 자괴감[自愧之心]: 〈명사〉스스로 부끄럽게 여기는 마음.

436) 넓을 홍(洪), 성 배(裵), 펼 신(申), 점칠 복(卜), 도울 좌(佐), 빛날 려(麗), 나무 수(樹), 공훈 훈(勳).

437) 홍유[洪儒 ?~936(?~태조 19)]: 고려 초기 무신. 의성(義城) 홍씨의 시조. 초명은 술(術). 본래는 궁예(弓裔)의 부하
였으나 918년 신숭겸(申崇謙)·배현경(裵玄慶)·복지겸(卜智謙) 등과 함께 왕건을 추대하고 고려를 세웠다. 개국공
신 1등으로 대상(大相)에 올랐으며 태사삼중대광(太師三重大匡)을 겸하였다. 대상 애선(哀宣)과 함께 예산현(禮山縣)
을 개척, 유민 500여 호를 옮겨 살게 하였고, 936년(태조 19) 일리천(一利川)싸움에 출전하여 후백제를 멸망시키는

謙)은 고려를 도와서 공훈을 세웠다.

洪儒 裵玄慶 申崇謙 卜智謙이 是爲高麗開國四元勳이라.
홍 유 배 현 경 신 숭 겸 복 지 겸　시 위 고 려 개 국 사 원 훈

홍유와 배현경과 신숭겸과 복지겸(卜智謙)440)은 고려 개국 4대 원훈(元
勳)441)이다.

評嫺紀室하고 黔熟用旅로다.442)
평 한 기 실　　　금 숙 용 려

태평(泰評)443)은 서기(書記)444)에 익숙하고 유금필(庾黔弼)445)은 용병

데 공을 세웠다. 태조의 묘정(廟廷)에 배향되었다. 시호는 충렬(忠烈).

438) 배현경(裵玄慶 ?~936(태조 19): 고려 초기의 무신. 고려 개국공신이며, 경주 배씨의 시조이다. 초명은 백옥삼(白玉
衫 또는 白玉三). 원래 궁예의 휘하에서 병졸이었는데, 용맹과 지모가 뛰어나 장군에까지 이르렀다. 마군장군(馬軍將
軍)으로 있을 때 홍유(洪儒)·신숭겸(申崇謙)·복지겸(卜智謙)·유금필(庾黔弼)과 함께 궁예를 타도하고 왕건을 도
와 고려를 개국하는 데 공을 세웠다. 그 공으로 1등 공신이 되었으며, 도읍을 철원에서 개경으로 옮길 때 개주도체
찰사(開州都體察使)가 되어 새 도읍 건설에 중요한 역할을 했다. 벼슬은 대상행 이조상서 겸 순군부령 도통병마대장
(大相行吏曹尙書兼徇軍部令都統兵馬大將)에 이르렀다. 994년(성종 13) 태사(太師)로 추증되었으며, 태조묘에 배향
되었다. 시호는 무열(武烈)이다.

439) 신숭겸[申崇謙 ?~927(?~태조 10)]: 고려시대 무장. 광해주(光海州: 현재 春川) 출생. 초명은 능산(能山). 본관은
평산(平山). 그는 궁예(弓裔) 말년에 홍유(洪儒)·배현경(裵玄慶)·복지겸(卜智謙)과 함께 혁명을 일으켜 궁예를 폐하
고 왕건(王建)을 추대, 개국일등공신이 되었다. 고려 태조가 즉위한 뒤 7~8년 동안 고려와 후백제 사이의 긴장관계
는 소강상태에 있었으나, 927년에 견훤(甄萱)이 신라에 공세를 펴자 두 나라 사이의 관계는 악화되어 충돌이 일어나
게 되었다. 같은 해 대구(大邱)의 공산(公山) 동수(桐藪)에서 견훤과 싸웠으나 후백제군에 포위되자 신숭겸은 이에
맞서 싸워 태조를 구하고 전사했다. 994년(성종 13) 태사(太師)로 추증되어 태조 묘정(廟庭)에 배향되었다. 1120년
예종은 그와 김낙(金樂)을 추도하여 ≪도이장가(悼二將歌)≫를 지었다. 시호는 장절(壯節).

440) 복지겸(卜智謙): 고려 태조 때의 무장. 초명은 사귀(沙貴)·사괴. 면천 복씨(沔川卜氏)의 시조이다. 태봉의 마군장군
(馬軍將軍)으로 궁예(弓裔)가 민심을 잃자 왕건(王建)을 추대하여 고려를 개창하고 개국공신 1등에 녹훈되었다. 뒤에
환선길(桓宣吉)이 난을 일으키자 태조에게 알려 진압하게 하였고 임춘길(林春吉)의 모반을 평정하였다. 994년(성종
13) 태사(太師)에 추증되었다. 시호는 무공(武恭).

441) 원훈(元勳): 〈명사〉 ① 나라를 위한 가장 큰 공훈. ② 나라에 큰 공이 있어 임금이 사랑하고 믿어 가장 가까이하는
늙은 신하.

442) 평론할 평(評), 익숙할 한(嫺), 버리 기(紀), 귀신 이름 금(黔), 익을 숙(熟), 나그네 려(旅).

443) 태평(泰評): 신라 말 고려 초의 학자. 염주(鹽州) 출신. 서사(書史)를 널리 섭렵하였고 이무(吏務)에도 밝았다. 신라
말 군웅이 할거할 때 염주의 호족 유긍순(柳矜順)의 휘하에 들어가 기실(記室)이 되었다. 그 뒤 궁예(弓裔)가 유긍순
을 쳐서 염주를 빼앗았으나 오래도록 항복하지 않았다고 하여 졸오(卒伍)에 편입시켰다. 왕건(王建)이 고려를 세울
때 공로를 인정받아 923년(태조 6)에 순군낭중(徇軍郎中)에 제수되었다.

술에 능숙하였다.

泰評과 庾黔弼은 皆開國功臣이라. 泰評은 博涉書史
태평　유금필　개개국공신　　태평　박섭서사
하여 明習吏事하니 太祖擢爲徇軍郎中하여 使之記室하
명습이사　　태조탁위순군낭중　　사지기실
고 庾黔弼은 爲馬軍將軍하여 用兵如神하니 佐太祖有
유금필　위마군장군　　용병여신　　좌태조유
殊功이라.
수공

　　태평(泰評)과 유금필(庾黔弼)은 모두 개국공신(開國功臣)446)이었다. 태
평은 서사(書史)를 넓게 섭렵하여, 관리의 일을 명확하게 습득하였다.
　　태조가 그를 발탁하여 순군낭중(徇軍郎中)을 삼아 그에게 서기(書記)를
담당하게 하였다.
　　유금필은 마군장군(馬軍將軍)으로 군사의 운용함을 마치 귀신처럼 하
였다. 그는 태조를 도와서 특별한 공을 세웠다.

尚父待甄하고 侍中拜溥로다.447)
상보대견　　시중배부

　　견훤을 상보(尚父)448)의 예우로 대접하고, 김부는 시중(侍中)으로 임명

---

444) 서기(書記): 〈명사〉 ① 문서·기록 따위를 맡아 보는 일반 사무원. ② 국가공무원 8급 행정직 따위의 이름. ¶행정 ~.
　　　검찰 ~. ③ 대한제국 때 맨 아래 관리인 판임관(判任官)의 하나.

445) 유금필[庾黔弼 ?~941(?~태조 24)]: 고려 태조 때 무신. 황해도 평주(平州: 平山) 출신. 평산 유씨(平山庾氏)의 시조
　　　로, 고려를 건국하는 데 공을 세워 개국공신이 되었다. 골암성(지금의 安邊 부근)이 거듭 북적(北狄)에게 침략당하자
　　　923년(태조 6) 마군장군이 되어 침입한 북번(北蕃)을 평정하였고, 925년 정서대장군이 되어 연산진(燕山鎮)·임존군
　　　(任存郡: 禮山郡 大興面) 등에서 많은 전과를 올렸다. 또 태조를 도와 조물군(曹物郡)에서 견훤(甄萱)과 싸워 크게 이
　　　겼고, 928년 청주(菁州)에서 후백제군과 싸워 군사를 몰아내고 독기진(禿岐鎮)까지 추격, 대승을 거두었다. 931년 참소
　　　를 입어 곡도(鵠島)로 귀양을 갔는데 전세가 불리하다는 소식을 듣고 자원 출전하였고, 933년 정남대장군, 936년 도통
　　　대장군으로 후백제를 정벌하였다. 994년(성종 13) 태사로 추증되었고, 태조 묘정에 배향되었다. 시호는 충절(忠節).

446) 개국 - 공신(開國功臣): 〈명사〉 나라를 새로 세울 때에 공로가 있는 신하.

447) 오히려 상(尚), 기다릴 대(待), 질그릇 견(甄), 모실 시(侍), 절 배(拜), 넓을 부(溥).

하였다.

> 甄萱은 爲其子神劒所幽하니 乃脫囚來附于太祖하여
> 견 훤　　　위 기 자 신 검 소 유　　　　내 탈 수 래 부 우 태 조
>
> 請以雪憤하니 太祖待以尚父之禮하다.
> 청 이 설 분　　　태 조 대 이 상 보 지 례

　　견훤은 아들 신검에 의해 금산사(金山寺)[449]에 유폐되었다가 탈출하여 태조 왕건에게 투항(投降)하였고, 아들에게 당한 분한 마음을 풀어 줄 것을 청하자, 태조는 상보(尚父)의 예우로 대접하였다.

> ○ 新羅 敬順王 金溥가 來降하니 太祖拜以侍中하
> 　　신 라　경 순 왕　김 부　　래 항　　　　태 조 배 이 시 중
>
> 니 位置百官之上이라.
> 　　위 치 백 관 지 상

　　신라 경순왕 김부(金溥)가 와서 항복하였다. 태조는 그를 시중(侍中)에 임명하여 모든 관원의 최고 지위가 되게 하였다.

> 叮嚀[450] 訓詁[451]가 垂後戒箴이로다.[452]
> 정 녕　　　훈 고　　　수 후 계 잠

　　훈요(訓要)를 기술하여 후손들로 하여금 경계(警戒)하게 하였다.

---

448) 상보(尚父): 〈명사〉 임금이 특별한 대우로 신하를 높이던 칭호의 한 가지.

449) 금산사(金山寺): 전라북도 김제시(金堤市) 금산면(金山面) 금산리(金山里)에 있는 절. 599년(백제 법왕 1)에 창건했다고 하나 확실하지 않고, 766년(신라 혜공왕 2)에 진표율사(眞表律師)가 중건했다. 1598년 임진왜란 때 불타고, 현재의 건물은 1626년(인조 4)에 재건된 것이다. 이 절은 935년 후백제의 신검(神劒)이 그의 아버지 견훤을 가두었던 곳으로 유명하며 신라 법상종(法相宗)의 근본도량(根本道場)이었다. 경내에는 국보 제62호로 지정된 미륵전(彌勒殿)을 비롯하여 보물로 지정된 석련대(石蓮臺)·석종(石鐘)·오층석탑(五層石塔)·육각다층석탑(六角多層石塔)·혜덕왕사진응탑비(慧德王師眞應塔碑) 등이 있다.

450) 정녕(叮嚀): 틀림없이 꼭, 일에 정성을 다하는 일.

451) 훈고(訓詁): 〈명사〉 경서의 고증·해명·주석 등을 통틀어 일컫는 말.

452) 부탁할 정(叮), 당부하는 말 녕(嚀), 가르칠 훈(訓), 훈고 고(詁), 드리울 수(垂), 경계할 계(戒), 바늘 잠(箴).

太祖 二十六年에 作十訓하여 使之儆戒[453] 無虞[454]
태조 이십육년   작십훈   사지경계   무우

하니 傳爲世箴이라.
전 위 세 잠

태조 26년 계묘(癸卯 943년 4월) 훈요십조(訓要十條)[455]를 지어서, 후손들로 하여금, 뜻밖의 잘못되는 일이 발생하지 않도록 미리 조심하고, 세상을 경영하는 지침으로 삼게 하였다.

寰甌[456] 息警[457]하니 瑞氛叢林[458]이로다.[459]
환 구   식 경   서 분 총 림

천하가 편안하니 상서로운 기운이 절(사찰 寺刹)마다 가득하였다.

---

453) 경계(儆戒): 잘못되는 일이 발생하지 않도록 미리 조심하고 삼감.

454) 무우(無虞): 생각지 못한 일. 뜻밖의 일.

455) 훈요십조(訓要十條): 943년(태조 26) 고려 태조가 그의 후손들에게 귀감으로 남긴 유훈(遺訓). 신서십조(信書十條)·십훈(十訓)이라고도 한다. ≪고려사(高麗史)≫와 ≪고려사절요(高麗史節要)≫에 전문이 전해지며 주요 내용은 다음과 같다.
① 국가의 대업이 제불(諸佛)의 호위와 지덕(地德)에 힘입었으니 불교를 숭상할 것
② 불사(佛寺)의 쟁탈·남조(濫造)를 금할 것
③ 왕위계승은 적자적손(嫡子嫡孫)을 원칙으로 하되 장자가 불초(不肖)할 때에는 형제들 중에서 인망 있는 사람이 왕위를 이을 것
④ 거란과 같은 야만국의 풍속을 배격할 것
⑤ 서경(西京)을 중시할 것
⑥ 연등회(燃燈會)·팔관회(八關會) 등 중요한 행사를 소홀히 하지 말 것
⑦ 왕이 된 자는 공평하게 일을 처리하여 민심을 얻을 것
⑧ 차현(車峴: 車嶺) 이남 금강(錦江) 이외의 산형지세(山形地勢)는 배역(背逆)하니 그 지방 사람을 등용하지 말 것
⑨ 백관의 기록을 공평하게 정해 둘 것
⑩ 널리 경사(經史)를 읽고 나라 다스리는 일에 거울로 삼을 것 등이다.
왕권강화·불교숭상·풍수지리·음양오행·도참설 등 호국정신에 바탕을 둔 태조의 깊은 믿음을 엿볼 수 있으며, 태조의 사상적 배경과 정책의 요체가 집약되어 있음을 알 수 있다. 훈요십조는 왕실 가전(家傳)으로 태조가 그의 후손에게만 전하려고 하였던 것이나, 그 내용이 사서(史書)에 실린 뒤로 널리 알려져 뒷날 신하들이 왕을 간(諫)하는 전거(典據)가 되었다.

456) 환구(寰甌): 천자의 직할 구역이라는 뜻으로 넓은 경계 내(境界內) 천하. 천지를 일컫는 말.

457) 식경(息警): 세상이 편안함. 경계함을 멈추었다는 것은. 왕규가 일으킨 정변을 진압하고. 정권이 안정되어 세상이 편안해졌다는 의미다.

458) 총림(叢林): ① 잡목이 우거진 숲. ② 강원(講院)·선원(禪院)·율원(律院)의 3개 교육 기관을 모두 갖춘 사찰.

459) 이에 환(寰), 사발 구(甌), 쉴 식(息), 깨우칠 경(警), 상서로울 서(瑞), 기운 분(氛), 떨기 총(叢), 수풀 림(林).

至惠宗時하여　四方寧靜460)無事라.
지 혜 종 시　　　　사 방 영 정　　　　무 사

혜종(惠宗) 때에 이르러 온 나라가 비로소 안정되고 평안하였다.

尊崇461)佛像하니　僧侶橫肆로다.462)
존 숭　　　불 상　　　승 려 횡 사

불교(佛敎)를 숭상(崇尙)463)하니 승려들이 횡사(橫肆)464)하였다.

高麗崇信佛敎라.　由是僧侶專橫하여　末有辛旽之變이라.
고 려 숭 신 불 교　　유 시 승 려 전 횡　　말 유 신 돈 지 변

　고려 때에는 불교를 믿고 숭상하였다. 이러한 까닭으로 승려들이 전횡
(專橫)465)하였고, 고려 말엽에는 신돈(辛旽)466)의 사변(事變)이 있었다.

---

460) 영정(寧靜): 평안하고, 고요함.

461) 존숭(尊崇): 〈명사〉 높이 받들어 숭배함. 존숭 - 하다.

462) 높을 존(尊), 높을 숭(崇), 부처 불(佛), 모양 상(像), 중 승(僧), 짝 려(侶), 가로 횡(橫), 자리 사(肆).

463) 숭상(崇尙): 〈명사〉 높여 소중히 여김. 숭상 - 하다.

464) 횡사(橫肆): 횡자(橫恣)〈형용사〉〈여불규칙활용〉 제멋대로 놀아 막되다.

465) 전횡(專橫): 〈명사〉 권리나 세력을 써서 제 마음대로 함. 전횡 - 하다.

466) 신돈[辛旽 ?~1371(?~공민왕 20)]: 고려 공민왕 때 개혁정치를 담당하였던 승려. 자는 요공(耀空), 법호는 청한거
사(淸閑居士). 본관은 영산(靈山). 법명은 편조(遍照). 돈은 집권 후의 속명이다. 계성현 옥천사(玉川寺) 사비(寺婢)의
아들로 어려서 승려가 되어 각지를 방랑하다가 1358년(공민왕 7)에 왕의 측근인 김원명(金元命)의 추천으로 공민왕
을 처음 만나게 되어 궁중에 드나들기 시작하였다. 공민왕은 불교를 신봉하였고 신돈 또한 총명하여 왕의 총애를
받았다고 한다. 65년(공민왕 14) 진평후(眞平侯)에 봉해지고 수정리순론도섭리보세공신 벽상심한삼중대광 영도첨의
사사사 판중방감찰사사 취산부원군 제조승록사사 겸 판서운관사(守正履順論道燮理保世功臣壁上三重大匡領都
僉議使司事判重房監察司事鷲山府院君提調僧錄司事兼判書雲觀事)가 되었다. 이듬해에 전민변정도감(田民辨正都
監)을 설치하도록 하여 자신이 판사(判事)에 취임, 문란한 토지제도의 개혁을 단행하여, 농민의 권익 옹호와 국가 재
정의 충실을 꾀하였다. 급진적 개혁으로 상층계급의 반감을 샀으나, 왕의 신임이 두터운 것을 기화로 권력을 남용하
여 인망을 잃었다. 67년 영록대부집현전대학사(榮祿大夫集賢殿大學士)에 올라 귀족 세력의 기반을 무너뜨리고자
천도(遷都)를 건의하였으나, 왕과 대신들의 반대로 실패하였다. 왕의 신임을 잃게 되자 반역을 획책, 수원(水原)에 유
배되었다가 참형(斬刑)당하였다.

迎納弟妹하니 倫理蔑墜로다.467)
영 납 제 매 　　　륜 리 멸 추

여동생을 아내로 맞이하니, 윤리(倫理)468)와 도덕을 잃어버렸다.

自惠宗以後로 歷代諸王이 多以弟妹469)爲王妃하니
자 혜 종 이 후 　　역 대 제 왕 　　다 이 제 매 　　위 왕 비
行侔禽獸而倫理蔑矣라.
행 모 금 수 이 륜 리 멸 의

혜종 때부터 모든 왕들이, 여동생으로써 왕비를 삼으니, 그 행실이 짐승과 같아서, 윤리와 도덕을 잃어버렸다.

經科470)擢才하니 士氣鼓振이로다.471)
경 과 　　탁 재 　　사 기 고 진

과거(科擧)472) 시험으로 인재(人才)를 뽑으니, 선비의 꿋꿋한 기개가 왕성하게 일어났다.

光宗 諱 昭 九年에 以詩賦頌及時務로 策取進士하여
광 종 휘 소 구 년 　　이 시 부 송 급 시 무 　　책 취 진 사
賜甲科하니 科擧之法이 自此始라. 由是로 士氣振興이라.
사 갑 과 　　과 거 지 법 이 자 차 시 　　유 시 로 사 기 진 흥

---

467) 맞이할 영(迎), 드릴 납(納), 여동생 매(妹), 멸할 멸(蔑), 떨어질 추(墜).
468) 윤리(倫理): 〈명사〉 인륜 도덕의 원리. 사람이 사회적 관계에서 지켜야 할 도리.
469) 제매(弟妹): 〈명사〉 아우와 누이동생.
470) 경과(經科): 강경과(講經科) 〈명사〉 《역사》 조선 시대에 경서에 정통한 사람을 뽑던 과거. 〈준말〉 강과.
471) 다스릴 경(經), 조목 과(科), 뽑을 탁(擢), 두드릴 고(鼓), 떨칠 진(振).
472) 과거(科擧): 〈명사〉 ① 옛날에 벼슬아치를 뽑던 시험. 문과·무과·잡과 들이 있었다. 〈준말〉 과(科). 〈동의어〉 과목(科目) ② 과시(科試).

광종(光宗)473)의 이름은 소(昭)이다. 재위 9년(958년)에 시전(詩傳)474)의 부(賦)475)와 송(頌)476)과 당시의 일을 가지고서, 진사(進士) 시험을 치르니, 과거법(科擧法)이 이로부터 시작되었다. 이 과거제도로 인하여 선비들의 기운이 진작(振作)477)되었다.

排定郡縣하니 玉帛涌臻이로다.478)
배 정 군 현   옥 백 벽 진

군현(郡縣)제도를 정비하니, 옥백(玉帛)479)이 샘물처럼 모여들었다.

成宗 諱 治 十四年에 定十道 一百二十八州 四百四十
성종 휘 치 십사년   정십도 일백이십팔주 사백사십
九縣 七鎭이라.
구 현 칠 진

성종(成宗)480)의 이름은 치(治)이다. 재위 14년(995년) 10도(道) 128주

---

473) 광종[光宗 925~975(태조 8~광종 26)]: 고려 제4대 왕(949~975). 이름은 소(昭), 자는 일화(日華). 태조의 셋째 아들로 어머니는 신명순성왕태후(神明順成王太后) 유씨(劉氏), 비(妃)는 태조의 딸 대목왕후(大穆王后) 황보씨(皇甫氏)이다. 정종의 뒤를 이어 즉위한 뒤 연호를 광덕(光德)이라 했다가 이듬해 후주(後周)의 연호를 사용했다. 권신·부호의 세력을 누르고, 근친결혼을 장려하여 외척의 폐해를 없애려 했다. 956년(광종 7) 노비안검법(奴婢按檢法)을 만들어 주인과 노비와의 분쟁을 해결해 많은 노비를 풀어 주었으며, 958년(광종 9) 후주(後周)에서 귀화한 쌍기(雙冀)의 건의를 받아들여 최초로 과거제(科擧制)를 실시했다. 963년(광종 14) 귀법사(歸法寺)를 창건하고 이곳에 제위보(濟危寶)를 설치하여 각종 법회와 재회를 개설하는 등 적극적인 불교정책을 폈으며, 관리의 복제(服制)를 정하였다. 또 개경(開京)을 황도(皇都)로 개칭하고 서경(西京)을 서도(西都)라 했다. 국토개척에도 주력하여 변경인 동북계(東北界)·서북계(西北界)에 많은 성을 쌓는 등 왕권 확립과 국력 증강에 치적을 남겼으나 재위기간 동안 무고한 살육이 많았다. 시호는 대성(大成), 능은 헌릉(憲陵)이다.

474) 시전(詩傳): ≪책이름≫ 시경(詩經).

475) 부(賦): 〈명사〉 ≪문학≫ ① 감상을 그대로 적는, 한시체(漢詩體)의 한 가지. ② 한문체에서, 글귀 끝에 운을 달고 흔히 대를 맞추어 짓는 글. ③ 과문육체의 한 가지. 여섯 글자로 한 구를 만드는 한시의 글이다.

476) 송(頌): 〈명사〉 공덕을 기리는 글월.

477) 진작(振作) 〈명사〉 정신을 가다듬어 떨쳐 일으키거나 일어남. 진작-하다.

478) 헤칠 배(排), 고을 군(郡), 고을 현(縣), 비단 백(帛), 쏟아질 핍(涌), 이를 진(臻).

479) 옥백(玉帛): 〈명사〉 ① 옥과 비단. ② 옛날 중국의 제후들이 천자를 찾아 뵐 때 예물로 가지고 오던 옥과 비단.

480) 성종[成宗 960~997(광종 11~성종 16)]: 고려 제6대 왕(981~997). 이름은 치(治), 자는 온고(溫古). 태조의 손자이고, 대종(戴宗) 욱(旭)의 둘째 아들이다. 981년 경종의 내선(內禪)으로 왕위에 올라 최승로(崔承老)의 시무 28조(時務二八條) 등 정책 건의와 보좌를 받고 새로운 국가체제 정비에 힘을 기울였다. 지방제도의 정비에 있어서는 983년(성

(州) 449현(縣) 7진(鎭)을 정하였다.

蠲減租稅하니　民力緩紓로다.481)
견 감 조 세　　　민 력 완 서

조세를 경감해 주니 백성들의 힘이 천천히 일어났다.

成宗 十六年에　王幸東京(慶州)하여　減所過州縣田租482)
성 종 십 육 년　왕 행 동 경 (경 주)　　　감 소 과 주 현 전 조
之半이라.
지 반

성종(成宗) 16년(997년) 왕이 동경(東京 경주)으로 행차하여, 주(州)와
현(縣)을 지나는 곳마다 논밭에 대한 세금을 절반으로 감면하여 주었다.

遣兒契丹하여　學習言語로다.483)
견 아 거 란　　　학 습 언 어

아이들을 거란(契丹)에 보내어 거란어(契丹語)를 익혀 배우게 하였다.

종2) 12목(牧)을 설치하여 지방관을 파견하였다. 그 이듬해에는 12목사와 경학박사(經學博士)·의학박사(醫學博士) 각 1명씩을 보내어 지방교육을 맡아 보게 하였고, 993년에는 12목에 상평창(常平倉)을 설치하여 물가조절 기능을 맡게 하였다. 995년 12목을 12절도사(節度使)로 개편하여 지방행정에서 군사적인 면을 강화하여 호족세력을 통제함으로써 중앙집권을 꾀하였다. 또한 982년부터 시작된 정치체제의 개혁은 태조 이래의 정치기구를 중국식으로 개편한 것으로 내사문하성(內史門下省)과 어사도성(御事都省)을 중심으로 하고, 어사도성 밑에 선관(選官)·병관(兵官)·민관(民官)·형관(刑官)·예관(禮官)·공관(工官)의 6관(六官)을 예속시켰다. 이와 같은 중앙관제는 995년에 다시 3성 6부로 개정되어 고려 중앙관제의 기본을 이루게 되었다. 재위기간 중에 유학을 숭상·장려하고 정치·사회·문화 전반에 걸쳐 새로운 고려왕조 발전의 기틀을 마련하였다. 한편, 993년 거란족이 침입하였을 때 서희(徐熙)의 외교적 성과로 거란을 물리쳤고 강동 6주를 얻어 영토를 넓혔다. 능은 강릉(康陵)이며 개성직할시 개풍군(開豊郡)에 있다. 시호는 문의(文懿).

481) 밝을 견(蠲), 덜 감(減), 세금 조(租), 세금 세(稅), 느릴 완(緩), 더딜 서(紓).

482) 전조(田租): 〈명사〉 논밭에 대한 세금. 조세(租稅) 〈명사〉 국가 또는 지방 공공 단체가 그 필요한 경비를 국민으로부터 강제로 거두어들이는 수입. 〈준말〉 세(稅). 〈동의어〉 공세(貢稅), 공조(公租).

483) 보낼 견(遣): 글 설, 맺을 계, 나라이름 거(契).

成宗 十五年에 遣童子十人于契丹하여 習其言語라.
성종 십오년 견동자십인우거란 습기언어

성종 15년(996년) 어린이 십여 명을 거란에 보내어 그들의 언어를 습 득하게 하였다.

穆肅襲禪하니 旼獻廢弑로다.[484]
목숙습선 민헌폐시

목종(穆宗)[485]과 숙종(肅宗)[486]이 선위(禪位)[487]하고 엄습(掩襲)[488]하니, 이의민(李義旼)과 최충헌(崔忠獻)이 폐위하고 시해(弑害)하였다.

穆宗 諱 誦은 成宗弟요 肅宗 諱 熙는 獻宗 諱 昱
목종 휘 송 성종제 숙종 휘 희 헌종 휘 욱
의 叔父니 皆受禪이라.
숙부 개수선

---

484) 화할 목(穆), 엄숙할 숙(肅), 엄습할 습(襲), 고요할 선(禪), 화락할 민(旼), 드릴 헌(獻), 폐할 폐(廢), 죽일 시(弑).

485) 목종[穆宗 980~1009(경종 5~목종 12)]: 고려 제7대 왕(997~1009). 이름은 송(訟), 자는 효신(孝伸), 시호(諡號)는 선녕(宣寧)·선양(宣讓). 제5대 왕인 경종의 맏아들로 어머니는 천추태후(千秋太后)이다. 990년(성종 9) 개녕군(開寧 君)에 책봉되었고, 997년(성종 16) 성종의 뒤를 이어 즉위하였다. 전시과(田柴科)를 개정하고 학문을 장려하는 등 업 적이 많았다. 그러나 아들이 없었으므로 모후(母后) 천추태후는 외족(外族)인 김치양(金致陽)과 간통하여 아들을 낳 고 그를 왕으로 삼으려는 음모를 꾸미고, 후계자인 왕의 당숙 대량군(大良君 : 현종) 순(詢)을 승려로 만들어 해치려 하였다. 왕이 그것을 알아차리고 대량군을 보호하고자 서경도순검사(西京都巡檢使) 강조(康兆)에게 그 호위를 명하 였으나, 강조는 도리어 목종을 폐위시킨 후 대량군을 왕으로 추대하고, 김치양 일당을 살해하였다. 왕은 쫓겨나 충주 로 가는 도중 살해되었다.

486) 숙종[肅宗 1054~1105(문종 8~숙종 10)]: 고려 제15대 왕(1095~1105). 초명은 희(熙), 이름은 옹, 자는 천상(天 常). 문종(文宗)의 셋째 아들이며, 선종(宣宗)의 친동생으로서, 비는 유홍(柳洪)의 딸인 명의태후(明懿太后)이다. 문종 때 계림공(鷄林公)으로 봉하여졌는데, 친조카인 헌종이 어린 나이로 즉위하자 1년 만에 왕위를 찬탈하여 1095년 즉 위하였다. 97년 주전관(鑄錢官)을 두고 주화를 만들어 통용하게 하였으며, 1101년 나라의 지형을 본떠 은병(銀瓶 : 闊口)을 만들어 통용하게 하였다. 1102년 해동통보(海東通寶)를 주조하여 통용하게 하였고, 남경(南京)을 양주(楊州) 에 세우려고 남경개창도감(南京開創都監)을 두어 궁궐을 조영(造營)하게 하였다. 1103년 여진족 완안부(完顔部)의 우야소[烏雅束(오아속)]가 침입하자 임간(林幹)을 보내어 방어하게 하였으나 실패, 다시 윤관(尹瓘)을 보내어 화약(和 約)을 체결하였다. 1105년 서경(西京)에 행차하다가 병을 얻어 환공 도중에 죽었다. 능은 개성직할시 판문군(板門郡) 에 있는 영릉(英陵)이다. 시호는 명효(明孝).

487) 선위(禪位): 〈명사〉=양위(讓位). 임금이 자리를 물려줌. 선위-하다.

488) 엄습(掩襲): 〈명사〉 불시에 습격함. 엄습-하다.

목종(穆宗)의 이름은 송(誦)이고 성종의 아우이다. 숙종의 이름은 희
(熙)인데, 헌종(獻宗)489) 욱(昱)의 작은아버지이다. 그들은 모두 선위(禪位)
를 하였다.

○ 李義旼 崔忠獻은 高麗逆臣490)이니 義旼은 弑毅
宗 諱 睍 于慶州하고 忠獻은 廢熙宗 諱 韺于江華라.

이의민(李義旼)491)과 최충헌(崔忠獻)492)은 모두 고려의 역신(逆臣)이었
다. 이의민은 의종(毅宗)493)을 경주에서 시해(弑害)하고, 최충헌은 희종(熙
宗)494)을 강화도에서 폐위(廢位)시켰다.

---

489) 헌종[獻宗 1084~1097(선종 1~숙종 2)]: 고려 제14대 왕(1094~1095). 이름은 욱(昱). 선종(宣宗)의 원자(元子)로
어머니는 사숙태후(思肅太后) 이씨이다. 즉위 초에는 어린 나이에 병약하여 사숙태후가 섭정하였다. 어릴 때부터 총
명하였고 특히 서화(書畵)를 좋아하였다. 1095년 이자의(李資義)의 난이 일어난 다음 해 신병으로 왕위를 숙부 계림
공(鷄林公) 희(熙: 肅宗)에게 양위하였다. 능은 개성(開城) 온릉(穩陵)이다. 시호는 회상.

490) 역신(逆臣): 나라를 배반하고 반역하는 신하.

491) 이의민[李義旼 ?~1196(?~명종 26)]: 고려 후기 무신. 본관은 경주(慶州).

492) 최충헌[崔忠獻 1149~1219(의종 3~고종 6)]: 고려 무신정권기의 집권자. 본관은 우봉(牛峰). 초명은 난(鸞).

493) 의종[毅宗 1127~1173(인종 5~명종 3)]. 이름은 현(晛). 초명은 철(徹). 자는 일승(日升). 인종의 맏아들로 어머니는
공예태후(恭睿太后) 임씨(林氏)이며, 비는 장경왕후(莊敬王后)와 계비 장선왕후(莊宣王后)이다. 1134년(인종 12) 태
자로 책봉되었고 46년 즉위하였다. 성격이 방종했으나 문학을 좋아하여 문신들과 자주 연회를 열었으며 무신들은
천대했다. 이미 인종 때부터 이자겸(李資謙)의 전횡과 묘청(妙淸)의 난 등으로 왕권의 기반인 서경(西京)세력이 몰락
하고 개경(開京)의 문신세력이 득세한 상황 속에서 실추된 왕실중흥을 위해 노력하였다. 48년 현릉(顯陵: 太祖陵)과
창릉(昌陵: 世祖陵)을 참배하였고 54년 서경에 중흥사(重興寺)를 세웠으며, 57년 아우 익양후(翼陽侯)의 집을 빼앗
아 관동이궁을 짓고, 이듬해 백주(白州)에 중흥궐(重興闕)을 창건하였다. 68년 법령으로 팔관회를 장려하였고, 70년
서경에 행차하여 신령(新令)을 반포하였다. 그러나 금(金)의 세력 팽창으로 고려의 국제적 지위가 더욱 위축된 정세
속에서 70년 보현원(普賢院)에 행차하였을 때 정중부(鄭仲夫)·이의방(李義方) 등이 정변을 일으켜 폐위되고 거제도
(巨濟島)로 쫓겨났다. 아우 익양공 호(翼陽公皓)가 즉위한 뒤 73년(명종 3) 김보당(金甫當)이 의종복위운동을 벌였으
나 실패하자 계림(鷄林: 慶州)의 객사에 유폐되었다가 장군 이의민(李義旼)에게 살해되었다. 능은 희릉(禧陵), 시호
는 장효(莊孝).

494) 희종(熙宗 1181~1237): 고려 제21대 왕(1204~1211). 이름은 영. 자는 불피. 1200년(신종 3) 태자로 책봉되어
1204년 신종(神宗)의 양위를 받아 왕위에 올랐다. 최충헌(崔忠獻)을 진강군개국후(晉康君開國侯)·진강후(晉康侯)
등에 봉한 뒤 11년 그를 제거하려다 실패하여 폐위되어 강화로 추방되었다가 다시 자란도(紫鸞島)로 유배되었다.
19년 개경으로 돌아왔으나 27년 복위 음모를 꾸몄다는 구실로 최우에 의해 다시 강화로 추방되어 37년 법천정사
(法天精舍)에서 죽었다. 능은 강화도 석릉(碩陵)이다. 시호는 성효(誠孝).

邯贊良將이요 周亮能吏로다.495)
감 찬 양 장　　周 량 능 리

강감찬(姜邯贊)496)은 어진 장수였고, 황주량(黃周亮)은 능력 있는 이부
(吏部)497)의 관리였다.

顯宗 諱 詢 十年에 契丹蕭遜寧이 率兵十萬來侵할새
현 종 휘 순 십 년　　거 란 소 손 녕　　솔 병 십 만 래 침

姜邯贊이 爲上元帥하여 大破之凱還하니 王이 郊迎以
강 감 찬　　위 상 원 수　　대 파 지 개 환　　왕　　교 영 이

金花八枝로 揷邯贊頭하니 姜邯贊은 高麗名將이라.
금 화 팔 지　　삽 감 찬 두　　강 감 찬　　고 려 명 장

현종(顯宗)498)의 이름은 순(詢)이다. 현종 10년(1019년) 거란족 소손녕
(蕭遜寧)499)이 십만(十萬)의 군사를 거느리고 침략하였다.

---

495) 고을이름 감(邯), 도울 찬(贊), 어질 량(良), 장수 장(將), 나라 주(周), 밝을 량(亮).

496) 강감찬[姜邯贊 948~1031(정종 3~현종 22)]: 고려의 명장(名將). 초명은 은천(殷川). 본관은 금주(衿州). 삼한벽상
　　공신(三韓壁上功臣) 궁진(弓珍)의 아들. 983년(성종 2) 문과(文科)에 장원, 예부시랑(禮部侍郎)이 되고, 1010년(현종
　　1) 거란(契丹) 성종(聖宗)의 침입에 조신(朝臣)들은 항복을 주장했으나 이를 반대하고 하공진(河拱辰)으로 하여금 적
　　을 설득시키도록 하여 물러가게 했다. 그 뒤 국자좨주(國子祭酒)·한림학사(翰林學士)·승지(承旨)·중추원사(中樞
　　院使)·이부상서(吏部尙書)·서경유수(西京留守)·내사시랑평장사(內史侍郎平章事)를 역임하였고, 18년(현종 9)에
　　거란의 소배압(蕭排押)이 10만 대군으로 고려에 침공하자 이듬해 서북면행영도통사(西北面行營都統使)로 상원수(上
　　元帥)가 되어 군사 20만 8,000을 이끌고 흥화진(興化鎭)에서 적을 무찔렀다. 19년 회군(回軍)하는 적을 구주(龜州)
　　에서 크게 격파하고 개선할 때 영파역(迎波驛)에서 왕의 영접을 받았으며, 검교태위 문하시랑동내사문하평장사 천수
　　현개국남 식읍삼백호(檢校太尉門下侍郎同內史門下平章事天水縣開國男食邑三百戶)에 봉해지고 추충협모안국공신
　　(推忠協謀安國功臣)의 호를 받았다. 이듬해 벼슬에서 물러났다가 30년(현종 21) 왕에게 청하여 개경(開京)에 축성
　　(築城)하고 문하시중(門下侍中)이 되었고, 31년 특진 검교태사 시중 천수군개국후 식읍일천호(特進檢校太師侍中天
　　水郡開國侯食邑一千戶)에 봉해졌다. 현종 묘정(廟庭)에 배향. 수태사 겸 중서령(守太師兼中書令)에 추증되었다. 저
　　서로 《낙도교거집(樂道郊居集)》, 《구선집(求善集)》 등이 있다. 시호는 인헌(仁憲).

497) (吏部): 이조(吏曹), 〈명사〉 육조의 하나. 벼슬아치를 임명하고 공훈·봉작 등의 일을 맡은 관청으로, 고려 때에는 이
　　부, 상서이부, 선관, 전리사로 여러 차례 이름이 바뀌었다.

498) 현종[顯宗 992~1031(성종 11~현종 22)]: 고려 제8대 왕(1010~31). 이름은 순(詢). 자는 안세(安世). 태조의 여덟
　　째아들인 안종(安宗) 욱(郁)의 아들이며, 왕이 되기 전에는 대량원군(大良院君)이었다. 모후는 헌정왕후(獻貞王后), 비
　　는 원정왕후(元貞王后)와 원화왕후(元和王后)이다. 천추태후(千秋太后: 경종의 비)와 김치양(金致陽)을 제거하기 위
　　한 강조(康兆)의 변으로 왕이 되었다. 대내적으로는 초기의 호족세력을 완전히 제거하고 강력한 중앙집권체제를 지
　　향하였으며, 대외적으로는 고구려의 옛 영토를 회복하려는 북진정책을 추진하였다. 군현제를 정비하여 1018년(현종
　　9) 4도호부 8목 56지주군사(知州郡事) 28진장(鎭將) 20현령(縣令)과 북방에 양계(兩界)를 두는 이른바 5도 양계 체
　　제를 완성하였다.

때에 강감찬이 상원수(上元帥)[500]가 되어 크게 무찌르고 개선할 적에, 왕이 서울 근교에서 금 꽃 여덟 가지를 강감찬(姜邯贊) 장군의 머리에 꽂아 주니, 강감찬 장군은 고려의 명장(名將)이었다.

○ 黃周亮은 靖宗 諱 亨 時人이니 明於理論하고
判尙書吏部事니 贈匡國功臣號하니라.

황주량(黃周亮)[501]은 정종(靖宗)[502] 형(亨)의 신하였다. 이론에 밝아 상서이부사(尙書吏部事)가 되니, 광국공신(匡國功臣)의 호를 얻었다.

寺門燃燈하고 殿庭擊毬로다.[503]

절에서는 연등(燃燈)[504]을 켜고 궁중의 정원(庭園)에서는 격구(擊毬)[505]

---

499) 소손녕(蕭遜寧 ?~?): 거란 장수·동경유수(東京留守). 993년(고려 성종 12) 거란군의 도통(都統)이 되어 80만 대군으로 고려의 북서쪽을 침범하여 봉산(蓬山: 泰川과 龜成 중간)을 빼앗고 계속 남침을 시도하였다. 거란은 고려가 송(宋)나라와 친한 것에 위협을 느껴 선제공격을 하였는데, 이때 내세운 이유는 신라 땅에서 일어난 고려가 거란이 차지한 고구려 옛 땅을 점유하는 것은 부당하다는 것이었다. 한편 고려에서는 화전(和戰) 논의가 벌어졌는데, 내사시랑(內史侍郎) 서희(徐熙)는 단신으로 소손녕과 만나 고려는 고구려의 후예이므로 고구려의 옛 땅을 차지하는 것은 마땅하다고 주장하였다. 이에 소손녕은 고려에 거란의 연호 사용, 조공을 요구하고 강동 6주를 넘겨주고 철군하였다.

500) 상원수(上元帥): 〈명사〉 고려 때. 출정하는 군대를 통솔하며 한 지방의 병권을 도맡은 장수.

501) 황주량(黃周亮): 고려 초기 문신. 본관은 황주(黃州)로 짐작된다. 1004년(목종 7) 문과에 장원급제하고, 1013년(현종 4) 수찬관(修撰官)이 되어 역대의 실록 편찬에 참여하였다. 학문적 재질이 뛰어나 3차례나 지공거(知貢擧)를 맡기도 하였다. 개부의동삼사(開府儀同三司)에 추증되고, 정종묘정(靖宗廟庭)에 배향되었다. 시호는 경문(景文).

502) 정종[靖宗 1018~1046(현종 9~정종 12)]: 고려 제10대 왕(1035~1046). 이름은 형(亨), 자는 신조(申照). 현종의 둘째 아들이며 덕종의 아우이다. 1022년(현종 13) 내사령평양군에 봉해졌고 덕종의 뒤를 이어 즉위하였다. 즉위년 12월 팔관회를 열어 외국상인들에게도 예식을 관람시키는 상례를 만들고, 36년 제위군(諸衛軍)에게 토지의 지급을 늘려 변경의 방비를 굳게 하였으며, 동서대비원(東西大悲院)을 수리하여 가난한 자들에게 침식을 제공해 주었다. 37년 압록강 일원에서 거란의 침입을 받은 후 북방경비에 주력하여, 44년 덕종의 유업인 천리장성을 완성하였다. 39년에 노비종모법(奴婢從母法)을, 46년에 장자상속법을 각각 제정하였다. 문치(文治)에도 힘써, 45년 비서성(秘書省)으로 하여금 《예기정의(禮記正義)》, 《모시정의(毛詩正義)》 등을 간행하여 문신들에게 나누어 주게 하였다. 거란과 다시 화친하여 나라가 태평하도록 하였으며 농정(農政)에도 주력했다. 능은 주릉(周陵), 시호는 용혜(容惠).

503) 불사를 연(燃), 등잔 등(燈). 집 전(殿), 뜰 정(庭), 칠 격(擊), 공 구(毬).

504) 연등(燃燈): 〈명사〉 《불교》 ① ‘연등절. 등을 달고 불을 켜는 명절이라’는 뜻으로 부처님 오신 날을 일컫는 말. ② 연등회. 정월 보름에 불을 켜고 부처에게 복을 빌며 노는 모임. 고려 태조 때부터는 백성의 복을 빌기 위하여 나라에

놀이를 하였다.

> 高麗歷代君王이 數幸寺門하여 觀燃燈하니 此是尊佛
> 고려역대군왕　　삭행사문　　　관연등　　　차시존불
> 之故라. 又於殿庭에 設擊毬場하고 君王親自擊毬하여
> 지고　　우어전정　설격구장　　　군왕친자격구
> 以爲遊戲라.
> 이위유희

　고려의 모든 왕들은 불교를 숭상하는 이유로 자주 절을 찾아 연등불을 관람하였으며, 궁전 앞뜰에 격구장을 만들어 놓고 군왕 스스로 공을 치면서 놀이를 즐겼다.

> 辛旽遭刑하고 崔瑩竄囚[506]로다.[507]
> 신돈조형　　　최영찬수

　신돈(辛旽)은 참형을 당하고 최영(崔瑩)은 포로가 되어 목을 베이는 죽음을 당하였다.

> 恭愍王 諱 祺 時에 辛旽이 以僧侶得幸寵하여 驕慢
> 공민왕 휘 기 시　　신돈　　이승려득행총　　　교만
> 放恣淫姦婦女無所不至러니 終乃伏誅라.
> 방자음간부녀무소불지　　　종내복주

서 해마다 열었다. 〈동의어〉 연등(燃燈) ③ 〈참고〉 팔관회.

505) 격구(擊毬): 옛날 무희(武戲)의 하나. 공치기·장(丈)치기·봉구(俸球)·봉희(俸戲)라고도 한다. 중국에서 전래된 놀이로서 당(唐)과 송(宋)에서는 타구(打球)라는 명칭을 썼다. 한국에서 격구가 언제 시작되었는지는 확실히 알 수 없으나 구정(毬庭)이라는 이름이 918년(고려 태조 1)의 사실 기록에 있는 것으로 보아 삼국시대부터 이미 시작되었을 것으로 추측된다. 그러나 격구가 유행하기 시작한 것은 고려 의종(毅宗) 때부터이며, 그 후 차차 국가적 오락이 되어 특히 단오절에는 궁정행사의 중심이 되었다.

506) 찬수(竄囚): 여기서의 찬(竄)은 '베다, 죽이다'의 의미로 참형을 당하였다는 뜻이다.

507) 매울 신(辛), 먼동 틀 돈(旽), 만날 조(遭), 형벌 형(刑), 성 최(崔), 무덤 영(瑩), 도망할 찬(竄), 가둘 수(囚).

공민왕 때에 신돈(辛旽)은 승려로서 왕의 신임을 얻었다. 그러나 교만(驕慢)508)하고 방자(放恣)509)하여 부녀자를 음간하며 함부로 권세를 휘두르다 끝내 죽임을 당하였다.

〈※ 주(註)〉

역사적으로 명확하게 밝혀진 바는 없지만, 우왕은 공민왕의 아들이고 창왕은 우왕의 아들이니, 공민왕의 손자가 되는 것이므로 분명한 적통(嫡統)이다.

그러나 조선왕조가 개창되고 서술한 사서(史書)에 우왕(禑王)을 신우(辛禑)라 칭하고, 그의 아들인 창왕(昌王)을 폐위시키면서 '폐가입진(廢假立眞)' 가짜를 폐하고 진짜를 왕으로 세운다는 명분을 내세운 것은, 우왕의 신분이 신돈(辛旽)의 시비(侍婢) 반야(般若)의 소생으로 신돈의 아들이라 하여, 왕씨(王氏) 적통으로 인정할 수 없다는 기록이다.

이런 연유로 우왕이 폐출된 뒤 왕비는 사가로 축출되고, 우왕과 창왕은 반역열전에 수록되었으며, 왕비들은 고려사 후비전(后妃傳)에도 들지 못하였다.

그러나 오늘날 새롭게 밝혀지는 신돈을 비롯한 당시의 사료들을 보면, 신돈과 고려 왕실에 관한 온갖 악의적인 기록들은 당시 문신(文臣)들의 정점(頂點)에서 개혁을 주도하면서, 무신(武臣)들을 견제하던 신돈을 비롯한 개혁세력들을 이성계와 그 추종세력들이 제거하려는 음모에서 비롯된 것이며, 조선을 창업한 후에는 자신들의 반역을 정당화시키기 위한 정치공작이라고 해야 할 것이다.

---

508) 교만(驕慢): 〈명사〉 잘난 체하며 건방진 태도. ¶~을 부리다.

509) 방자(放恣): 〈형용사〉〈여불규칙활용〉 어려워하거나 삼가는 태도가 없이 건방지다. ¶방자한 행동. 〈동의어〉 자방하다. 자일하다.

> ○ 崔瑩은 立禑朝하여 拜侍中하여 勸禑興兵伐明國하
> 　최영　　입우조　　배시중　　　권우흥병벌명국
> 고 命李太祖하여 率兵渡鴨綠江하나 李太祖가 知其不可하
> 　명이태조　　솔병도압록강　　　이태조　지기불가
> 고 乃回軍入京하여 廢禑立昌하고 竄崔瑩于雲峰이라.
> 　내회군입경　　폐우입창　　　찬최영우운봉

최영(崔瑩)510)은 신우(辛禑)511)의 조정에서 시중(侍中)이 되었다. 신우
에게 군사를 일으켜 명나라를 정벌하고자 하여, 이태조(李太祖)에게 명하
여 압록강을 건너게 하였다.

그러나 이태조는 그 일의 불가함을 알고, 회군(回軍)하여 서울을 점거
우왕(禑王)을 폐하고 창왕(昌王)512)을 세웠다.

---

510) 최영[崔瑩 1316~1388(충숙왕 3~우왕 14)]: 고려시대 무신·재상. 본관은 동주(東州: 鐵原) 양광도도순문사(楊廣
道都巡問使) 휘하에서 여러 차례 왜적의 침입을 막은 공으로 우달치[于達赤(우달적): 司門人(사문인)]가 되었다.
1352년(공민왕 1) 조일신(趙日新)의 난을 평정하였고 54년 대호군(大護軍)이 된 뒤 원(元)나라 요청으로 장사성(張
士誠)의 난군을 토벌하였다. 56년부터 고려가 배원정책(排元政策)을 펴자 서북면병마부사가 되어 원나라에 속했던
압록강 서쪽의 8참(站)을 수복하였다. 58년 오예포에 침입한 왜적선 400척을 격파하고 이듬해 서경(西京: 지금의
平壤)을 함락한 홍건적을 물리쳤다. 61년 홍건적이 다시 개경(開京: 지금의 開城)을 점령하자 안우(安祐) 등과 함께
물리쳐 훈(勳)1등·도형벽상공신(圖形壁上功臣)이 되었으며, 전리판서(典理判書)에 올라 양광도진변사(楊廣道鎭邊
使)를 겸임하였다. 63년 흥왕사(興王寺)의 변을 진압하였고 64년 원나라에 있던 최유가 덕흥군(德興君)을 왕으로 추
대하고 쳐들어오자 의주(義州)에서 이성계(李成桂) 등과 함께 물리쳤으며, 이어 연주(延州)에 침입한 박백야(朴伯也)
도 격퇴시켰다. 65년 신돈(辛旽)의 모함으로 계림윤(鷄林尹)에 좌천되고 훈작을 삭탈당하였으나, 71년 신돈이 처형
된 뒤 복직, 문하찬성사(門下贊成事)가 되었다. 74년 대사헌 김속명(金續命) 등으로부터 6도를 소동시켰다는 이유로
탄핵을 받아 육도도순찰사(六道都巡察使)에서 파면되었으나, 곧 등용되어 진충분의선위좌명정란공신(盡忠奮義宣威
佐命定亂功臣)이라는 호를 하사받았다. 이어 제주 목호(牧胡)의 난을 평정. 75년(우왕 1) 판삼사사(判三司事)가 되었
으며, 80년 왜적의 침입으로 서울을 철원(鐵原)으로 옮기려는 계획에 반대, 이를 철회시켰다. 88년 수문하시중(守門
下侍中) 때 명(明)나라가 철령위(鐵嶺衛)를 설치하여 북변 일대를 요동에 예속시키려 하자 우왕과 함께 요동정벌을
계획하고 팔도도통사(八道都統使)가 되어 이성계 등과 함께 출진하였으나, 이성계의 위화도회군(威化島回軍)으로 실
패하였다. 이어 이성계의 개경 진입에 맞서 싸우다 패전하여 공료죄(攻遼罪)로 참형당하였다. 시호는 무민(武愍).

511) 신우(辛禑): 우왕[禑王 1364~1389(공민왕 13~공양왕 1)] 고려 제32대 왕(1375~88). 아명은 모니노(牟尼奴). 신
돈(辛旽)의 시비(侍婢) 반야(般若)의 소생으로, 1371년(공민왕 20) 궁중에 들어가 우(禑)라는 이름을 받고 강녕부원
대군(江寧府院大君)에 봉해졌다. 백문보(白文寶)·정추(鄭樞) 등에게 학문을 배웠다. 74년 공민왕이 시해된 뒤 이인
임(李仁任)·왕안덕(王安德) 등에 의해 옹립되어 10세에 즉위했다. 즉위 초부터 중국 명(明)나라와의 복잡한 외교문
제가 발생하고 왜구의 약탈이 극심하여 불안한 정세를 맞았다. 그러나 정사는 돌보지 않고 사냥이나 유희를 즐겼다.
88년 명나라에서 철령위(鐵嶺衛) 설치를 통고해 오자 최영(崔瑩)의 주장에 따라 요동정벌(遼東征伐)을 단행했는데,
이성계(李成桂)의 위화도회군(威化島回軍)으로 요동정벌은 실현되지 못하고 최영이 실각하자 우왕은 폐위되어 강화
도(江華島)에 안치되었다. 여흥(驪興: 지금의 驪州)을 거쳐 강릉(江陵)으로 이배되었다가 공양왕 때에 서균형(徐均
衡)에게 죽음을 당했다.

512) 창왕[昌王 1380~1389(우왕 6~공양왕 1)]: 고려 제33대 왕(1388~89). 이름은 창(昌). 우왕의 아들로, 1388년(우
왕 14) 위화도회군(威化島回軍) 후 이성계(李成桂)가 우왕을 폐위하고 강화(江華)로 추방하자 조민수(曹敏修)와 이색

그때 최영은 운봉(雲峰)[513]으로 귀양(歸鄕)[514]을 갔다가 그곳에서 참형을 당하였다.

공양왕(恭讓王)[517] 요(瑤)가 어리석고 용렬하여 옥좌(玉座)[518]를 잃고 망

(李穡)의 추천으로 정비(定妃: 공민왕비)의 교지(敎旨)를 받아 즉위하였다. 그해 도평의사사 · 사헌부 · 판도사(版圖司)로 하여금 토지제도를 바로잡는 방법을 보고하게 하고 뇌물을 금지시켰으며 형벌을 신중히 처리하게 하였다. 또 전왕인 우왕을 강화에서 여흥군(驪興郡: 지금의 驪州)으로 옮겼으며 최영(崔瑩)을 충주(忠州)로 귀양 보냈다가 죽였다. 한편 전선법(銓選法)을 복구하여 문무의 전주(銓注)는 이부와 병부에서 맡게 하였고, 정방(政房)을 폐지하고 상서사(尙瑞司)를 두었으며 급전도감(給田都監)을 설치하였다. 89년 사관(史官) 8명을 두되 사초(史草) 2부를 작성하여 뒤에 증거로 삼게 하였고, 주(州) · 군(郡)에 의창(義倉)을 설치하였으며, 전객령(典客令) 김윤후(金允厚) 등을 보빙(報聘)을 목적으로 유구국(琉球國)에 보냈다. 또 경기(京畿)땅은 사대부에게 지급하고 그 밖의 땅은 모두 공상(供上)과 제사 용도에 충당하여 녹봉과 군수(軍需)의 비용을 충족하게 하였으며, 산기(散騎) 이상의 처로 명부(命婦)가 된 자는 재가를 금하였다. 또한 전왕인 우왕을 여흥군에서 강릉부로 옮겼다. 그 뒤 이성계 등에 의해 폐위되어 강화로 쫓겨났다가 그해 12월 살해되었다.

513) 운봉(雲峰): 전라북도 남원시 운봉읍. 1995년 남원군과 남원시가 통합되어 남원시가 되면서 읍으로 승격했다. 읍소재지는 서천리이다. 사방이 덕두산(1,150m) · 바래봉(1,165m) · 고리봉(1,305m) · 수정봉(805m) 등으로 둘러싸인 고원분지를 이루고 있으며, 읍의 중 · 북부에는 비교적 넓은 평야가 발달했다.

514) 귀양(歸鄕): 〈명사〉 죄인을 으슥한 시골이나 외딴섬으로 보내어 일정한 기간 제한된 곳에서만 살게 하던 형벌. 〈참고〉 방축향리, 유배, 정배(定配), 귀양을 가다 ① 귀양살이를 하러 가다. ② '좋은 지위에서 낮거나 못한 지위로 떨어지다'를 속되게 이르는 말.

515) 역수(曆數): 〈명사〉 ① 천체의 운행과 기후의 변화가 철을 따라서 돌아가는 차례. ② 자연히 정해진 운명. 운수. 임금이 천명(天命)을 받고 제위(帝位)에 오르는 일. ③ 연대 햇수.

516) 아름다운 옥 요(瑤). 어두울 혼(昏). 떳떳할 용(庸). 책력 력(曆). 셈 수(數).

517) 공양왕[恭讓王 1345~1394(충목왕 1~태조 3)]: 고려 제34대 왕(1389~1392). 이름은 요(瑤). 신종(神宗)의 7대손. 관제에 있어서 전리사(典理司) · 판도사(判圖司) · 예의사(禮儀司) · 군부사(軍簿司) · 전법사(典法司) · 전공사(典工司) 등을 이조 · 호조 · 예조 · 병조 · 형조 · 공조 6조로 개편하고, 첨설직을 폐지하였다. 유학의 진흥을 위하여 개성의 오부와 동북면과 서북면의 부 · 주에 유학교수관을 두었으며, 과거시험에 무과를 신설하였다. 배불숭유론에 의한 주자가례(朱子家禮)를 시행하고 오교양종(五敎兩宗)을 없애 군사에 보충함과 동시에 불사(佛寺)의 재산을 몰수하여 각 관사에 분속시켰다. 1390년(공양왕 2) 도선의 비록에 의해 한양을 천도하여 판삼사사(判三司事) 안종원(安宗源) 등으로 개성을 지키게 하고 백관을 분사(分司)하게 했으나, 이듬해 민심의 동요로 다시 개성으로 환도하였다. 경제 면에 있어서는 1391년 광흥창(廣興倉) · 풍저창(豊儲倉)을 서강(西江)에 세워 조운의 곡식을 비축하게 했으며, 개성 오부에는 의창(義倉)을 설치하였다. 그리고 조준(趙浚)의 건의로 과전법을 실시하여 녹제와 전제를 개혁, 신흥세력의 경제적 기반을 다지게 하였다. 또한 인물추고도감(人物推考都監)을 두어 노비결송법과 결송법을 정하였다. 1391년 이성계 일파에 반대하던 정몽주(鄭夢周)가 살해되자 정치무대는 이성계의 독무대가 되었다. 얼마 안 되어 조준, 정도전, 남은 등에 의하여 이성계가 왕으로 추대됨으로써 공양왕은 폐위되고 고려왕조는 끝나고 말았다. 1392년 조선이 건국되자 원주로 유배되었다가 간성군(杆城郡)으로 추방되면서 공양군(恭讓君)으로 강등되었고, 1394년 삼척부(三陟府)로 옮겨졌다가 살해되었다. 능은 경기도 고양군 원당면에 있는 고릉(高陵)인데, 강원도 삼척군 근덕면에도 공양왕릉이 있는 것으로 보아, 고려 말 불안했던 왕실의 모습을 보여 준다. 조선이 건국된 후 태종 16년에 이르러 공양왕으로 추봉되었다.

하였다.

恭讓王 諱 瑤 在位四年에 禪于李太祖하니 王氏遂亡
공 양 왕 휘 요 재 위 사 년　　선 우 이 태 조　　왕 씨 수 망
이라. 凡三十六世歷四百七十五年이라.
범 삼 십 육 세 역 사 백 칠 십 오 년

공양왕의 이름은 요(瑤)이다. 재위 4년(1392년 7월 17일) 이태조에게
왕위를 물려주니 이로 인하여 왕씨가 망하였다. 고려는 36대 475년을 지
내었다.

圃隱殺身하니　赤血濺光이로다.[519]
포 은 살 신　　　적 혈 천 광

포은(圃隱) 정몽주(鄭夢周)[520]가 죽으니 붉은 피가 빛을 뿜었다.

---

518) 옥좌(玉座): 〈명사〉＝임금 자리 〈동의어〉 보좌(寶座), 보탑. 어좌: 왕자, 임금이 앉는 자리. 〈동의어〉 보좌(寶座), 보위
(寶位), 보조(寶祚).

519) 채소밭 포(圃), 숨을 은(隱), 죽일 살(殺), 물 뿌릴 천(濺).

520) 정몽주[鄭夢周 1337~1392(충숙왕 복위 6~공양왕 4)]: 고려 말기 문신 · 학자. 자는 달가(達可). 호는 포은(圃隱).
본관은 영일(迎日). 1360년(공민왕 9) 문과에 급제하여 예문관의 검열(檢閱) · 수찬(修撰)을 지냈다. 63년 낭장 겸 합
문지후(郎將兼閤門祗侯) · 위위시승(衛尉寺丞)을 거쳐 동북면도지휘사의 종사관으로 여진족 토벌에 참가하고 돌아와
전보도감판관(典寶都監判官) · 전농시승(典農寺丞)을 지냈다. 67년 예조정랑으로 성균관박사를 겸임하였으며, 태상
소경(太常少卿)과 성균관 사예(司藝) · 직강(直講) · 사성(司成)을 지내고, 72년 중국 명(明)나라에 서장관으로 다녀와
경상도안렴사(慶尙道按廉使) · 우사의대부(右司議大夫) 등을 지냈다. 76년(우왕 2) 성균관대사성으로 배명친원(排明
親元)의 외교방침을 반대하다가 언양(彦陽)에 유배되었다. 그러나 이듬해 풀려나 사신으로 일본에 건너가 왜구의 단
속을 요청하고 잡혀 간 백성 수백 명을 귀국시켰다. 이어 우산기상시(右散騎常侍) · 전공사판서 · 예의사판서 · 전법
사판서 · 판도사판서를 지냈으며, 80년 조전원수(助戰元帥)로 이성계(李成桂)를 따라 왜구를 토벌하고 돌아와, 이듬
해 밀직부사 상의회의도감사 보문각제학 동지춘추관사 상호군(密直副使商議會議都監事寶文閣提學同知春秋館事上
護軍)이 되었다. 84년 정당문학(政堂文學)에 올라 성절사로 명나라에 가 긴장상태에 있던 대명국교를 회복하는 데
공을 세웠다. 그 뒤 문하평리(門下評理)를 거쳐 삼사좌사 · 문하찬성사 · 예문관대제학 등을 지냈으며, 89년(공양왕
1) 이성계와 함께 공양왕을 영립(迎立)하였다. 90년 벽상삼한삼중대광 수문하시중 판도평의사사 병조 상서시사 영경
령전사 우문관대제학 감춘추관사 경연사 익양군 충의백(壁上三韓三重大匡守門下侍中判都評議使司兵曹尙瑞寺事領
景靈殿事右文館大提學監春秋館事經筵事益陽郡忠義伯)에 봉해지고 91년 인물추변도감제조관(人物推辨都監提調
官)을 지냈다. 조준(趙浚) · 정도전(鄭道傳) · 남은(南誾) 등이 이성계를 왕으로 추대하려 하자, 이들을 제거하고 고려
를 끝까지 지키려 했지만 이방원(李芳遠)에 의해 피살되었다. 오부학당 · 향교를 세워 교육의 진흥을 꾀하는 한편,
《신율(新律)》을 간행하여 법질서의 확립을 기하고, 기울어 가는 국운을 바로잡으려 하였다. 성리학에 조예가 깊고
시문에 뛰어났다. 개성 숭양서원(崧陽書院) 등에 제향되었다. 저서로 《포은집》이 있다. 시호는 문충(文忠).

圃隱은 姓鄭이오 名夢周라. 恭讓王 四年에 以侍中으
포은　　　성정　　　　　명몽주　　　　공양왕　사년　　　이시중

로 忌李太祖之盛德日盛하여 欲圖之한대 李太祖子太宗
　기 이 태 조 지 성 덕 일 성　　　　욕 도 지　　　　이 태 조 자 태 종

이 召麾下趙英珪等하여 要於路하여 擊殺之于善竹橋上
　소 휘 하 조 영 규 등　　　　요 어 로　　　　격 살 지 우 선 죽 교 상

하니 至今尙有血痕不滅이라.
　지 금 상 유 혈 흔 불 멸

포은(圃隱)은 성(姓)은 정(鄭)씨이고 이름은 몽주(夢周)였다.

공양왕 4년에 시중(侍中)이 되어서, 고려왕실을 위협하는 이태조의 세
력을 꺾고 정국을 반전시키려고 하였다.

이태조의 아들 태종(太宗)이 이를 알고 휘하(麾下)[521] 장수 조영규(趙英
珪)[522] 등을 불러 요로(要路)[523]인 선죽교(善竹橋)[524] 위에서 그를 죽였는
데, 지금도 선죽교 위에는 그때의 핏자국이 없어지지 않고 남아 있다고
한다.

威島返軍하니 承膺丕運이로다.[525]
위 도 반 군　　　　승 응 비 운

---

521) 휘하(麾下): 〈명사〉 주장의 지휘 아래. 또는 그 아래 딸린 군사.

522) 조영규[趙英珪 ?~1395(?~태조 4)]: 고려 말 조선 초 문신. 초명(初名)은 평(評). 신창 조씨(新昌趙氏)의 시조. 조상
의 가계가 불분명하고 호를 가지지 않은 것으로 보아 평민 출신인 것으로 추측된다. 일찍이 이성계(李成桂)의 사병
(私兵)으로서, 추천으로 벼슬에 올라, 1385년(우왕 11) 판위위시사(判衛尉寺事)가 되어 함주(咸州) 일대의 왜구를 토
벌하는 이성계의 휘하에서 공을 세우는 등 여러 차례 왜구 토벌전에서 공을 세웠다. 92년(공양왕) 이방원(李芳遠)과
모의하여 이성계를 문병하고 돌아가는 정몽주(鄭夢周)를 선죽교(善竹橋)에서 격살하는 데 앞장섰다. 같은 해 정도전
(鄭道傳) 등과 함께 이성계를 추대하여 개국공신 2등에 책봉되고 예조전서에 올랐다. 뒤에 참찬문하부사(參贊門下府
事)에 추증되었다.

523) 요로(要路): 〈명사〉 ① 가장 긴요한 길. 중요한 길목.

524) 선죽교(善竹橋): 개성직할시 선죽동(善竹洞) 자남산 동쪽 기슭의 작은 개울에 있는 고려시대의 돌다리. 옛 이름은 선
지교(善地橋)라 하였으며, 다리의 동쪽에 한호(韓濩) 글씨의 비(碑)가 있다. 돌기둥과 노면(路面)이 맞닿는 부분에는
시렁돌을 철도의 침목처럼 올렸으며, 돌기둥 위에 마련된 노면에는 양쪽 가에 긴 난간돌을 놓고 그 사이를 여러
줄의 판석(板石)으로 깔았다. 노면 위에는 교량의 난간주 구실을 하는 돌기둥을 3단으로 쌓았다. 이 다리는 고려 말
정몽주(鄭夢周)가 이성계(李成桂)를 문병하고 오다가 방원(芳遠)이 보낸 조영규(趙英珪) 등에게 쇠몽둥이로 맞아 피
살된 곳으로 유명하다. 이 돌다리에는 아직도 정몽주의 혈흔이 있다고 한다.

525) 위엄 위(威), 섬 도(島), 돌아올 반(返), 이을 승(承), 가슴 응(膺), 클 비(丕), 움직일 운(運).

위화도(威化島)526)에서 회군(回軍)하니, 천운(天運)이 임금의 자리로 응대(應待)하였다.

李太祖 初 諱 成桂오 改諱 旦이라하니 高麗 禑가 命
이 태 조 초 휘 성 계　　개 휘 모　　　　　고 려 우　　명

攻明國이어늘 李太祖率兵渡鴨綠江하여 陣於威化島할새
공 명 국　　　　이 태 조 솔 병 도 압 록 강　　진 어 위 화 도

適天大雨하여 將卒多逃亡하니 李太祖命回軍하니 士卒
적 천 대 우　　장 졸 다 도 망　　이 태 조 명 회 군　　사 졸

無不喜躍이라. 遂擧兵入京하여 廢禑立昌하니 尋又廢之
무 불 희 약　　수 거 병 입 경　　폐 우 입 창　　심 우 폐 지

하고 立恭讓王하니 終乃膺天順民하여 卽位于壽昌宮하
　　입 공 양 왕　　종 내 응 천 순 민　　즉 위 우 수 창 궁

니 元年壬申이오 明太祖洪武二十五年이라.
원 년 임 신　　명 태 조 홍 무 이 십 오 년

이태조의 처음 이름은 성계(成桂)527)이다. 후에 이름을 고치어 모(旦)528)라고 하였다. 고려 우왕(禑王)이 그에게 명하여 명(明)나라를 정벌하게 하였다.

이태조가 군사를 거느리고 압록강을 건너 위화도에 진을 주둔하였는데, 마침 하늘에서 큰 비가 내리어 장졸들은 모두 도망하고 말았다.

이태조가 회군을 명하니 군사들이 기뻐서 날뛰었다.

그 여세로 군사를 일으켜 개경(開京)529)으로 들어와 우왕을 폐하고 창왕(昌王)을 세웠다가 다시 폐하고 공양왕(恭讓王)을 세웠다.

---

526) 위화도(威化島): 평북 의주군 위화면 압록강 하구에 소재한 섬. 면적 11.2km², 길이 9km. 평균너비 1.4km. 해안선 길이 21km. 압록강의 하중도(河中島)로 의주 하류 쪽에서 2km, 신의주에서 상류 쪽 2km 지점에 위치한다. 압록강이 운반한 토사(土砂)의 퇴적으로 이루어진 섬이다. 고려시대에는 대마도(大麻島)라 하여 국방상 요지였다. 1388년(우왕 14) 5월 요동정벌 때 우군도통사(右軍都統使) 이성계(李成桂)가 이곳에서 회군(回軍)을 단행함으로써 조선시대를 여는 역사적 계기를 이룩한 곳이다.

527) 이성계(李成桂): 조선 제1대 왕(1392~1398). 성은 이(李), 이름은 성계(成桂), 자는 중결(仲潔), 호는 송헌(松軒). 본관은 전주(全州). 즉위 후 이름을 단(旦), 자를 군진(君晉)으로 고쳤다. 자춘(子春)의 둘째 아들이며, 어머니는 최씨(崔氏)이다. 비는 신의왕후 한씨(神懿王后 韓氏), 계비는 신덕왕후 강씨(神德王后 康氏)이다.

528) 모(旦): 본래 아침 단(旦) 자이나 옛 군주(君主)들과 유림(儒林)은 주공(周公)의 이름과 같다 하여 이름으로 사용할 땐 '모'라 하였다.

529) 개경(開京): 〈명사〉 '개성'의 고려 때 이름.

마침내 천명(天命)과 민심(民心)을 얻어 수창궁(壽昌宮)에서 즉위하니, 원
년(元年)530) 임신년(壬申년 1392년 7월 17일). 명태조(明太祖) 홍무(洪武) 25
년이었다.

鎭撫531) 衆黎하니 令行遠近이로다.532)
진 무   중 려   영 행 원 근

백성의 마음을 진정시키고 어루만져 달래 주니 임금의 영(令)이 온 나
라에 행하여졌다.

太祖五年에 琉球王 遣使稱臣하고 暹羅獻方物533)하
태조오년   유구왕   견사칭신   섬라헌방물

고 又招安女眞하고 討服對馬壹岐等島라.
우초안여진   토복대마일기등도

태조 5년에 유구왕(琉球王)534)이 사신을 보내어 신하(臣下)라 칭하고
섬라왕(暹羅王)535)이 지방의 특산물을 보내 왔다.
다시 여진국(女眞國)을 불러 안심시키고 대마도(對馬島), 일기도(壹岐
島)536) 등 섬을 쳐서 굴복시키었다.

碩蕃頑愚하여 自取戕殘이로다.537)
석 번 완 우   자 취 장 잔

---

530) 원년(元年): 〈명사〉 ① 임금이 즉위한 해. ② 나라를 세운 해. ③ 연호를 정한 첫해.

531) 진무(鎭撫): 백성의 마음을 진정시켜 어루만져 달램. 진무 – 하다.

532) 진 진(鎭), 어루만질 무(撫).

533) 방물(方物): 〈명사〉 ① 조선 때 감사나 수령이 임금께 바치는 그 고장의 산물. ② 조선 때 명나라에 보내던 우리나라
의 산물.

534) 유구국(琉球國): 일본 규슈에서 타이완으로 이어지는 남서제도 중 남반부에 해당하는 오키나와현으로 예전에는 유
구국(流求國)이라 하여 대만섬과 일본 큐슈섬 사이에 독립된 국가였다.

535) 섬라왕(暹羅王): 섬라곡국(暹羅斛國), 현 태국을 다스리던 옛 왕.

536) 일기도(壹岐島): 일본 나가사키현(長崎縣) 이키(壹岐).

537) 클 석(碩), 울타리 번(蕃), 모질 완(頑), 어리석을 우(愚), 취할 취(取), 죽일 장(戕), 쇠잔할 잔(殘).

방석(芳碩)538)과 방번(芳蕃)539)이 어리석고 모질어서 스스로 잔혹하게
죽을 짓을 하였다.

太祖有子八人하니 定宗 諱 芳果오 太宗 諱 芳遠이오
태 조 유 자 팔 인　　　　정 종 휘 방 과　　　태 종 휘 방 원

芳毅 芳幹 芳雨 芳衍은 神懿王后 韓氏誕生이오 芳碩 芳
방 의 방 간 방 우 방 연　　신 의 왕 후 한 씨 탄 생　　　방 석 방

蕃은 神德王后 康氏誕生이니 芳碩이 欲爲太子어늘 鄭
번　신 덕 왕 후 강 씨 탄 생　　　방 석 욕 위 태 자　　　정

道傳 南誾이 附之하여 欲除韓所誕生之諸王子라. 太宗
도 전 남 은　　부 지　　　욕 제 한 소 탄 생 지 제 왕 자　　　태 종

이 知之하고 走出西門하니 趙浚等이 收斬道傳 南誾等
지 지　　　주 출 서 문　　　조 준 등　　수 참 도 전 남 은 등

과 芳碩 芳蕃하니 遂遇害라.
방 석 방 번　　　수 우 해

태조에게는 여덟 명의 왕자가 있었다. 정종(定宗)의 이름은 방과(芳果)
이고, 태종의 이름은 방원(芳遠)이다.
　방의(芳毅), 방간(芳幹), 방우(芳雨), 방연(芳衍)은 신의왕후(神懿王后) 한
(韓)씨의 아들이고, 방석(芳碩)과 방번(芳蕃)은 신덕왕후(神德王后) 강(康)씨
의 아들이다.
　방석이 태자(太子)가 되고자 하여 정도전(鄭道傳),540) 남은(南誾) 등이

---

538) 방석(芳碩): 의안대군[宜安大君 1382~1398(우왕 8~태조 7)]. 조선 태조의 제8 왕자. 이름은 방석(芳碩). 본관은 전
　　주(全州). 어머니는 신덕왕후(神德王后)이다. 1392년(태조 1) 정도전(鄭道傳) 등의 추대로 세자에 책봉되었으나, 신의
　　왕후(神懿王后) 소생의 이복형들이 불만을 품고 일으킨 98년 제1차 왕자의 난으로 유배 도중, 이숙번(李叔蕃)에 의
　　해 무안대군(撫安大君) 방번(芳蕃)과 함께 살해되었다. 후일 의안군에 추봉되었으며, 세종 때 왕명으로 금성대군(錦
　　城大君) 유(瑜)가 후사(後嗣)로 정해져 입묘봉사(立廟奉祀)하게 되었다. 또한 1680년(숙종 6) 김수항(金壽恒) 등의 상
　　언에 의하여 다시 대군에 추봉되었다. 시호는 소도(昭悼).
539) 방번(芳蕃): 무안대군[撫安大君 1381~1398(우왕 7~태조 7)]. 조선 태조의 7남. 이름은 방번(芳蕃). 어머니는 신덕
　　왕후(神德王后) 강씨(康氏). 1392년(태조 1) 무안군(撫安君)에 봉해지고, 태조에게 총애를 받아 세자(世子)로 내정되
　　었으나, 제신들의 반대로 아우인 방석(芳碩)에게 세자위(世子位)를 빼앗겼다. 98년(태조 7) 제1차 왕자의 난 때 쫓겨
　　나, 방석과 함께 조준(趙浚) 등에게 살해되었다. 방원(芳遠: 太宗)의 즉위 뒤 휼전(恤典)이 추거(追擧)되었고, 1437년
　　(세종 19) 세종의 5남 광평대군(廣平大君)이 후사(後嗣)가 되었다. 숙종 때 대군(大君)에 추봉(追封)되었다. 시호는 공
　　순(恭順), 후에 장혜(章惠)로 개시(改諡)되었다.

방석과 함께 한씨의 여러 왕자들을 제거하려 하였다.

이를 태종 방원이 알고서 조준(趙浚)541) 등과 서문(西門)에 나가 정도전, 남은 등을 참수하고, 이숙번(李叔蕃)542)을 보내 유배를 가는 방석과 방번을 길에서 살해하였다.

---

540) 정도전[鄭道傳 1342~1398(충혜왕 복위 3~태조 7)]: 고려 말 조선 초 문신 · 학자 · 개국공신. 자는 종지(宗之), 호는 삼봉(三峰). 본관은 봉화(奉化). 형부상서 정운경(鄭云敬)의 아들이다. 어려서 경상북도 영주에서 살다가, 개경에 와서 이색(李穡)의 문하에서 수학. 정몽주 · 이숭인 · 이존오 · 김구용 등과 교유했는데, 이들 중에서도 특히 문장과 성리학에 뛰어났다. 1362년(공민왕 11) 진사가 되고 전교주부 · 태상박사 등을 지냈다. 1375년(우왕 1) 친원배명정책에 반대하다가 회진현(會津縣)에 귀양 갔으나 1377년 풀려나서 학자들과 경학(經學)을 강의하다가 1383년 이성계(李成桂)의 휘하로 들어갔다. 1384년 정몽주(鄭夢周)의 서장관으로 명(明)나라에 다녀와서 다음 해 성균관대사성이 되었다. 1388년 위화도(威化島) 회군으로 이성계 일파가 실권을 잡게 되자 조준(趙浚) 등과 함께 토지개혁을 건의하였으며, 1389년 창왕을 폐위하고 공양왕을 옹립하였다. 1392년(공양왕 4) 이성계를 추대하여 조선왕조를 개국하고, 개국 1등공신이 되어 문하시랑찬성사(門下侍郎贊成事) · 지경연예문춘추관사(知經筵藝文春秋館事) 등 요직을 겸임하여 새 나라의 문물제도와 국책의 대부분을 결정하였다. 1393년(태조 2) <문덕곡(文德曲)> <몽금척(夢金尺)> <수보록> 등 악사(樂詞)를 지어 이성계의 창업을 찬송하였다. 1394년 판의흥삼군부사(判義興三軍府事)가 되어 재정 및 지방병권에 대한 지배권을 장악하였고, 같은 해 한양천도(漢陽遷都)를 계획, 실행하였다. 1395년 정총(鄭摠) 등과 함께 ≪고려국사(전37권)≫을 편찬하였다. 1396년 표전문(表箋文) 문제로 명나라 태조 주원장(朱元璋)이 정도전을 잡아 보내라고 하자, 이에 분개한 그는 라오둥정벌[遼東征伐(요동정벌)]을 계획하고 군량미 확보 · 진법훈련(陣法訓鍊) 등을 행하던 중 1398년 제1차 왕자의 난 때 이방원(李芳遠: 太宗)에게 참수되었다. 그는 ≪조선경국전(朝鮮經國典), 1394)≫, ≪경제문감(經濟文鑑, 1395)≫, ≪경제문감별집(經濟文鑑別集, 1397)≫ 등을 지어 경세론(經世論)을 제시했고, ≪학자지남도(學者指南圖)≫, ≪심문천답(心問天答, 1375)≫, ≪심기리(心氣理, 1394)≫, ≪불씨잡변(佛氏雜辨, 1398)≫ 등 철학서를 저술하여 불교가 가지는 철학적 비합리성과 사회적 폐단을 지적, 비판하면서 성리학을 이론적으로 정립하여 유학의 발전을 기하고, 유교입국의 사상적 기초를 다졌다. 또한 많은 악사를 지어 <정동방곡(靖東方曲)>, <납씨곡(納氏曲)>, <신도가(新都歌)> 등을 남겼다. 시호는 문헌(文憲).

541) 조준[趙浚 1346~1405(충목왕 2~태종 5)]: 고려 말 조선 초 문신. 자는 명중(明仲). 호는 우재 · 송당(松堂). 본관은 평양(平壤). 1374년(공민왕 23) 문과에 급제하여 통례문부사(通禮門副使) · 전법판서(典法判書) · 도검찰사(都檢察使)를 지내며 왜구 토벌 등에 공을 세웠다. 1388년(우왕 14) 위화도회군 이후 이성계(李成桂)로부터 신임을 얻어 지밀직사사(知密直司事) 겸 대사헌이 되었고, 이어 평리(評理) 겸 판상서사사(判尙瑞司事)로 있으면서 정도전(鄭道傳)과 함께 전제(田制) 개혁에 앞장섰다. 1392년(태조 1) 이성계를 왕으로 추대하여 개국공신 1등으로 평양백(平壤伯)에 봉해졌고 문하좌시중과 5도도통사를 겸직하여 병권을 장악하였다. 1 · 2차 왕자의 난에서 방원(芳遠)의 편에 섰고, 한때 태종비 민씨(閔氏) 일파의 참소로 시련을 겪기도 하였으나 태종의 즉위로 판문하부사에 기용되고 영의정부사에 올라 부원군으로 책봉되었다. 시문에 뛰어난 재능을 보였고, 특히 토지제도에 조예가 깊어 하륜(河崙) 등과 함께 ≪경제육전(經濟六典)≫을 편찬하기도 하였다. 태조의 묘정에 배향되었으며, 저서로 ≪송당집≫이 있다. 시호는 문충(文忠).

542) 이숙번[李叔蕃 1373~1440(공민왕 22~세종 22)]: 조선 초기 문신. 본관은 안성(安城). 1393년(태조 2) 문과에 급제하고, 여러 벼슬을 거쳐 98년 지안산군사(知安山郡事)가 되었다. 이때 제1차 왕자의 난에 공을 세워 정사공신 2등에 책록되고 안성군에 봉해졌으며, 우부승지가 되었다. 1400년(정종 2) 제2차 왕자의 난이 일어나자 선두에서 이를 토벌하고 좌군총제가 되었으며 좌명공신 1등에 책록되었다. 1402년(태종 2) 지중추부사를 거쳐 그 뒤 지의정부사 · 참찬의정부사 · 지공거 · 겸중군총제 · 겸충좌시위사상호군 · 겸중군도총제 · 동북면절제사 등을 지냈고, 12년 종1품 숭정대부에 올랐으며, 15년 안성부원군에 봉해졌다. 그러나 성품이 포학하고, 자신의 공을 믿고 거만하여 수차례 대간들의 탄핵을 받아 경상도 함양(咸陽)에 유배되었다. 한때 개국 초의 일에 소상하다 하여 ≪용비어천가≫ 편찬을 도왔으나 편찬이 끝난 뒤 다시 유배지에 보내져 그곳에서 죽었다.

触怒543) 震疊544) 하니 出御哈蘭이로다.545)
촉 노   진 첩   출 어 합 란

진노(震怒)한 끝에 합란(哈蘭 함흥)으로 어소(御所)546)를 옮기었다.

哈蘭은 今咸興古號라. 芳碩 芳蕃이 旣遇害라. 太祖
합 란   금 함 흥 고 호   방 석 방 번   기 우 해   태 조
不勝忿怒하여 出御咸興이라.
불 승 분 노   출 어 함 흥

합란(哈蘭)은 지금 함흥의 옛 지명이다. 방석과 방번이 태종에게 모두
살해당하자, 태조는 형제들을 죽이고 왕위에 오른 태종에 대한 증오와
분노를 이기지 못하고 어소(御所)를 함흥으로 옮기었다.

〈※ 주(註)〉

태조가 함흥에 있을 때 태종이 문안(問安) 차사(差使)를 보내면, 그때마다
그 차사를 죽였다는 이야기가 전해져 함흥차사(咸興差使)547)라는 말이 여기서
유래되었다.

이후 심부름을 가서 소식이 없거나 돌아오지 않는 사람을 비유하는 말이
되었다.

---

543) 촉노(觸怒): 〈명사〉 웃어른의 마음을 거슬러서 성을 벌컥 내게 함.
544) 진첩(震疊): 〈명사〉 존엄한 사람이 몹시 성을 내어 그치지 아니함. 진첩-하다.
545) 닿을 촉(觸), 성낼 노(怒), 진노할 진(震), 쌓일 첩(疊), 어거할 어(御), 크게 마실 합(哈), 난초 란(蘭).
546) 어소(御所): 〈명사〉 임금이 계시는 곳.
547) 함흥차사(咸興差使): 조선 초 함흥으로 간 이성계를 모셔 오기 위해 태종이 보낸 사신. 이성계(李成桂)는 왕자의 난
   으로 두 아들 방번(芳蕃)·방석(芳碩)과 정도전(鄭道傳) 등 심복을 잃고 정치에 뜻이 없어져, 태종에게 왕위를 양위
   하고 1401년 고향 함흥으로 갔다. 태종이 아버지의 노여움을 풀고자 함흥으로 여러 번 차사(差使)를 보냈으나, 그때
   마다 이성계는 사신들을 잡아 가두고 돌려보내지 않았다. 따라서 갔다가 소식도 없이 돌아오지 않거나 회답이 더딜
   때의 비유(比喻)로 이 말이 쓰이기도 한다.

악장(樂章)549)으로 노래를 선별하고, 훈민정음(訓民正音)550)으로 언문(諺文)을 지었다.

세종(世宗)551)의 이름은 도(祹)이다. 재위 25년(1443년) 친히 훈민정음을 지어서 나랏말을 바로잡고 '언문(諺文)'552)이라 일컬었다.

재위 27년(1445년) 명을 내려 용비어천가(龍飛御天歌)553)를 지어서 조정(朝廷)에서 잔치하는 음악으로 삼았다.

---

548) 음악 악, 좋아할 요, 즐거울 락(樂), 글 장(章), 가릴 선(選), 지을 제(製), 속될 언(諺).

549) 악장(樂章): 〈명사〉 (지난날) 나라의 제전, 연례에 주악할 때 부른 가사. 〈동의어〉 악부(樂府).

550) 훈민정음(訓民正音): 한국 고유 문자. 1443년(세종 25년)에 창제되고 46년 반포된 문자 훈민정음(訓民正音)의 현대적 명칭이다. '백성을 가르치는 바른 소리'라는 뜻의 훈민정음은 언문(諺文)·언서(諺書)·반절(反切)·암클·아햇글·가가글·국서(國書)·국문(國文)·조선글 등 여러 명칭으로 불렸다. 특히 언문은 '상말을 적는 상스러운 글자'라는 뜻으로 한자·한문에 대하여 한글을 낮추어 부르는 속칭으로 널리 쓰였다. 그러다가 근대화과정에서 민족의식 각성과 더불어 국문(國文)이라고 부르다가 한글로 통일되었다. 한글이라는 이름은 주시경(周時經)에 의해 만들어져 1913년부터 쓰이기 시작, 27년 한글사에서 펴낸 《한글》잡지로부터 널리 퍼졌다. 한글이란 말의 뜻은 '한(韓)나라의 글', '큰 글', '세상에서 으뜸가는 글'이란 의미로, 세종대왕이 '정음'이라 부른 정신과 통한다.

551) 세종[世宗 1397~1450(태조 6~세종 32)]: 재위기간 동안 유교정치의 기틀을 확립하고, 공법(貢法)을 시행하는 등 각종 제도를 정비해 조선왕조의 기반을 굳건히 했다. 또한 한글의 창제를 비롯하여 조선시대 문화의 융성에 이바지하고 과학기술을 크게 발전시키는 한편, 축적된 국력을 바탕으로 국토를 넓혔다. 이름은 도(祹), 자는 원정(元正). 태종의 셋째 아들이며, 어머니는 원경왕후(元敬王后) 민씨이다. 비(妃)는 청천부원군(靑川府院君) 심온(沈溫)의 딸 소헌왕후(昭憲王后)이다.

552) 언문(諺文): 〈명사〉 ① (지난날) '한글'을 낮잡아 일컫던 말. ② '절반'을 곁말 투로 일컫는 말.

553) 용비어천가(龍飛御天歌): 조선 세종 때 권제·정인지(鄭麟趾)·안지(安止) 등이 지은 악장. 목조(穆祖)에서 익조(翼祖)·도조(度祖)·환조(桓祖)·태조·태종에 이르는 6대의 행적을 중국 고사에 비유하여 건국의 정당성을 서사적으로 노래하였다. 1445년(세종 27) 한글로 된 노래의 본문과 그 뜻을 풀이한 한시가 만들어졌고, 47년 역사적 사실을 기록한 한문으로 된 글이 완성되었다.

端宗遜位554) 하니　**世祖靖難**555)이로다.556)
단 종 손 위　　　　세 조 정 난

　단종(端宗)이 왕위를 손위(遜位)하니, 세조(世祖)가 나라의 위난(危難)을
평정(平定)557)하였다.

端宗 諱 弘暐가 **卽位年幼沖**이라. **世祖 諱 瑈**가 **以首**
단종 휘 홍위　　즉위연유충　　　세조 휘 유　　이수

陽大君으로 **輔國政**할새 **搆殺領議政 金宗瑞 皇甫仁等**하
양대군　　　　보국정　　　구살영의정 김종서 황보인등

고 **錄鄭麟趾等三十六人**하여　**賜以輸忠衛社脅贊靖難功臣**
　록정인지등삼십육인　　　　사이수충위사협찬정난공신

號하니 **端宗在位三年**에 **遂禪位于世祖**라. **尊端宗爲上王**
호　　　단종재위삼년　　수선위우세조　　　존단종위상왕

이나 **尋降封**558)**魯山君**하고 **使遜于寧越**하여 **尋薨**이라.
심강봉　　　노산군　　　사손우영월　　　심훙

　단종(端宗)559) 이름 홍위(弘暐)가 즉위하니 나이가 어렸다. 세조(世祖)

---

554) 손위(遜位): 〈명사〉 임금의 자리를 내어 놓음. 〈동의어〉 양위(讓位). 손위 – 하다.

555) 정난(靖難): 〈명사〉 ① 나라의 위난을 평정함. 정난 – 하다. ② 계유정난(癸酉靖難): 1453년(단종 1)에 수양대군(首陽大
　　君)이 단종의 보좌세력인 원로대신 황보인(皇甫仁) · 김종서(金宗瑞) 등 수십 명을 살해 · 제거하고 정권을 잡은 사건.

556) 바를 단(端), 사양할 손(遜), 다할 정(靖), 어려울 난(難).

557) 평정(平定): 〈명사〉 난리를 평온하게 진정시킴. 평정 – 하다.

558) 강봉(降封): 지위를 격하시켜 봉하다.

559) 단종[端宗 1441~1457(세종 23~세조 3)]: 조선 제6대 왕(1452~55). 이름은 홍위(弘暐). 아버지는 문종(文宗), 어
　　머니는 현덕왕후(顯德王后) 권씨, 비는 정순왕후(定順王后) 송씨이다. 1448년(세종 30) 8세 때 왕세손에 책봉되었고,
　　50년 문종이 즉위하자 왕세자로 책봉되었다. 52년 5월 문종이 재위 2년 만에 죽자, 즉위하였으나 나이가 어려 정치
　　하는 일에 어두우니 모든 조처는 의정부와 육조가 서로 의논하여 시행할 것과, 승정원은 왕명출납을 맡고 있으므로
　　신하들의 사삿일은 보고하지 말도록 교서를 내렸다. 문종의 고명을 받은 영의정 황보인(皇甫仁), 좌의정 남지(南智),
　　우의정 김종서(金宗瑞) 등이 측근에서 보좌하고, 집현전학사 출신인 성삼문(成三問) · 박팽년(朴彭年) · 하위지(河緯
　　地) · 신숙주(申叔舟) 등도 측근에서 보필하였다. 53년(단종 1) 4월 경회루에 나가서 유생들을 친히 시험 보이고, 온
　　성(穩城)과 함흥 두 고을에 성을 쌓았으며 나난(羅暖) · 무산(茂山) 두 성보(城堡)를 설치하였다. 이해 10월 수양대군
　　(首陽大君)은 정권을 빼앗고자 자기 측근인 권람 · 한명회의 계책에 따라 안평대군(安平大君)을 추대하여, 종사를 위
　　태롭게 하였다는 죄명으로 영의정 황보인, 좌의정 김종서, 병조판서 조극관(趙克寬), 이조판서 민신(閔伸) 등을 죽이
　　고 정권을 잡았다. 일이 이렇게 되자, 어쩔 수 없이 수양대군을 영의정으로 삼고, 거사에 참가한 사람들에게 정난공
　　신(靖難功臣)의 칭호를 주었다. 그리고 안평대군은 사사되었고, 그 아들 우직(友直)은 진도에 유배되었다. 54년 정월

유(瑈)가 수양대군이 되어, 국가의 정치를 보좌하면서, 영의정 김종서(金宗瑞)와 황보인(皇甫仁) 등을 대역모반죄(大逆謀叛罪)의 누명을 씌워 격살(擊殺)560)하였다.

공을 세운 정인지(鄭麟趾) 등 36인에게 수충위사협찬정난공신(輸忠衛社協贊靖難功臣)의 호를 하사하였다.

단종 재위 3년 세조에게 왕위를 선위(禪位)하였다.

세조는 단종을 상왕(上王)으로 추존하였으나, 이윽고 노산군(魯山君)으로 강봉(降封)하고, 영월 청량포(淸凉浦)로 유배시켜 그곳에서 (1457년 10월) 사사(賜死)561)하였다.

⟨※ 주(註)⟩

조선을 건국(建國)한 태조 이성계 자체가 반역이었지만, 그가 쿠데타로 고려를 뒤집으며 내세운 건국이념이며 통치철학인 유교의 삼강오륜(三綱五倫)562) 속에서 형제들을 죽이고 아버지의 왕권을 찬탈한 태종 이방원으로부

송현수(宋玹壽)의 딸을 왕비로 삼았으며, 이달에 양성지(梁誠之)가 ≪황극치평도(皇極治平圖)≫를 찬진(撰進)하고, 3월 춘추관에서 ≪세종실록≫을 찬진하였다. 55년 윤 6월 수양대군이 왕의 측근인 금성대군(錦城大君) 이하 여러 종친·신하들을 죄인으로 몰아 유배시켰다. 급박한 주변 정세에 단종은 더 이상 견디지 못하고 수양대군에게 왕위를 물려주고, 상왕(上王)이 되어 수강궁(壽康宮)으로 옮겼다. 56년(세조 2) 6월 집현전학사 출신인 성삼문·박팽년 등과 성승(成勝)·유응부(俞應孚) 등에 의하여 상왕을 복위시키려는 사건이 일어났으나 계획이 실행되기도 전에 김질의 고발로 실패하였다. 이로 인하여 단종은 57년 6월 노산군(魯山君)으로 강봉되어 강원도 영월(寧越)에 유배되었다. 이해 9월 경상도 순흥(順興)에 유배되었던 금성대군이 복위를 계획하다가 발각되어, 다시 노산군에서 서인으로 강봉되었다가 10월 죽음을 당하였다. 1681년(숙종 7) 노산대군으로 추봉되고, 98년 복위되었다. 시호를 공의온문순정안장경순돈효대왕(恭懿溫文純定安莊景順敦孝大王)으로, 묘호를 단종으로 추증하고, 능호(陵號)를 장릉(莊陵)이라 하였다.

560) 격살(擊殺): ⟨명사⟩ (무기로) 쳐서 죽임. 격살 - 하다.

561) 사사(賜死): ⟨명사⟩ 임금이 죄인에게 사약을 내리어 자결하게 함. 사사 - 하다.

562) 삼강오륜(三綱五倫): 유교의 사람이 반드시 행해야 할 3가지 기본 강령과 5가지 실천적 강목. 인류의 가장 기본적인 인간관계를 확정하기 위해 제시되었던 유교의 기본윤리로서 중국뿐 아니라 한국에서도 오랫동안 기본적인 사회윤리로 존중되어 왔다. 삼강은 한대(漢代)의 학자 동중서(董仲舒)가 ≪춘추번로(春秋繁露)≫에서 강조하였고 또 그에 의해 확정된 윤리인데, 임금과 신하, 부모와 자식, 남편과 아내 사이에 마땅히 지켜야 할 도리로 군위신강(君爲臣綱)·부위자강(父爲子綱)·부위부강(夫爲婦綱)을 말한다. 오륜은 ≪맹자≫에 처음 나오는 말로서 오상(五常)·오전(五典)이라고도 하는데, 부자 사이에 친애가 있어야 하고(父子有親), 군신 사이에 의리가 있어야 하며(君臣有義), 부부 사이에 분별이 있어야 하고(夫婦有別), 어른과 어린 사람 사이에 차서가 있어야 하며(長幼有序), 붕우 사이에 신의가 있어야 함(朋友有信)을 이른다. 오늘날 삼강오륜은 봉건시대의 윤리에 불과한 것으로 인식되는 경향이 있으나, 현대적인 해석을 통해 충분히 활용될 수 있는 가능성을 지닌다. 부자유친·장유유서·붕우유신은 오늘날 더욱 요망되는 덕목이며, 군신유의는 국가에 대한 것으로 대치할 경우 타당성을 지닌다. 부부유별 역시 남녀의 차별이 아니라 구별에 의하여 각자의 직능완수(職能完遂)를 위한 것으로 이해될 수 있다.

터 시작된 불충(不忠)과 불효(不孝)라는 패륜(悖倫)의 역사는 14세 어린 조카 단종의 왕위를 빼앗아 왕이 된 세조(世祖)의 등장으로, 자신들의 건국이념인 삼강오륜을 뿌리째 뽑아 버렸다.

이후 정통성을 상실한 조선의 왕들은 조상들이 저지른 패륜의 업보를 씻으려고, 삼강오륜을 교조처럼 받들면서 백성들에게 강요하였으며, 오로지 삼강오륜만을 끌어안고 스스로 우물 안의 개구리가 되어 버린 조선은 마침내 일본의 식민지로 전락하여, 사라지는 비운(悲運)을 당하였다.

> 視死如歸563)하니 六臣凜烈이로다.564)
> 시 사 여 귀   육 신 늠 열

죽는 것을 고향에 돌아가는 것과 같이 여기니 사육신(死六臣)565)의 늠름한 충신열사의 기상이다.

---

563) 시사여귀(視死如歸): 〈명사〉 ('죽는 것을 고향에 돌아가는 것과 같이 여긴다'는 뜻으로) '죽음을 두려워하지 않음'을 이르는 말.

564) 볼 시(視), 돌아갈 귀(歸), 찰 름(凜), 매울 렬(烈).

565) 사육신(死六臣): 1456년(세조 2) 단종의 복위를 도모하다가 발각되어 죽음을 당한 여섯 신하. 성삼문(成三問) · 박팽년(朴彭年) · 이개(李塏) · 하위지(河緯地) · 유성원(柳誠源) · 유응부(俞應孚)를 말하는데, 이들을 '사육신'이라고 부르게 된 것은 생육신(生六臣)의 한 사람인 남효온(南孝溫)이 이들 여섯 신하의 전기인 ≪육신전(六臣傳)≫을 지은 데서 비롯한다. 이들 중 무신인 유응부를 제외하면 모두가 집현전학사(集賢殿學士) 출신으로서 세종의 신임을 받고 문종으로부터는 나이 어린 세자를 잘 보필해 달라는 고명(顧命)을 받은 신하들이었다. 후일 세조는 이 사건에 집현전 학사 출신이 주동이 되었다 하여 집현전을 혁파하였다. 이들은 단종의 숙부 수양대군(首陽大君)이 1453년(단종 1) 계유정난을 통하여 안평대군(安平大君) · 황보인(皇甫仁) · 김종서(金宗瑞) 등 단종 친위세력을 제거하고 권력을 독차지한 뒤, 55년 단종을 몰아내고 왕위를 찬탈하자, 동조자를 규합하여 단종 복위를 계획하였으나, 이에 참여하였던 김질이 고변(告變)함으로써 주동자와 동조자가 모두 체포되었다. 세조는 이들을 직접 신문하였는데, 갖은 고문과 회유에도 이들은 굴복하지 않았다. 박팽년은 옥에서 죽고, 유성원은 거사 실패의 소식을 듣고 집에서 자결하였으며, 나머지 네 사람은 옥이 일어난 지 7일 만에 모두 군기감(軍器監) 앞에서 처형되었다. 그리고 사육신 이외에도 권자신(權自愼) 등 70여 명이 이 사건으로 참화를 입었다. 중종반정 이후 성삼문 · 박팽년 등을 난신(亂臣)이 아닌 충신으로 평정하기를 건의하는 상소가 나오기 시작하였는데, 1511년(중종 6) 그동안 발간이 금지되었던 ≪추강집(秋江集)≫이 인출되어 세상에 나오게 된 것은 사육신 문제가 정치적으로 용인되는 동기가 되었다. 사육신은 1691년(숙종 17)에 관직이 복구되고 시호가 내려졌으며, 묘우(廟宇)를 세워 제사를 지내도록 함으로써 국가적인 공인이 이루어졌다.

死六臣은 卽河緯地 朴彭年 成三問 李塏 兪應孚 柳誠
사 육 신　　즉 하 위 지　박 팽 년　성 삼 문　이 개　유 응 부　류 성

源이라. 世祖 元年에 六臣이 謀復端宗할새 事覺하여
원　　　세 조 원 년　　육 신　　모 복 단 종　　　사 각

同日被殺이라.
동 일 피 살

　　사육신(死六臣)은 하위지(河緯地), 박팽년(朴彭年), 성삼문(成三問), 이개
(李塏), 유응부(兪應孚), 유성원(柳誠源)을 말한다.

　　세조 원년에 단종의 복위를 꾀하다가 일이 발각되어 같은 날에 피살
되었다.

覽謂寒羹이오　孚擲冷鐵이로다.566)
람 위 한 갱　　　부 척 냉 철

　　권람(權覽)567)을 한갱랑(寒羹郞)이라고 불러 조롱하였고, 유응부는 식
어 버린 쇠를 던진 충신이었다.

權覽은 世祖朝 領相이니 世祖 在潛邸時에 知世祖之
권 람　　세 조 조　영 상　　　세 조　재 잠 저 시　　　지 세 조 지

意하여 進見議事하여 日晏不退라. 世祖가 進饍失時하
의　　　진 견 의 사　　　일 안 불 퇴　　세 조　　　진 선 실 시

니 宮人이 目之하여 以寒羹郞이라 하다.
궁 인　　목 지　　　이 한 갱 랑

　　권람은 세조 때의 영상(領相)568)이었다. 세조가 잠저에 있을 때 세조의

---

566) 볼 람(覽). 국 갱(羹). 믿을 부(孚). 던질 척(擲). 찰 랭(冷). 쇠 철(鐵).

567) 권람[權擥 1416~1465(태종 16~세조 11)]: 조선 초기 문신. 자는 정경. 호는 소한당. 본관은 안동. 어려서부터 독
서를 좋아하였으며, 한명회와 책을 읽고 글을 지으며 깊은 교우관계를 가졌다. 1450년 식년문과에 장원. 감찰을 거
쳐 이듬해 교리로서, 《역대병요》를 함께 편찬하던 수양대군과 가까워졌다.

568) 영상(領相): 〈명사〉＝영의정(領議政) 의정부의 으뜸 벼슬. 지금의 국무총리에 해당한다. 〈동의어〉상상(上相). 수상(首
相). ② 영상(領相), 영합(領閤).

뜻을 알고 밤늦도록 의논하며 돌아오지 않았다.

세조가 일에 몰두(沒頭)[569]하여 먹을 때를 잃으니, 궁중의 사람들이 보고 말하기를 권람을 한갱랑(寒羹郎)이라 하였다.

〈※ 주(註)〉

한갱랑(寒羹郎)은 '갱장(羹牆)'이라 하여, 요(堯) 임금이 죽은 뒤 순(舜) 임금이 우러러 사모한 나머지 앉으면 담(장 牆)[570]에서 음식을 먹으면 국(갱 羹)에서 요 임금을 그리워하였다는 고사(古事)에서 인용한 말인데, 세조의 마음을 헤아리고 도운 권람에게 '한갱랑(寒羹郎)', 즉 식은 국 같은 사내라는 세상의 조롱은 그 이름을 빗대어 '숙주나물'[571]이라고 부르는 신숙주(申叔舟)와 함께 어린 단종(端宗) 임금을 배반한 신하들에게 조선의 백성들이 내린 준엄한 심판이라 할 것이다.

식은 국에 숙주나물…… 이것이야말로 세상에 다시없는 조롱이며 영원히 지울 수도 없고 벗어날 수도 없는 무서운 역사의 형벌이다.

○ 兪應孚는 死六臣之一也라. 謀復端宗할새 事覺하
　유응부　　　사육신지일야　　　모복단종　　　　사 각
여 世祖 施灼刑以鞠之할새 顔色不變이라. 取灼鐵擲地
　세조　시작형이국지　　　안색불변　　　취작철척지
曰 此鐵冷하니 更灼來하라하고 遂不服而死라.
왈 차철냉　　갱작래　　　수불복이사

---

569) 몰두(沒頭): 골몰(汨沒) 〈명사〉 (다른 생각을 할 여유가 없이) 한 가지 일에 오로지 파묻힘. 골몰－하다 〈자동사〉 〈여 불규칙활용〉 ¶연구에 ∼. 골몰－히 〈부사〉 →골똘히.

570) 담: 〈명사〉 흙·돌·벽돌 같은 것으로 높이 쌓아 올려 집의 둘레 또는 그 밖의 일정한 공간을 둘러막은 시설. ¶∼을 높이 쌓다. 〈동의어〉 담장(－牆). 장옥(牆屋). 장원(牆垣).

571) 숙주나물: 〈명사〉 ① 녹두를 시루 같은 그릇에 담아 물을 주어서 싹을 낸 나물. 〈준말〉 숙주. 〈동의어〉 녹두채. ② 숙주를 양념에 무친 반찬. 〈동의어〉 숙주채.

유응부는 사육신의 한 사람이었다. 단종의 복위를 꾀하다가 일이 발각
되고 말았다.

세조가 쇠를 달구어서, 살을 지지는 형벌로 그를 국문(鞠問)572)하였지
만, 얼굴색 하나 변하지 않았으며, 오히려 그는 달구어진 쇠를 집어 땅에
팽개치며, "이 쇠가 식었으니 다시 달구어서 오라" 큰소리치며 끝내 굴
복하지 않고 죽임을 당하였다.

> 晉安社稷하고 燕剿縉紳573)이로다.574)
> 진 안 사 직   연 초 진 신

진성대군(晉城大君)575)은 사직(社稷)을 편안히 하고, 연산군(燕山君)576)
은 삼공(三公)577)과 구경(九卿)578)을 죽였다.

---

572) 국문(鞠問): 〈명사〉 국청에서, 중죄인을 신문하던 일. 국문 – 하다.

573) 진신(縉紳/搢紳): 〈명사〉 ① 속대(束帶)할 때, 홀(笏)을 큰 띠(帶)에 꽂는 일로 공경(公卿), 고관(高官)을 이르는 말. ②
벼슬아치를 통틀어 일컫는 말. 또는 벼슬에서 물러나 집에서 쉬는 사람들을 말함.

574) 나라 진(晉), 모일 사(社), 피 직(稷), 잔치 연(燕), 죽일 초(剿), 홀 진(縉), 큰 띠 신(紳).

575) 진성대군(晉城大君): 중종[中宗 1488~1544(성종 19~중종 39)]. 조선의 제11대 왕(1506~1544 재위). 이름은 역
(懌). 자는 낙천(樂天). 중종반정으로 왕위에 오른 뒤 조광조(趙光祖)를 비롯한 사림파를 기용하여 성리학을 장려하고
개혁정치를 시도했으나, 훈구파 · 척신파가 반발하자 기묘사화를 일으켜 사림파를 제거했다. 재위기간 중 남왜북로
(南倭北虜)의 침입이 끊이지 않았다.

576) 연산군[燕山君 1476~1506(성종 7~중종 1)]: 조선 제10대 왕(1494~1506). 이름은 이륭(李隆). 성종의 장남. 어머
니는 지평 윤기묘의 딸 폐비 윤씨이다. 1483년(성종 14) 세자에 책봉되었고, 즉위 후 녹도(鹿島)에 침공한 왜구를
격퇴하고 건주야인(建州野人)들을 회유, 토벌하는 등 국방에 주력하였다. 또한 사창(社倉) · 상평창(常平倉) · 진제장
(賑濟場)의 설치, 빈민의 구제, 사가독서(賜暇讀書)의 부활, ≪경상우도지도(慶尙右道地圖)≫, ≪국조보감(國朝寶鑑)≫.
≪동국명가집(東國名歌集)≫의 간행과 ≪속국조보감≫, ≪역대제왕시문잡저(歷代帝王詩文雜著)≫, ≪여지승람(輿
地勝覽)≫의 완성 등 즉위 초에는 다소 치적을 쌓았으나, 어머니 윤씨가 사사(賜死)된 뒤 세자시절을 불우하게 보낸
탓으로 이상성격(異常性格)이 형성되어 점차 향락과 횡포를 일삼고 많은 실정(失政)을 저질렀다. 98년 학문을 싫어
하는 그의 성격을 이용하여 훈구파(勳舊派) 유자광(柳子光) · 이극돈(李克墩) 등이 김종직(金宗直)의 ≪조의제문(弔
義帝文)≫을 구실로 무오사화(戊午士禍)를 일으켜 사림파(士林派)를 대량으로 숙청하였다. 1504년에는 생모 윤씨
사사사건의 전말을 듣고 갑자사화(甲子士禍)를 일으켜 이에 관련된 후궁들과 김굉필(金宏弼) 등 제신들을 학살하였
다. 또한, 성균관을 유흥장으로 삼고 사간원의 기능을 마비시켰으며 경연(經筵)을 폐지하는 등 방탕한 생활로 민생을
혼란에 빠뜨렸다. 1506년 성희안(成希顔) · 박원종(朴元宗) 등이 군사를 일으켜 성종의 2남 진성대군(晉城大君: 중
종)을 옹립하는 중종반정(中宗反正)이 일어나자 군(君)으로 강봉되어 강화(江華) 교동(喬桐)에 유배되어 죽었다.

577) 삼공(三公): 〈명사〉 ① 고려 때 정1품의 태위(太尉) · 사도 · 사공의 세 벼슬. ② 조선 때의 삼 정승.

578) 구경(九卿): 〈명사〉 조선 때, 육조의 각 판서와 좌참찬 · 우참찬 · 한성 판윤을 아울러 일컫던 말.

> 燕山主 諱 㦕이오 成宗 諱 娎 長子오 母尹氏(成宗妃)
> 연산주 휘 융　　성종 휘 혈 장자　모윤씨(성종비)
> 라. 遺爪痕於成宗面上이라. 遂廢妃而賜死라. 燕山主 卽
> 유조흔어성종면상　　수폐비이사사　　연산주 즉
> 位에 痛其母尹氏之寃이라. 遂大殺搢紳諸臣하니 此爲戊
> 위 통기모윤씨지원　　수대살진신제신　　차위무
> 午士禍라. 因荒淫不道하여 朴元宗 柳順汀 成希顔이 遂
> 오사화　인황음불도　　박원종 유순정 성희안　수
> 推戴晉城大君諱 懌하니 是爲中宗이라.
> 추대진성대군휘 역　　시위중종

연산군의 이름은 융(㦕)이다. 성종(成宗)[579] 혈(娎)의 장자이고, 어머니
는 윤(尹)씨였다. 성종의 비(妃) 윤씨는 성종의 얼굴에 손톱자국을 남기어
폐비(廢妃)가 되어 사사(賜死)되었다.

연산군이 즉위하여 그 어머니 윤씨의 원통함을 이기지 못하고 선비들
과 여러 신하들을 대학살하니 무오사화(戊午士禍)[580]라고 한다.

황음(荒淫)[581]하고 부도덕함을 이유로 박원종(朴元宗), 유순정(柳順汀),
성희안(成希顔)이 진성대군 역(懌)을 추대하니 중종(中宗)이다.

---

579) 성종[成宗 1457~1494(세조 3~성종 25)]: 조선 제9대 왕(1469~94). 이름은 혈. 세조의 손자이고, 덕종의 둘째 아
들이다. 어머니는 소혜왕후(昭惠王后)이고, 비(妃)는 공혜왕후(恭惠王后), 계비(繼妃)는 정현왕후(貞顯王后)이다.
1469년 예종이 죽자 13세에 왕위를 계승하였다. 그 뒤 7년 동안 정희대비(貞熹大妃: 세조의 비)가 수렴청정을 하다
가 76년(성종 7) 비로소 친정(親政)을 실시하였다. 85년 세조 때부터 편찬하여 오던 《경국대전》을 완성, 반포하였
다. 이어 92년 《대전속록(大典續錄)》을 완성하여 법제를 완성하였다. 1470년에는 관수관급제(官收官給制)를 실시
하여, 국가에서 경작자로부터 직접 조(租)를 받아들여 관리들에게 현물 녹봉을 지급하였다. 훈구세력을 견제하기 위
하여 김종직(金宗直) 일파의 신진 사림세력(士林勢力)을 등용하여 왕권을 안정시켰고 조선 중기 이후 사림정치의 기
반을 조성하였다. 92년에는 도승법(度僧法)을 혁파하고 승려를 엄하게 통제하였다. 경사(經史)에 밝고 성리학(性理
學)에 조예가 깊어 학문과 교육을 장려하였다. 1484년과 89년에 성균관과 향교에 학전(學田)을 나누어 주어 관학(官
學)을 진흥시켰으며, 홍문관을 확충하였다. 또 《동국여지승람》, 《동국통감》, 《삼국사절요》, 《동문선》 등 각
종 서적을 간행하여 문운을 진흥시켰다. 한편, 국방대책에도 힘을 기울여 1479년과 91년에는 국경지방의 야인들을
소탕하였다. 이렇게 하여 태조 이후 닦아 온 조선왕조의 정치·경제·사회·문화적 기반과 체제를 완성하였다. 능
은 선릉(宣陵)이다. 시호는 강정(康靖).
580) 무오사화(戊午士禍): 1498년(연산군 4) 김일손(金馹孫) 등 신진사류(新進士類)가 유자광(柳子光)을 중심으로 한 훈
구파(勳舊派)에 의해 화를 입은 사건.
581) 황음(荒淫): 〈명사〉 음탕한 짓을 몹시 함. 황음-하다.

八年兵燹582)에　鸞輿583) 蒙塵584) 이로다. 585)
팔 년 병 선　　　난 여　　몽 진

8년의 왜란(倭亂)586)에 임금이 가마를 타고 피난하였다.

宣祖 諱 昖 二十五年 壬辰에 日本이 遣加藤淸正하여
선 조 휘 연 이 십 오 년 임 진　　일 본　　견 가 등 청 정

入寇하니 當時에 文恬587) 日久라. 不知兵革588)하여 全
입 구　　당 시　　문 념　　일 구　　부 지 병 혁　　　　전

國洶洶하니 倭軍乘破竹之勢하여 遂侵京城하고 轉至平
국 흉 흉　　왜 군 승 파 죽 지 세　　　수 침 경 성　　　전 지 평

壤하니 朝廷無如之何라. 遂奉廟社主하여 大駕播遷589)
양　　조 정 무 여 지 하　　　수 봉 묘 사 주　　　대 가 파 천

于義州할새 乞援于明國하니 明帝遣李如松하여 援之하
우 의 주　　　걸 원 우 명 국　　　명 제 견 이 여 송　　　원 지

니 如是兵亂이 凡八年이라.
　여 시 병 란　　범 팔 년

선조(宣祖)590)의 이름은 연(昖)이다. 재위 25년 임진년(壬辰年 1592년 4

---

582) 병선(兵燹): 전란으로 인하여 일어나는 화재(火災). 선(燹)은 들불. 야화(野火)라 한다.

583) 난여(鸞輿): 연(輦) 〈명사〉 임금이 타는 가마의 하나. 덩과 비슷한데 좌우와 앞에 주렴이 있고 채가 썩 길다.

584) 몽진(蒙塵): 파천(播遷) 〈명사〉 《역사》 임금이 도성을 떠나 피난함. 〈동의어〉 몽진. 파월. 파천 – 하다.

585) 병화 선(燹). 방울새 란(鸞), 수레 여(輿), 무릅쓸 몽(蒙), 티끌 진(塵).

586) 임진왜란(壬辰倭亂): 1592년(선조 25)부터 98년까지 2차에 걸쳐서 조선에 침입한 일본과의 싸움. 1차 침입이 임진
년에 일어났으므로 임진왜란(壬辰倭亂)이라 부르며. 2차 침입은 정유년에 일어나 정유재란(丁酉再亂)이라 일컫는데
일반적으로 임진왜란이라면 정유재란까지 포함해서 말한다. 이 왜란을 일본에서는 '분로쿠 게이초[文祿慶長(문록경
장)]의 역(役)'이라 부르고. 중국에서는 '만력(萬曆)의 역'이라 부른다.

587) 문념(文恬): 문념무희(文恬武熙). ① 문무관이 모두 편히 잘 지냄. ② 문무관이 편히 놀기만 일삼음.

588) 병혁(兵革): 〈명사〉 ① 무기. ② 전쟁. ③ 병력을 갖추어 외침에 대비하다.

589) 대가파천(大駕播遷): 〈명사〉 임금이 도성을 떠나 딴 곳으로 피난함. 대가파천 – 하다.

590) 선조(宣祖 1552~1608): 조선 제14대 왕(1567~1608). 초명은 균(鈞). 뒤에 공으로 개명하였다. 중종의 손자이며.
덕흥대원군(德興大院君)의 셋째 아들이다. 비는 박응순(朴應順)의 딸 의인왕후(懿仁王后)이며. 계비는 김제남(金悌
男)의 딸 인목왕후(仁穆王后)이다. 1567년 명종이 후사 없이 죽자 즉위하였다. 훈구세력(勳舊勢力)을 물리치고 사림
(士林)을 대거 등용하였으며. 유능한 인재는 관계(官階)에 구애받지 않고 발탁하였다. 《유선록(儒先錄)》. 《근사록
(近思錄)》. 《심경(心經)》. 《소학》 등 치도(治道)에 관계되는 서적과 《삼강행실(三綱行實)》을 간행. 널리 읽히

월 14일) 일본(日本)이 가등청정(加藤淸正)591)을 보내어 침략하였다. 당시
조선은 문무관(文武官)592)이 편히 놀기만을 일삼아 지낸 지 오래된 연유
로 무기(武器)를 개발하고 전략을 연구하여, 전쟁에 대비하지 못하였다.
　온 나라의 민심(民心)이 흉흉한 가운데 파죽지세(破竹之勢)593)의 왜군
(倭軍)이 드디어 서울 도성을 함락하고 평양에 이르니, 조정(朝廷)의 신하
들은 어찌할 바를 알지 못하였다.
　결국 임금이 종묘의 신주(神主)를 모시고 의주(義州)로 피난을 하여, 명
(明)나라에 구원병을 청하니, 명나라 황제가 이여송(李如松)594)을 보내 구
원하게 하였으며, 이와 같은 병란이 8년이나 계속되었다.

〈※ 주(註)〉

흔히 우리가 말하는 임진왜란은 1차 임진년에 발발한 왜란과 2차 정유재

게 하였다. 기묘사화 때 억울하게 화를 입은 사람들을 신원하고, 을사사화 때 녹훈된 이기 · 윤원형(尹元衡) 등을 삭
훈(削勳)하였다. 또한 ≪대명회전(大明會典)≫ 등 중국의 역사에 이성계(李成桂)가 고려의 권신(權臣) 이인임(李仁任)
의 후예라는 그릇된 사실이 선조대까지 전해 오자 윤근수(尹根壽) 등을 사신으로 보내어 시정하게 하였다. 그러나
정국을 주도하던 사림이 동인(東人) · 서인(西人)으로 분당되었고 동인도 남북으로 분열되어 정계는 당쟁에 휘말려
국력은 더욱 쇠약해졌다. 83년 · 87년 2회에 걸쳐서 야인(野人)들이 반란을 일으키자 신립(申砬)과 신상절(申尙節)을
보내어 그들을 소탕하였다. 90년 황윤길(黃允吉) · 김성일(金誠一) 등을 일본에 보내 그곳 동향을 살펴오게 하였으
나, 두 사람이 서로 상반된 보고를 하여 국방대책을 제대로 세우지 못하던 중 92년 임진왜란이 일어났다. 선조는
의주(義州)로 피난하고 명(明)나라에 고급사(告急使)를 보내서 원병을 청하였다. 의병의 봉기, 이순신(李舜臣) 등에
의한 수군의 제해권(制海權) 장악과 권율(權慄)의 행주대첩으로 적이 퇴각하자 93년 10월 환도하였다. 임진왜란 중
에 군공(軍功)을 세운 자나 납속(納粟)한 자는 논공할 때 공명첩(空名帖)이나 실직(實職)을 주었으므로 조선 후기 신
분변화의 계기가 되었다. 정유재란(丁酉再亂)이 일어나자 관군의 정비를 촉구하고 부산에만 군사가 집결하자 이를
염려하여 호남지역과 육지에도 군대를 배치하게 하였다. 왜란이 끝난 뒤 공신을 녹훈하고 전후복구사업에 힘을 기
울였으나 흉년이 거듭되고 동인 · 서인의 당쟁이 격심해져서 큰 시련을 겪었다. 능은 목릉(穆陵). 전(殿)은 영모전(永
慕殿). 시호는 소경(昭敬).

591) 가등청정(加藤淸正 1562~1611): 가토 기요마사 일본 아즈치 모모야마[安土桃山(안사도산)]시대의 무장(武將). 도
요토미 히데요시[豊臣秀吉(풍신수길)]와 동향 출신이며, 어릴 적부터 도요토미가 길러 온 가신(家臣)으로 임진왜란
(壬辰倭亂) · 정유재란(丁酉再亂) 때 선봉으로 종군했다. 1600년 기후현[岐阜縣(기부현)]에서의 세키가하라전투 때
도쿠가와 이에야스[德川家康(덕천가강)]가 승리를 거두는 데 기여한 공으로 히고[肥後(비후)] 영주가 되었다.

592) 문무관(文武官): 〈명사〉 문관(文官)과 무관(武官). 〈준말〉 문무(文武).

593) 파죽지세(破竹之勢): 대적을 물리치고 쳐들어가는 당당한 기세. 대나무를 쪼개듯이 거침없는 기세를 말함.

594) 이여송(李如松 ?~1598): 중국 명(明)나라 무장. 자는 자무(子茂). 랴오둥[遼東(요동)] 톄링[鐵嶺(철령)] 출신. 성량(成
梁)의 아들이다. 1592년 제독섬서토역군무총병관(提督陝西討逆軍務總兵官)으로서 닝샤[寧夏(영하)]에서 발배의 난
을 평정. 공을 세워 도독(都督)으로 승진했다. 같은 해 조선에서 임진왜란이 일어나자 방해어왜총병관(防海禦倭總兵
官)에 임명되어 계 · 요(遼) · 바오딩[保定(보정)] · 산둥[山東(산동)]의 군사를 이끌고 조선에 출병했다. 다음 해 5월
평양을 급습하여 고니시 유키나가군[小西行長軍(소서행장군)]을 격파했다. 용산으로 퇴각하는 고니시 유키나가군을
추격하여 한성으로 향했지만 고양군 벽제관에서 대패했다. 97년 요동총병관에 임명되었고 다음 해 토만(土蠻)의 침
입을 받아 싸우다가 전사했다.

란을 통칭하여 말하는데, 여기서 임진왜란을 8년이라고 한 것은 오늘날 우리가 정설로 쓰고 있는 7년과 다른 사관(史觀)[595]이다.

1592년 4월 14일 소서행장(小西行長)을 선봉으로 하는 왜군 제1군이 부산에 상륙한 후, 98년 8월 풍신수길(豊臣秀吉)이 병으로 죽자 이를 계기로 왜군이 총퇴각함으로써 98년 12월 전란이 완전히 끝났는데, 모두 6년 8개월, 즉 7년의 전란(戰亂)이 맞다.

이 "조선역사 천자문"을 조선총독부의 식민사관에서 만들었다는 것을 생각하면 8년이라는 계산은 오자(誤字)라기보다는 아마도 패전처리 등 일본의 사관이 반영된 계산이다.

> 汝諧彦愼은 韜略似神이로다.[596]
> 여 해 언 신　　　도 략 사 신

이여해(李汝諧)와 권언신(權彦愼)의 6도 3략(略)은 귀신과 같았다.

> 李舜臣 字 汝諧오 權慄 字 彦愼이라. 壬辰之亂에 李
> 이 순 신 자 여 해　　권 율 자 언 신　　임 진 지 란　　이
> 舜臣은 爲水軍統制使하고 權慄은 爲都元帥하여 多有奇
> 순 신　위 수 군 통 제 사　　권 율　　위 도 원 수　　다 유 기
> 功하니 錄宣武功臣一等이라. 李舜臣 權慄은 出朝鮮名
> 공　　록 선 무 공 신 일 등　　이 순 신 권 율　　출 조 선 명
> 將傳하니라.
> 장 전

이순신(李舜臣)[597]의 이름은 여해(汝諧)이고, 권율(權慄)[598]의 이름은

---

595) 사관(史觀): 〈명사〉역사의 현상 및 발전의 법칙을 밝히며 해석하는 관점. 〈동의어〉역사관.

596) 너 여(汝), 화할 해(諧), 선비 언(彦), 삼갈 신(愼), 감출 도(韜), 꾀 략(略), 같을 사(似).

언신(彦愼)이었다.

임진왜란에 이순신은 수군통제사(水軍統制使)[599]가 되었고, 권율은 도
원수(都元帥)[600]가 되었다.

기적 같은 공적을 많이 세우니, 선무공신(宣武功臣)[601] 1등에 녹훈(錄
勳)[602]되었으며, 조선(朝鮮) 명장전(名將傳)에 이순신과 권율(權慄) 장군의
이야기가 실려 있다.

子常明甫가 盡瘁鞠躬[603]이로다.[604]
자 상 명 보　　　진 췌 국 궁

자상(李子常)과 명보(李明甫)가 병든 몸을 나라를 위해 아끼지 않았다.

李恒福 字 子常이오 李德馨 字 明甫니 皆宣祖朝相
이 항 복　자　자 상　　이 덕 형　자　명 보　　개 선 조 조 상

---

597) 이순신[李舜臣 1545~1598(인종 1~선조 31)]: 조선 중기 무신.

598) 권율[權慄 1537~1599(중종 32~선조 32)]: 조선 중기의 문신·명장.

599) 수군통제사(水軍統制使): 조선시대 경상·전라·충청 등 3도의 수군을 통솔하던 무관직. 삼도통제사·통곤이라고
도 한다. 본래 3남지방의 수군제도는 충청도 보령(保寧)에 충청도 수군절도사(水軍節度使), 경상도 동래(東萊)에 경
상좌도 수군절도사, 경상도 거제(巨濟)에 경상우도 수군절도사, 전라도 순천(順天)에 전라좌도 수군절도사, 전라도
해남(海南)에 전라우도 수군절도사 등을 두어 통치권을 나누었으나, 1593년(선조 26) 이순신(李舜臣)이 전라우도 수
군절도사로서 삼남의 수군을 통솔하게 됨을 계기로 통제사 제도가 시작되었다. 당시의 통제영(統制營: 통제사의 본
거지)은 거제 오아포(烏兒浦)에 있었는데 그 뒤 1604년(선조 37) 체찰사(體察使) 이덕형(李德馨)의 장계(狀啓)로 경
상도 고성(固城) 두룡포(頭龍浦: 지금의 통영시)로 옮겼다. 통제사는 수군 총사령관에 해당하는 중요한 직위였는데,
1865년(고종 2)에는 외등단(外登壇: 외직으로서 무관의 최고직에 오르는 것)의 자격을 갖게 되었다.

600) 도원수(都元帥): 고려와 조선에 걸쳐 전쟁이 났을 때 군대를 통합하던 장수. 임시 무관직으로, 대내외 전쟁 때 도원수
를 임명하여 군권을 주고 군대를 통할케 하였는데, 도원수는 대체로 문관의 고위관직에 있는 사람 중에서 선발하였다.

601) 선무공신(宣武功臣): 임진왜란 때 무공을 세웠거나 명(明)나라에 병량주청사신(兵糧奏請使臣)으로 가서 성과를 거둔
문무 관원에게 준 훈호. 1604년(선조 37) 호성공신(扈聖功臣)·청난공신(淸難功臣)과 더불어 결정되었는데, 18명을
3등으로 구분하였다. 1등은 이순신(李舜臣)·권율(權慄)·원균(元均) 등 3명으로 효충장의적의협력선무공신(孝忠杖義
迪毅協力宣武功臣), 2등은 신점(申點)·권응수(權應銖)·김시민(金時敏)·이정암·이억기(李億祺) 등 5명으로 효충장
의협력선무공신(孝忠杖義協力宣武功臣), 3등은 정기원(鄭期遠)·권협·유사원(柳思瑗)·고언백(高彦伯)·이광악(李光
岳)·조경(趙儆)·권준(權俊)·이순신(李純信)·기효근(奇孝謹)·이운룡(李雲龍) 등 10명으로 효충장의선무공신(孝忠
杖義宣武功臣)이라 하였다.

602) 녹훈(錄勳): 〈명사〉 훈공을 장부나 문서에 적음. 녹훈 – 하다.

603) 국궁(鞠躬): 〈명사〉 존경하는 뜻으로 몸을 굽힘. 국궁 – 하다.

604) 항상 상(常), 클 보(甫), 다할 진(盡), 병들 췌(瘁), 기를 국(鞠), 몸 궁(躬).

臣이라. 當壬辰之亂하여　協贊方畧하여　多立殊勳하니
신　　　당임진지란　　　협찬방략　　　　다입수훈

錄扈聖功臣이라.
록호성공신

　　이항복(李恒福)605)의 이름은 자상(子常)이고, 이덕형(李德馨)606)의 이름은 명보(明甫)이며, 모두 선조 때 정승이었다.

　　임진왜란을 만나서 큰 계략으로 임금을 돕고 수훈을 많이 세워 호성공신(扈聖功臣)607)에 녹훈(錄勳)되었다.

舊邦608)維新609)하니　克復610)我東611)이로다.612)
구방　　유신　　　　극복　　아동

　　전란으로 황폐해진 나라를 새롭게 일신하니, 나라가 정도(正道)로 돌아갔다.

宣祖 三十一年 戊戌 十二月에　日軍皆撤歸라. 至庚子
선조 삼십일년 무술 십이월　　일군개철귀　　지경자

四月에　日本刷還被虜男女하고　而要平和라.
사월　　일본쇄환피로남여　　　이요평화

　　선조 31년 무술(戊戌 1598년) 12월에 일본군이 모두 철수하여 돌아갔

---

605) 이항복[李恒福 1556~1618(명종 11~광해군 10)]: 조선 중기 문신.

606) 이덕형[李德馨 1561~1613(명종 16~광해군 5)]: 조선 중기 문신.

607) 호성공신(扈聖功臣): 임진왜란 때 선조를 따라 의주(義州)까지 간 신하들에게 내린 공신호. 1604년(선조 37)에 3등급으로 나누어 녹훈했다.

608) 구방(舊邦): 구국(舊國). ① 오래된 나라. ② 고향(故鄕), 고국(故國). ③ 황폐해진 나라.

609) 유신(維新): 〈명사〉 낡은 제도나 체제를 아주 새롭게 고침. 유신 – 하다.

610) 극복(克復): ① 적과 싸워 이겨 영토를 되찾음. ② 정도(正道)로 돌아감. ③ 극기복례(克己復禮)의 준말. 사사로운 욕심을 누르고 예의범절을 좇음.

611) 아동(我東): 아동방(我東方 / 我東邦) 〈명사〉 중국의 동쪽에 있다 하여 '우리나라'를 일컫던 말. 〈준말〉.

612) 옛 구(舊), 나라 방(邦), 벼리 유(維), 이길 극(克), 다시 부, 회복할 복(復).

다. (1600년 4월) 일본이 붙들어 간 남녀 포로(捕虜)들을 돌려보내고 평화협상을 요구하였다.

〈※ 주(註)〉

조선의 명장 이순신 장군에게 제해권(制海權)을 빼앗기고 패주한 일본이 "모든 군대를 철수하고 붙들어 간 남녀 포로(捕虜)들을 돌려보내고 평화협상을 요구하였다"는 내용 또한 어처구니없는 역사의 왜곡이며 날조다.

당시 패전한 일본이 조선에 화친(和親)을 요구하고, 선조 37년(1604) 8월 사명대사(四溟大師)가 일본으로 건너가 덕천가강(德川家康)과 회담을 마치고 귀국할 때 포로 3,000여 명을 데리고 왔지만, 일본이 화친을 요구한 본질이 여기서 말하는 의미가 아니므로 역사의 왜곡이다.

임진왜란을 일으켜 7년 동안 조선의 국토를 유린하면서 수많은 백성들을 살육하고, 포로로 끌고 가서 경작과 각종 노동에 종사시키고 노예로 매매했던 일본이 이처럼 역사를 왜곡하는 것은, 우리 국민들로 하여금 일본에 대한 적개심을 완화시키고, 항일저항의지를 꺾으려는 고도의 계산된 식민사관이다.

우리 역사에서 현해탄에 배가 오고 간 이래 어떤 왕조도 왜구의 노략질을 면한 적이 없었음에도, 이 "조선역사 천자문"에 일본에 대한 부정적인 기술이 없는 것은, 곧 이 천자문 자체가 일제의 내선일체 황국신민화를 위한 식민사관이기 때문이다.

> 瑬貴奮愾하여 推戴綾陽이로다.[613]
> 류 귀 분 개   추 대 능 양

김류(金瑬)[614]와 이귀(李貴)[615] 등이 분개하여 능양군(綾陽君)을 추대

---

613) 면류관옥 류(瑬), 귀할 귀(貴), 뽐을 분(奮), 성낼 개(愾), 밀 추(推), 일 대(戴), 비단 릉(綾), 볕 양(陽).

하였다.

光海主 諱 琿 在位十五年에 政事日亂하여 金瑬 李
광해주 휘 혼　재위십오년　정사일난　김류 이

貴等이 推戴綾陽君 諱 倧하여 反正하니 是爲仁祖라.
귀등　추대능양군　휘　종하여　반정　시위인조

광해군(光海君)616)의 이름은 혼(琿)이다. 재위 15년(1623년) 정치가 날

---

614) 김류[金瑬 1571~1648(선조 4~인조 26)]: 조선 중기 문신. 자는 관옥(冠玉), 호는 북저(北渚), 본관은 순천(順天). 김여물의 아들이며 송익필(宋翼弼)의 문인. 아버지가 임진왜란 때 충주에서 전사했으므로 순절자의 아들로 참봉(參奉)에 기용되었고, 1596년(선조 29) 정시문과(庭試文科)에 을과로 급제하여 승문원(承文院)에 등용되었다. 이어서 승문원검열(承文院檢閱) · 강계부사(江界府使) · 가선대부(嘉善大夫) 등을 지냈으며, 1617년(광해군 9) 광해군의 폐모론(廢母論) 때, 정청(庭請)에 참여하지 않았다 하여 탄핵받아 낙향했다. 서인(西人) 세력을 회복하고자 23년(인조 1) 이귀(李貴) · 최명길(崔鳴吉) · 이괄(李适) 등과 함께 군사를 일으켜 대북(大北)의 정권을 타도하고 능양군(綾陽君 : 仁祖)을 왕으로 추대해 인조반정(仁祖反正)을 성취했다. 시문(詩文) · 서법(書法)에도 뛰어났다. 저서로는 ≪북저집(北渚集)≫이 전한다. 시호는 문충(文忠).

615) 이귀[李貴 1557~1633(명종 12~인조 11)]: 조선 중기 문신. 자는 옥여(玉汝), 호는 묵재(默齋). 본관은 연안(延安). 이이(李珥) · 성혼(成渾)의 문인이다. 1582년(선조 15) 생원이 되었고, 92년 강릉참봉(康陵參奉)으로 있던 중 임진왜란이 일어나자 삼도소모관(三道召募官) 등을 지냈고 유성룡(柳成龍)의 종사관으로서 우마 · 양곡을 모집하는 등 군세를 만회하는 데 기여하였다. 이듬해 장성현감 등을 지냈고, 1603년 정시문과에 병과로 급제, 형조좌랑 등을 거쳐 16년(광해군 8) 숙천부사로 있을 때 탄핵을 받아 수감된 최기(崔沂)를 만난 일로 이천(伊川)에 유배되었다. 그 뒤 다시 평산부사가 되었고, 23년 인조반정에 기여하여 정사공신(靖社功臣) 1등에 책록되었으며, 호위대장 등을 지내고 연평부원군(延平府院君)에 봉해졌다. 27년 정묘호란 때 화의(和議)를 주장하다가 파직되었다. 영의정에 추증되었으며, 인조묘정에 배향되었다. 저서로 ≪묵재일기≫가 있다. 시호는 충정(忠定).

616) 광해군[光海君 1575~1641(선조 8~인조 19)]: 조선 제15대 왕(1608~1623). 휘는 혼(琿). 선조의 둘째 아들로 어머니는 공빈(恭嬪) 김씨(金氏)이다. 형 임해군(臨海君) 진이 광포하여 그를 세자로 책봉하려 했으나 선조가 인빈(仁嬪) 김씨의 소생 신성군(信城君)을 총애하고 있어 책봉이 지연되었다. 1592년(선조 25) 임진왜란 때 피난지 평양(平壤)에서 세자에 책봉된 후 분조(分朝)를 설치하고 함경도 · 전라도 등지에서 의병을 모집, 군량미의 조달 등으로 난의 수습을 위해 힘썼다. 1606년 계비 인목왕후(仁穆王后)에게서 영창대군(永昌大君)이 탄생하자 서자(庶子)이며 둘째 아들인 그의 즉위를 두고 소북(小北)은 영창대군의 옹립을 주장하고, 대북(大北)은 광해군을 지지해 당쟁(黨爭)으로 확대되었다. 1608년 선조가 광해군을 후사(後嗣)로 선위(禪位)의 교서를 내려 즉위했다. 즉위 후 대북파의 주장으로 임해군을 유배하고 소북파의 제1인자인 유영경(柳永慶)을 사사(賜死)했다. 원로대신 이원익(李元翼)을 등용하여 초당파적인 정책을 구현하여 당쟁을 종식시키고자 했으나, 정인홍(鄭仁弘) 등의 반대로 뜻을 이루지 못했다. 11년 정인홍이 이언적(李彦迪) · 이황(李滉)의 문묘종사(文廟從祀)를 반대하다 성균관 유생들에 의해 유적(儒籍)에서 삭제당하자 유생들을 모조리 퇴관(退館)시켰고, 이듬해 김직재(金直哉)의 무옥(誣獄)이 일어나자 이에 관련된 많은 학자 · 문신들을 추방했다. 13년 대북파가 박응서(朴應犀) · 서양갑(徐羊甲) 등을 영창대군을 추대하려 했다고 무고(誣告)하자 인목대비의 아버지인 김제남(金悌男)을 사사(賜死)하고, 이어 영창대군을 강화(江華)에 유배시켰다(癸丑獄事). 이듬해 영창대군을 역모죄로 죽였으며 15년 이원익을 파직하고 대북의 음모로 능창군(綾昌君) 전(佺)의 추대사건을 꾸며 많은 학자 · 문신들을 추방하였다. 계모인 인목대비(仁穆大妃)를 삭호(削號)하고 서궁(西宮)에 유폐시켰다. 그러나 명나라와 후금의 두 나라 사이에서 탁월한 양면 외교를 전개했고, ≪신증동국여지승람(新增東國輿地勝覽)≫을 찬술하였으며, ≪용비어천가(龍飛御天歌)≫를 계인(繼印)하였다. ≪동국신속삼강행실(東國新續三綱行實)≫과 ≪동의보감(東醫寶鑑)≫을 간행하고 적상산성(赤裳山城)에 사고(史庫)를 설치했으며, 인경궁(仁慶宮) · 자수궁(慈壽宮) · 경덕궁(慶德宮)을 세우

마다 어지럽게 되었다.

김류와 이귀 등이 능양군(綾陽君) 종(倧)을 추대하니, 인조(仁祖)[617]였다.

淸師逼迫하니 慴伏未遑이로다.[618]
청 사 핍 박   습 복 미 황

청(淸)[619]나라 군사가 핍박(逼迫)[620]하니, 곧 두려워하여 굴복(屈伏)하고
말았다.

仁祖 十四年에 淸主率十四萬騎하여 進逼京城하니 車
인 조 십 사 년   청 주 솔 십 사 만 기   진 핍 경 성   거

駕幸南漢山城이라.
가 행 남 한 산 성

인조(仁祖) 14년(1636년) 청나라가 14만의 기마병을 거느리고 와서 서
울을 핍박하니, 임금이 남한산성(南漢山城)[621]으로 피난하였다.

는 등 치적이 많았다. 23년 인조반정(仁祖反正)으로 왕위에서 쫓겨나 광해군으로 강봉되고 강화에 유배되었다가 제주(濟州)에 이배되어 죽었다.

617) 인조[仁祖 1595~1649(선조 2~인조 27)]: 조선 제16대 왕(1623~1649). 자는 화백(和伯), 호는 송창(松窓), 이름은 종(倧). 선조의 손자이며 원종의 아들이다. 어머니는 구사맹(具思孟)의 딸인 인헌왕후(仁獻王后), 비는 한준겸(韓浚謙)의 딸 인열왕후(仁烈王后), 계비는 조창원(趙昌遠)의 딸 장렬왕후(莊烈王后)이다. 1607년(선조 40) 능양도정에 봉해지고 능양군(綾陽君)에 진봉(進封)되었다. 광해군의 폭정에 대하여 23년(광해군 15)에 반정이 일어나 왕위에 올랐다. 즉위하자 영창대군(永昌大君) 의, 임해군(臨海君) 진, 연흥부원군(延興府院君) 김제남(金悌男) 등의 관직을 복구하였다. 반정 후 공신들에게 논공행상을 하였는데, 이에 불만을 품은 이괄(李适)이 난을 일으키자 공주(公州)로 남천(南遷)하기도 했다. 광해군 때 경기도에만 시험적으로 실시하던 대동법을 강원도까지 확대, 실시하였으며, 24년에는 총융청·수어청을 설치하여 국방을 강화하였다. 외교적으로는 광해군 때의 중립정책을 버리고 친명배금정책(親明排金政策)을 취했다. 27년 후금(後金)이 쳐들어오자 강화도(江華島)로 피난하였다가, 정묘화약으로 형제의 의를 맺고 환도하였으며, 36년 병자호란 때에는 남한산성(南漢山城)으로 피난하여 저항하다 삼전도(三田渡: 지금의 松坡)에서 항복하고 군신의 의를 맺었다. 39년 청(淸)나라의 요구로 삼전도에 대청황제공덕비(大淸皇帝功德碑)를 세웠다. 학문에 힘써 많은 서적을 간행하였으며 조선 후기 성리학의 전성기를 마련하였다. 능은 장릉(長陵).

618) 맑을 청(淸), 스승 사(師), 가까울 핍(逼), 닥칠 박(迫), 두려워할 접(慴), 엎드릴 복(伏), 겨를 황(遑).

619) 청(淸): 중국 둥베이(동북 東北) 지방에서 일어나 명(明)나라에 이어 중국을 지배한 만주족(滿洲族)의 왕조(1616~1912). 한족(漢族)이 아닌 이민족으로서 중위안[中原(중원)]을 통일하여 통치한 2번째 국가이며, 중국 역사상 최후 왕조이다. [역사] 〈전성기까지〉 만주인은 퉁구스계 민족으로 여진(女眞)이라고 불렸다.

620) 핍박(逼迫): 〈명사〉 ① 바싹 가까이 닥쳐와서 형세가 매우 절박함. ② 바싹 좨쳐서 괴롭게 굶.

621) 남한산성(南漢山城): 경기도 광주시(廣州市) 중부면(中部面) 남한산에 있는 산성. 신라 문무왕 때 쌓은 주장성(晝長城)의 옛터에 1595년(선조 28) 축조하기 시작하여 1624년(인조 2) 완성한 뒤 여러 차례에 걸쳐 중·수축(重修築)하였다.

동맹을 맺고 화친을 구걸(求乞)하니, 소현세자(昭顯世子)623)를 볼모로 잡
아갔다.

청(淸)나라 군사가 남한산성(南漢山城)625)을 에워싸자 화친(和親)을 주
장하였다. 인조 임금이 나아가 글을 지어 신하라고 칭하니, 포위를 풀고
되돌아갔다.
이때 소현세자와 봉림대군(鳳林大君) 효종(孝宗)626) 이름 호(淏)를 볼모

---

622) 맺을 결(結), 맹세 맹(盟), 빌 걸(乞), 밝을 소(昭), 드러낼 현(顯), 바탕 질(質).

623) 소현세자[昭顯世子 1612~1645(광해군 4~인조 23)]: 인조의 맏아들. 이름은 왕. 어머니는 인열왕후(仁烈王后) 한
씨(韓氏)이다. 1625년(인조 3) 세자에 책봉되고, 27년 정묘호란 때에는 전주로 내려가 남도의 민심을 수습. 같은 해
강석기(姜碩期)의 딸 민회빈(愍懷嬪)과 혼인하였다. 36년 병자호란 후 자진하여 봉림대군(鳳林大君)과 함께 인질로
선양[瀋陽(심양)]에 갔다. 선양에서 그는 단순한 볼모가 아닌 조선·청(淸) 양국 간에 제기된 문제를 해결하는 조정
자의 역할을 하였다. 44년 베이징[北京(북경)]에 들어가 70여 일을 머물면서 역법(曆法)에 관심을 가지게 되었고, 특
히 독일인 신부 J. A. 샬과의 친교로 천문·수학·가톨릭 서적과 여지구(輿地球)·천주상(天主像)을 들여왔다. 한편.
소현세자는 300명이 넘는 시강원 관원을 거느리고 있으면서 청나라 요구를 막지 못하고 그에 영합하여 막대한 경
비만을 국고에 부담 지웠으며, 때로는 사무역(私貿易)을 자행하여 부족한 자금을 마련하기도 하였다. 이러한 행위는
인조에게 친청적으로 보였으며, 조선 국왕의 후계자로서 부적격하다고 간주되었다. 45년 청나라에서 돌아온 세자는
뜻하지 않은 부왕과의 갈등으로 2개월 만에 급서하였는데. 인조 독살설이 있다.

624) 국서(國書): 〈명사〉 ① 한 나라의 원수가 나라의 이름으로 다른 나라에 보내는 문서나 서신. ② 한 나라의 역사와
문장 등에 관한 책. ③ 우리나라의 책.

625) 남한산성(南漢山城): 경기도 광주시(廣州市) 중부면(中部面) 남한산에 있는 산성. 신라 문무왕 때 쌓은 주장성(晝長
城)의 옛터에 1595년(선조 28) 축조하기 시작하여 1624년(인조 2) 완성한 뒤 여러 차례에 걸쳐 중·수축(重修築)하
였다. ≪남한지(南漢志)≫에 의하면 심기원(沈器遠)이 축성을 맡았으나 그의 부친상으로 인하여, 이서(李曙)가 총융
사(摠戎使)가 되어 공사를 시작해서 26년(인조 4) 7월에 끝마친 것으로 되어 있다. 병자호란(丙子胡亂)이 일어나 싸
워 보지도 못하고 45일 만에 굴욕적인 항복을 한 곳으로 유명하며 한때 백제의 왕도(王都)였다. 성벽 주위는 약 8㎞
이고, 성내에는 숭렬전(崇烈殿)·연무관(演武館)·침과정(枕戈亭)이 있으며 백제의 토기·와편(瓦片) 등이 발견되었
다. 현재의 성벽은 1621년(광해군 13)부터 26년(인조 4) 사이에 여러 차례 중·수축된 것이다. 사적 제57호.

로 심양(瀋陽)으로 데리고 갔다가 얼마 뒤에 보내 주었다.

당파싸움을 일삼으며 반목(反目)을 거듭하니, 조정(朝廷)이 하루도 편
할 날이 없었다.

---

626) 효종[孝宗 1619~1659(광해군 11~효종 10)]: 조선 제17대 왕(1649~59). 휘는 호(淏). 자는 정연(靜淵), 호는 죽오
(竹梧). 인조의 둘째 아들로 어머니는 인열왕후(仁烈王后) 한씨(韓氏)이며, 비는 우의정 장유(張維)의 딸 인선왕후(仁
宣王后)이다. 1626년(인조 4) 봉림대군(鳳林大君)에 봉해졌다. 병자호란(丙子胡亂)이 일어나자 강화도로 피신하였으
나 청(淸)나라와 강화가 성립되자, 형 소현세자(昭顯世子)와 함께 청나라에 볼모로 잡혀 갔다. 45년 소현세자가 먼저
귀국하였으나 2개월 만에 죽자 곧 귀국하여 세자로 책봉되었고 49년 인조가 죽자 즉위하였다. 즉위한 뒤 청나라에
대한 복수를 결심하고 북벌(北伐)을 위한 준비에 착수, 친청파를 파직시키고 김상헌(金尙憲)·송시열(宋時烈) 등 반
청파를 등용시켰다. 그러나 친청파로 파직당한 김자점(金自點) 등이 북벌계획을 청나라에 밀고하여 적극적인 준비를
하지 못하고, 다만 일본의 재침이 우려된다는 핑계로 남부지방에서 군비(軍備)를 하게 되었다. 51년(효종 2) 인조의
후궁 조귀인(趙貴人)의 옥사를 계기로 친청파를 완전히 숙청하고, 이듬해 이완(李浣)·원두표(元斗杓) 등을 등용하여
본격적인 북벌준비에 착수하였다. 군제를 개편하고 영장제도(營將制度)와 속오군(束伍軍)에 보인(保人)을 설치하여
군사훈련에 내실을 기하고자 하였으며, 성지(城池)의 보수도 서둘렀다. 또한 조선에 표류해 온 H. 하멜 등을 훈련도
감에 배치하여 조총·화포 등 신무기를 개량, 보수하도록 하였다. 그러나 청나라가 러시아 정벌을 위해 조선의 원군
을 요청함으로써 나선정벌(羅禪征伐)에 나서게 되었으며 청나라 세력이 더욱 강해짐에 따라 북벌계획은 뜻을 이루
지 못하였다. 한편 외침으로 인한 경제질서의 혼란을 방지하기 위하여 김육(金堉)의 건의로 충청도·전라도 연안지
방에 대동법(大同法)을 실시하여 농민의 부담을 덜어 주었으며 상평통보(常平通寶)를 주조, 유통시키는 데 노력하였
다. 또한 역법(曆法)을 개량하여 시헌력(時憲曆)을 제작, 사용토록 하였다. ≪인조실록≫, ≪국조보감(國朝寶鑑)≫,
≪농가집성(農家集成)≫, ≪내훈(內訓)≫, ≪선조수정실록≫ 등을 간행하였다. 능은 경기도 여주군(驪州郡) 능서면
(陵西面) 영릉(寧陵)이다. 시호는 명의(明義).

627) 편당(偏黨): 〈명사〉 ① 한 편의 당파. ② 한 당파에 치우침. 편당-하다.

628) 알력(軋轢): 〈명사〉 ① 수레가 삐걱거림. ② 의견이 맞지 않아 서로 충돌함. 불화(不和)를 일으킴. 반목(反目).

629) 치우칠 편(偏), 무리 당(黨), 수레에 받칠 알(軋), 수레바퀴에 치일 력(轢), 편안할 녕(寧), 편안할 밀(謐).

선조 때 심의겸(沈義謙)630)과 김효원(金孝元)631)이 동서(東西)로 나누고
양당(兩黨)의 괴수가 되었다.

동(東)에는 남론(南論), 북론(北論)의 분파(分派)가 있었고 서(西)에는 노
론(老論), 소론(少論)의 분파(分派)가 있었다. 이것을 '조선의 사색당파(四色
黨派)'632)라고 말한다.

인조 이후로 편당(偏黨)이 더욱 심하여져 정권을 둘러싸고 서로 싸우
고 살육(殺戮)을 하니, 국가의 큰 우환(憂患)이 되었다.

殆從憲哲하여　戚里專權이로다.633)
태 종 헌 철　　　척 리 전 권

헌종(憲宗)634)과 철종(哲宗)635)에 이르러 외척(外戚)636)들의 권세(權勢)

---

630) 심의겸[沈義謙 1535~1587(중종 30~선조 20)]: 조선 중기 문신. 자는 방숙(方叔). 호는 손암(巽庵)·간암(艮庵)·
황재(黃齋). 본관은 청송(靑松). 이황(李滉)의 문인(門人)이다. 1555년(명종 10) 진사시에 합격하고, 62년 별시문과에
을과로 급제하여 청요직에 임명되었다. 김종직(金宗直) 계통의 김효원(金孝元)이 이조정랑에 천거되자 반대하였는데,
75년 그의 아우 충겸(忠謙)이 같은 직위에 추천되자 김효원이 반대함으로써 대립하였다. 구세력은 그를 중심으로 서
인으로 되고, 신진세력은 김효원을 중심으로 동인이 되었는데, 사림 간의 분규가 격화될 것을 우려하여 노수신(盧守
愼)과 이이(李珥)가 올린 상소로 개성유수로 나갔다. 80년 예조참판으로 함경감사를 지내고, 전주부윤이 되었으나
84년 이이가 죽자 이발(李潑) 등이 동인과 합세하여 파직시켰다. 세습으로 청양군(靑陽君)에 봉하여졌다. 나주(羅州)
월정서원(月井書院)에 배향되었다.

631) 김효원[金孝元 1532~1590(중종 27~선조 33)]: 조선시대의 문신. 자는 인백(仁伯). 호는 성암(省庵). 본관은 선산
(善山). 동인(東人)의 중심인물이다. 문과에 급제한 후 영남(嶺南)에 내려가 이황(李滉)·조식(曹植)의 문하에서 공부
하였다. 명종 때 왕실의 인척(姻戚) 되는 심의겸(沈義謙)이 공무로 영의정 윤원형(尹元衡)의 집에 갔을 때, 그곳에 있
는 김효원의 침구를 보고 '문명(文名) 있는 자가 권문(權門)에 아첨한다'고 멸시하였다. 선조 즉위 후 새로이 등용한
사림파(士林派)의 대표적인 인물로서 김계휘(金繼輝)가 심의겸에게 효원을 이조전랑(吏曹銓郞)으로 추천하자 심의겸
은 '효원이 윤원형의 문객이었다' 하여 불응하였다. 그 후 심의겸의 아우 충겸(忠謙)이 전랑(銓郞)으로 천거되자 김
효원은 '척족(戚族)에게 전랑을 맡기는 것은 부당하다'고 논란하였다. 이에 심의겸이 '외척(外戚)이 원흉(윤형원을 이
름)의 문객에게 지겠느냐' 하고 맞섬으로써 이것이 신진 사림파와 기성 사림파의 대립으로 확대, 당쟁으로 발전하였
다. 효원의 집이 건천동(乾川洞)이므로 효원 일파를 동인이라 하고, 의겸의 집은 정동(貞洞)에 있었으므로 그 일파를
서인(西人)이라 했다. 뒤에 선조의 특명으로 영흥부사(永興府使)를 지내다 병으로 죽었다. 저서로 ≪성암집(省庵集)≫
이 있다.

632) 사색당파(四色黨派): 노소남북(老少南北). 조선시대 사색당파(四色黨派)의 총칭. 처음에는 동인(東人)·서인(西人)으
로 나뉘었다가 동인이 남인(南人)·북인(北人)으로 갈라지고, 서인이 노론(老論)·소론(少論)으로 나누어져 결국 4파
로 되었다. 북인은 광해군(光海君)이 즉위한 후 없어졌고, 남인은 숙종(肅宗) 때 갑술옥사(甲戌獄事) 이후 약해졌다.
소론은 영조 이후 세력이 약해지고, 오직 노론만이 오래 계속되었으나 영·정조의 당론탕평책(黨論蕩平策)으로 크
게 세력을 얻지는 못하였다.

633) 위태 태(殆), 따를 종(從), 법 헌(憲), 밝을 철(哲), 거레 척(戚), 오로지 전(專), 권세 권(權).

634) 헌종[憲宗 1827~1849(순조 27~헌종 15)]: 조선 제24대 왕(1834~1849). 자는 문응(文應). 호는 원헌(元軒). 이름
은 환(奐)이다. 순조의 손자이며 익종의 아들이다. 어머니는 조만영(趙萬永)의 딸 신정왕후(神貞王后)이며, 비는 김조

가 전횡(專橫)하였다.

憲宗 諱 奐이오 哲宗 諱 昪이라. 趙氏 金氏 皆戚臣
헌 종 휘 환   철 종 휘 승   조 씨 김 씨 개 척 신

專權637)하여 擅威稱曰世道라.
전 권   천 위 칭 왈 세 도

헌종의 이름은 환(奐)이오, 철종의 이름은 승(昪)이다. 조씨(趙氏)와 김씨(金氏)가 외척(外戚)과 척신(戚臣)638)으로 모든 권력을 쥐고 마음대로 휘두르니, 세상 사람들이 세도정치(勢道政治)639)라 하였다.

근(金祖根)의 딸 효현왕후(孝顯王后)이다. 30년(순조 30) 왕세손에 책봉되고, 34년 순조가 죽자 8세의 나이로 즉위하여 순조비(妃) 순원왕후(純元王后)가 수렴청정하였다. 41년 비로소 친정(親政)을 하게 되었으나 안동 김씨, 풍양 조씨, 다시 안동 김씨로 이어지는 세도정치 아래서 세력다툼과 삼정문란으로 국정이 혼란하고 민생고가 극심하였다. 오가작통법(五家作統法)을 활용한 가톨릭 탄압으로 39년 주교 L. J. M. 앵베르, 신부 P. P. 모방과 J. H. 샤스탕을 비롯한 많은 신자들을 학살한 기해박해(己亥迫害)를 일으키고, 46년 한국 최초의 신부 김대건(金大建)을 처형하였다. 한편 ≪열성지장(列聖誌狀)≫, ≪동국사략(東國史略)≫, ≪동국문헌비고(東國文獻備考)≫, ≪삼조보감(三朝寶鑑)≫ 등을 찬수하고, 각 도에 제언(堤堰)을 수축하는 치적을 남겼다. 49년 23세의 나이로 후사 없이 요절하였다. 능은 경기도 양주(楊州)의 경릉(景陵)이다.

635) 철종[哲宗 1831~1863(순조 31~철종 14]: 조선 제25대 왕(1849~1863). 자는 도승, 호는 대용제(大勇齋). 이름은 변. 정조의 아우 은언군(恩彦君)의 손자이며. 전계대원군(全溪大院君)과 용성부대부인(龍城府大夫人) 염씨(廉氏) 사이의 셋째 아들이다. 1849년 6월 6일 헌종이 후사가 없이 죽자 대왕대비 순원왕후(純元王后)의 명으로 왕위를 계승하였다. 이때 변은 형 회평군(懷平君) 명(明)의 옥사(獄事)로 가족과 함께 강화에 유배되어 농군으로 지낸데다 나이도 어렸는데 별안간 명을 받아 6월 덕완군(德完君)에 봉해지고, 창덕궁 희정당(熙政堂)에서 관례를 행한 뒤 인정전(仁政殿)에서 즉위하였다. 즉위 초에는 대왕대비가 수렴청정을 하였으며, 51년 김문근(金汶根)의 딸을 왕비로 맞고 김문근이 영은부원군(永恩府院君)이 되면서 안동 김씨의 세도정치가 득세를 하게 되었다. 52년부터는 철종이 친정을 하여 기근 및 가뭄·화재·수해지역 등을 대상으로 빈민구제책에 적극성을 보였다. 그러나 정치는 안동 김씨 일족에 의해 좌우되어 삼정(三政)의 문란이 극에 달하고 탐관오리가 횡행하여, 62년 봄 진주민란을 시발로 삼남지방 등 여러 곳에서 민란이 발생하였다. 이에 철종은 삼정이정청(三政釐整廳)을 설치하고 민란의 수습에 노력하였으나 성과를 거두지 못하였다. 이런 사회 상황에서 최제우(崔濟愚)가 동학을 창도, 교세를 확장시켜 나가자 세상을 어지럽히고 백성을 현혹시킨다 하여 그를 처형하기도 하였다. 그러다가 재위 14년 만인 1863년 12월 33세의 나이로 병사하였다. 1865년(고종 1) 4월 7일 경기도 고양(高陽)에 예장되어, 능호를 예릉(睿陵)이라 하였다. 시호는 문현무성헌인영효(文顯武成獻仁英孝).

636) 외척(外戚): 외족(外族) 〈명사〉 어머니 편의 일가붙이. 외갓집.

637) 전권(專權): 〈명사〉 모든 권력을 혼자 쥐고 마음대로 행사함. 또는 그러한 권력. 전권-하다.

638) 척신(戚臣): 〈명사〉 임금과 척분이 있는 신하.

639) 세도정치(勢道政治): 조선 후기 총신(寵臣) 또는 척신(戚臣)이 국왕의 신임을 받아 국정을 장악하였던 일종의 신임정치. 원래는 세도인심(世道人心)을 바로잡는다는 의미에서 '세도'라고 하였으나, 사림정치가 지향하던 세도의 전형(典型)과 다른 변질된 형태의 독재정치였기 때문에 세도(勢道) 또는 세도(勢塗)라고 하였다. 세도정치는 조선 정조 때 홍국영(洪國榮)이 왕의 두터운 신임을 받아 국정을 천단(擅斷)했던 것을 그 효시로 삼고 있다. 홍국영은 정조가 세손으로 있을 때 정후겸(鄭厚謙)·흥인한(洪麟漢) 등의 위협에서 그를 보호하여 무사히 왕위에 오를 수 있게 한 공으로

石坡當路640) 하니　物議641) 囂然642)이로다.643)
석 파 당 로　　　　　물 의　　효 연

대원군(大院君)644) 석파(石坡)가 정권을 잡으니, 세상의 평판이 시끄러웠다.

大院王 諱 昰應이오 號 石坡라. 高宗 諱 熙之生父니
대 원 왕　휘　하 응　　　호　석 파　　　고 종　휘　희 지 생 부
高宗 入承大統하니 大院王攝政이라.
고 종　입 승 대 통　　　대 원 왕 섭 정

대원왕(大院王)의 이름은 하응(昰應)645)이요, 호는 석파(石坡)였다. 고종

도승지(都承旨) 겸 금위대장(禁衛大將)에 임명되어, 정사가 그에 의해 상주(上奏)되고 그를 통하여 하달되는 등 정치 창구의 막강한 권한이 위임되었다. 또한 정치기반을 굳히기 위해 누이동생을 정조에게 바쳐 원빈(元嬪)으로 삼았고, 궁중의 숙위소(宿衛所)에 머물면서 관리의 임면(任免), 왕명의 출납, 군기국무(軍機國務)에 이르기까지 모든 정사를 좌우함으로써 '세도재상'이라고 불리었다. 그러나 그의 부정부패를 규탄하고 왕의 친정(親政)을 바라는 사림의 여론으로 4년 만에 추방되어 일단 세도정치가 종식되었다. 그러나 정조가 죽고 12세의 순조가 즉위하자, 정조의 유탁(遺託)을 받은 김조순(金祖淳)이 정권을 잡게 되었고, 이듬해 그의 딸을 왕비로 삼으면서 다시 외척 안동 김씨에 의한 세도정치가 시작되어 철종 때까지 약 60년 동안 계속되었다. 헌종 때에는 모후(母后)인 신정왕후(神貞王后)의 친정 세력에 의해 풍양 조씨(豊壤趙氏)의 세도정치가 잠깐 성립하기도 하였으나, 안동 김씨 세력은 여전히 꺾이지 않았다. 세도정치 기간 중에는 비록 왕족이라 하더라도 김씨의 세도에 억눌려 살아야 하였으며 심한 경우에는 역모로 몰려 죽음을 당하기도 하였다. 이에 따라 삼정이 문란해지고 정치의 기강도 허물어져 민생은 도탄에 빠지게 되고 각처에서 크고 작은 민란이 일어났다. 이어 고종이 즉위한 뒤 생부인 흥선대원군이 정권을 잡게 되자, 안동 김씨의 세력을 꺾고 한때 독재적인 세도정치를 이룩하여 외척에 의한 세도정치의 폐단이 없어지는 듯하였다. 그러나 흥선대원군이 명성황후 세력에 의해 10년 만에 권좌에서 밀려난 이후부터 을미사변 때까지 민씨 일족 외척에 의한 세도정치가 계속되었다. 조선 말기 1세기 동안 계속되었던 세도정치의 특색은 외척에 의한 국정의 천단이라는 점에 있었고, 그 주요 원인은 영조 때부터 싹튼 당파싸움과 국왕이 유약했다는 점 등을 들 수 있다.

640) 당로(當路): 〈명사〉 ① 정권을 잡음. ② 요직에 있음. 당로-하다. ③ 길을 가로막음.

641) 물의(物議): 〈명사〉 여러 사람의 논의. 또는 평판. 〈동의어〉 물론(物論).

642) 효연(囂然): 들레다. 왁자지껄하게 떠들다.

643) 언덕 파(坡), 당할 당(當), 길 로(路), 물건 물(物), 의논할 의(議), 시끄러울 효(囂).

644) 대원군(大院君): 조선시대 왕이 형제나 자손 등 후사가 없이 죽고 종친 중에서 왕위를 계승하는 경우, 신왕의 생부(生父)에 대한 호칭. 선조의 아버지 덕흥군(德興君)을 덕흥대원군으로 추존(追尊)한 데서 비롯되어, 4명이 대원군에 봉(封)해졌다. 인조의 아버지인 정원대원군, 철종의 아버지 전계대원군, 고종의 아버지 흥선대원군이 있다. 흥선대원군만 생전에 대원군으로 봉해졌고, 그 밖의 3명은 죽은 뒤에 추존되었다. 고종이 12세의 미성년이었으므로 표면상으로는 조대비가 수렴청정(垂簾聽政)하는 것으로 되어 있었으나 실질적으로 흥선대원군이 섭정으로 모든 정책의 결정권을 부여받아 내외의 격변하던 시기에 10년 동안 혁신정책을 폈다.

645) 이하응(李昰應): 조선시대 왕족·정치가. 자는 시백(時伯), 호는 석파(石坡). 이름은 하응. 영조의 5대손이며 조선 제26대 왕 고종의 아버지이다. 1843년(헌종 9) 흥선군(興宣君)에 봉해지고 46년 수릉천장도감(綏陵遷葬都監)의 대존

(高宗) 희(熙)의 아버지로 고종이 대통(大統)을 잇자, 대원왕이 어린 고종
을 대신하여 섭정(攝政)을 하였다.

〈※ 주(註)〉

임진왜란 이후 서술된 내용을 보면, 조선이라는 조정은 우물 안의 개구리
처럼 저희들끼리 파당파쟁을 일삼으며 민생을 외면했다는 식민사관으로 일
관되어 있다.

그리고 순종(純宗)이 그의 할아버지 대원군에게 대원왕(大院王)이라는 시호
(諡號)를 추증한 1907년은 이른바 한일신협약(韓日新協約), 정미7조약(丁未七條
約)을 강제로 성립시켜 국정 전반을 일본인 통감이 간섭할 수 있게 하였고,
정부 각부의 차관을 일본인으로 임명하는 등, 이른바 차관정치를 시작한 해
로써 들끓는 항일(抗日) 여론을 무마하기 위하여, 일본이 허수아비인 순종의
이름을 빌려 부여한 것으로 보아야 한다.

이후 1910년 8월 29일 이른바 한일합병조약을 성립시켜 조선(대한제국)을
멸망시키면서, 순종은 황제의 위에서 왕으로 강등되어, 창덕궁 이왕(李王)으

관(大尊官)이 된 뒤 종친부의 유사당상. 오위도총부의 도총관 등을 지냈다. 안동 김씨 세도정치 아래 왕족에 대한 감
시가 심하자 호신책으로 시정의 무뢰한과 어울리고 구걸도 서슴지 않아 궁도령(宮道令)이라는 비웃음을 사기도 하
였다. 왕실의 조대비(趙大妃)와 밀약하여 철종이 후사 없이 죽자 둘째 아들 명복(命福)을 왕위에 세우고 그는 대원군
에 봉해졌다. 그 뒤 섭정을 통해 강력한 혁신정치를 추진, 세도정치를 분쇄하고 당색과 문벌을 초월하여 인재를 등
용하였으며 당쟁의 기반이 된 서원을 정리하였다. 또 토호들의 토지겸병을 막고 종래 상민에게만 징수하던 군포를
양반에게도 징수하는 호포법(戶布法)을 실시하였으며 환곡제를 사창제(社倉制)로 개혁하였다. 복식을 간소화하고 사
치를 금하였으며, 《대전회통(大典會通)》, 《육전조례(六典條例)》, 《양전편고(兩銓便攷)》 등 법전을 편찬하여
법질서 확립에 힘썼다. 반면 경복궁 중건을 위해 원납전(願納錢)을 징수하고 역역(力役)을 부담시켜 백성의 원성을
사기도 하였다. 또한 서구 세력의 차단을 위한 쇄국양이(鎖國攘夷) 정책을 시행하였는데 병인박해를 통해 9명의 프
랑스 신부와 8,000여 명의 신도를 처형하는 등 가톨릭에 대한 대대적인 탄압을 가하였으며 이를 구실로 침공한 프
랑스와, 제너럴셔먼호사건을 계기로 개국을 강요한 미국을 격퇴하였다. 한편 명성황후(明成皇后)와 권력투쟁을 벌여
최익현(崔益鉉) 등 유림의 상소로 실각하였고 82년(고종 19) 임오군란(壬午軍亂)을 계기로 재집권하였으나 청(淸)나
라 개입으로 텐진[天津(천진)]에 연행되어 3년간 유수생활(幽囚生活)을 하였다. 그 뒤 86년 위안스카이(원세개 袁世
凱)와 결탁하여 큰아들 재황(載晃)을 옹립하려다 실패하였고, 95년 일본공사 미우라(삼포오루 三浦梧樓)가 일으킨
을미사변(乙未事變)을 통하여 정권을 장악하였다. 그러나 아관파천(俄館播遷)으로 친러정부가 성립되자 은퇴하였다.
1907년(순종 1) 대원왕(大院王)에 추봉되었다. 시호는 헌의(獻懿).

로 예우하는 조처가 취해졌고, 이름뿐인 왕위(王位)는 세습되도록 하였다는 기록에서 잘 알 수 있는 일이다.

院祠毁撤646)하고　邪夷除屏647)이로다.648)
원 사 훼 철　　　　　　사 이 제 병

서원(書院)과 사당(祠堂)을 철폐(撤廢)시키고, 정도(正道)를 세워 사악한 서양(西洋)의 오랑캐들을 물리쳤다.

大院王攝政에　撤廢先賢書院祠宇하니　物議騷然이라.
대 원 왕 섭 정　　철 폐 선 현 서 원 사 우　　　　물 의 소 연
又殺天主敎徒하고　砲擊佛米軍艦하여　以鎭國攘夷爲主義
우 살 천 주 교 도　　포 격 불 미 군 함　　　이 진 국 양 이 위 주 의
하여　立碑於都城及各邑하여　刻之하니　洋夷侵犯이　非戰
　　　입 비 어 도 성 급 각 읍　　　각 지　　양 이 침 범　　비 전
則和오　主和賣國이라　하여　戒我萬年子孫十八字라.
즉 화　　주 화 매 국　　　　　계 아 만 년 자 손 십 팔 자

대원군이 섭정하면서 선현들의 서원(書院)과 사당(祠堂)을 철폐하여 물의가 되어 시끄러웠다.

또 천주교도를 죽이고 프랑스와 미국의 군함(軍艦)을 대포로 포격하고, 쇄국양이주의(鎭國攘夷爲主義)를 표방하여, 척화비(斥和碑)649)를 도성(都城)과 각 읍(邑)에 세웠다.

척화비에는 "서양의 오랑캐가 침범할 적에 전쟁이 아니면, 화친(和親)

---

646) 훼철(毁撤): 〈명사〉 헐어 내어 걷어 버림. 훼철-하다.

647) 사이제병(邪夷除屏): 정학(正學)의 도통(道統)을 지키고 사악(邪惡)한 서양세력을 배척한다는 위정척사(衛正斥邪)에 바탕을 둔 대원군의 쇄국정책(鎖國政策)을 말하는 것이다.

648) 집 원(院), 사당 사(祠), 헐 훼(毁), 거둘 철(撤), 사특할 사(邪), 오랑캐 이(夷), 덜 제(除), 병풍 병(屏).

649) 척화비(斥和碑): 척화비(斥和碑): 〈명사〉 ≪역사≫ 조선 말 고종 8(1871)년에 서양 사람을 배척할 것을 새겨 나라 곳곳에 세운 비.

을 주장하는 것이다. 화친을 주장하는 것은 곧 나라를 파는 일이니, 우리
자손만대에 경계를 하노라”는 열여덟(18) 글자를 새겨 놓았다.

甲午更張650)하니 稱帝革政이로다.651)
갑 오 경 장　　　　칭 제 혁 정

갑오년(甲午年 1894년) 제도를 새롭게 고쳐 왕의 직제를 황제(皇帝)라
고 하고, 정사(政事)를 두루 개혁(改革)하였다.

高宗 三十一年 甲午에 改革庶政652)할세 不用淸國正
고종　삼십일년 갑오　　개혁서정　　　불용청국정
朔하고 以朝鮮之獨立으로 誓告宗廟하고 稱皇帝하고 國
삭　　이조선지독립　　서고종묘　　　칭황제　　　국
號曰大韓이라하니 紀元建陽이라. 後에 改以光武라하다.
호왈대한　　　기원건양　　후　　개이광무

고종(高宗)653) 31년 갑오년에 모든 정사를 개혁하였다. 청(淸)나라의

---

650) 갑오경장(甲午更張): ≪역사≫ 조선 고종 31(갑오, 1894)년에 개화당이 정권을 잡고 재래의 문물제도를 근대식으로
　　고친 정치 개혁. 〈동의어〉 갑오개혁.
651) 다시 갱, 고칠 경(更), 베풀 장(張), 일컬을 칭(稱), 임금 제(帝), 고칠 혁(革), 정사 정(政).
652) 서정(庶政): 〈명사〉 여러 방면에 두루 걸치는 정사. ¶ ~을 쇄신하다.
653) 고종[高宗 1852~1919(철종 3~순종 13)]: 조선 제26대 왕(1864~1907). 아명은 명복(命福), 초명은 재황(載晃).
　　후에 희(熙)로 개명. 자는 성림(聖臨), 후에 명부(明夫)로 개자(改字). 호는 성헌(誠軒). 영조의 현손(玄孫)인 흥선군(興
　　宣君) 이하응(李昰應)의 둘째 아들로, 1852년 음력 7년 25일 정선방(貞善坊) 소재의 흥선군 사제(私第)에서 출생하
　　였다. 즉위 후인 66년 9월 여성부원군(驪城府院君) 민치록(閔致祿)의 딸을 왕비로 맞이하니 이가 명성황후(明成皇
　　后)이다. 고종이 익종의 대통을 계승하고 철종의 뒤를 이어 63년 즉위하게 된 것은 아버지 흥선군과 익종비(翼宗妃)
　　인 조대비(趙大妃)와의 묵계에 의해서였다. 철종이 죽자 조대비는 재빨리 흥선군의 둘째 아들인 고종으로 하여금 익
　　종의 대통을 계승하도록 지명하여 그를 익성군(翼成君)에 봉하고 관례를 거행하여 국왕에 즉위하게 하였다. 그러나
　　국왕이 12세의 어린 나이였으므로 조대비가 수렴청정(垂簾聽政)하게 되었고 흥선군을 흥선대원군으로 높여 국정을
　　총람, 대섭하게 하였다. 그 후 고종의 친정이 시작되었으나 정권은 민비의 척족들이 장악하게 되었다. 민씨 척족 정
　　권은 흥선대원군이 취했던 강력한 척사양이정책(斥邪攘夷政策)과는 달리 개방정책을 펴서, 76년에는 일본과 수호조
　　약을 맺고 구미 열강과도 차례로 조약을 맺었다. 그러나 이러한 개화시책을 틈타 일본이 정치적·경제적으로 침투
　　해 오자, 신사척사상소운동(辛巳斥邪上疏運動)·임오군란·갑신정변·동학농민혁명운동 등으로 개화·수구 양파
　　의 대립이 첨예하게 나타났다. 게다가 급격하게 변하는 동북아시아의 정세에 효과적으로 대응하지 못해 열강의 이
　　권다툼의 싸움터가 되어 청일전쟁·러일전쟁이 일어났고, 민비시해사건이나 아관파천(俄館播遷)과 같은 민족의 자
　　존심을 해치는 일까지 일어났다. 97년 10년에 연호를 광무(光武)라 하고 대한제국의 수립을 선포하여 황제위에 올
　　랐으나, 1907년 6년 네덜란드의 헤이그에서 열린 제2차 만국평화회의에 한국의 문제를 호소하고자 특사 이상설(李

달력을 쓰지 않고, 조선의 독립을 종묘에 고하고 맹서(盟誓)하였다.

왕을 '황제(皇帝)'라고 칭하고 나라 이름을 '대한(大韓)'이라고 하였다.

기원(紀元)은 '건양(建陽)'654)이었으나 훗날 다시 '광무(光武)'655)로 고쳤다.

〈※ 주(註)〉

다음 아래 대목부터는 곡성읍 동악산에 은거한 항일의병과 독립군들이 바로잡아 숲 속에서 비밀리에 학생들을 교육하던 내용을 경와 선생님이 전한 것이다.

이해를 돕기 위해 매국노 심형진의 글과 비교하여 놓았으니, 자세히 살펴보고 아직도 일제의 식민사관에서 벗어나지 못하고 있는 오늘의 우리들이 반성하는 계기가 되기를 바란다.

> **協商**656) **保護**에　**脅締僞約**657)이로다.658)
> 협 상　　보 호　　협 체 위 약

相峆)·이준(李儁)·이위종(李瑋鍾)을 보낸 일로, 이완용(李完用)·송병준(宋秉畯) 등 일제에 아부하는 친일 매국대신들과 군사력을 동반한 일제의 강요로 한일협약을 위배한 책임을 지고 같은 해 7년 20일 퇴위하지 않을 수 없었다. 고종의 뒤를 이어 순종이 즉위하였으며, 고종은 태황제(太皇帝)가 되었으나 실권이 없는 허위(虛位)였다. 10년 일제가 대한제국을 무력으로 합방하자, 이태왕(李太王)으로 불리다가 19년 정월에 사망하였다. 이때에 고종이 일본인에게 독살당했다는 풍문이 유포되어 민족의 의분을 자아냈으며, 인산례(因山禮)가 거행될 때 전국 각지에서 기미독립운동이 일어났다. 능은 홍릉(洪陵: 金谷). 저서로는 ≪주연집(珠淵集)≫이 있다.

654) 건양(建陽): 1896년부터 사용된 조선시대 최초의 연호(年號). 1895년(고종 32) 8월 을미사변(乙未事變)으로 다시 정권을 잡은 김홍집(金弘集) 내각은 갑오경장 때의 내정개혁안(內政改革案)을 추진시킴과 동시에 같은 해 11월 양력 사용과 건양이란 연호를 사용할 것을 결정하여 음력 1895년 11월 17일을 양력 1896년 1월 1일로 해서 이날부터 건양이라는 연호를 사용하였다. 표면적으로 청(淸)나라와의 오랜 종속관계를 벗어난 자주성의 발로라고 할 수 있으나 실질적으로는 일본 제국주의의 대륙침략책의 한 표현으로서 조선에서 청나라의 세력을 제거하기 위한 방책에 불과한 것이었다. 1897년 8월 연호가 광무(光武)로 고쳐짐과 동시에 폐지되었다.

655) 광무(光武): 대한제국의 연호. 1897년(고종 34)에 제정되었다. 조선개국 506년 8월 17일부터 1907년 8월 순종이 즉위한 10년간 사용되었다. 1897년에 조신(朝臣) 및 일반 사민(士民)과 독립협회 회원들의 요청에 따라 8월 13일 고종은 건원연호(建元年號)를 널리 참고하여 의정(議定)하라고 명하였다. 이에 의정부 대신 심순택(沈舜澤)이 '광무'와 '경덕(慶德)'의 두 안을 올려 광무로 결정이 되고, 15일에 국왕의 조칙으로 개국 506년을 광무 원년으로 하였다. 10월에는 국왕을 대군주(大君主)에서 황제로 승격시키고, 국호를 대한제국으로 고쳐 대외적으로 완전자주독립국임을 다시 선언하였다.

656) 협상(協商): 〈명사〉 ① 협의(協議). ② ≪정치≫ 나라 사이에 외교 문서를 교환하여 어떤 일을 약속하는 일.

일본이 협상조약(協商條約)659)과 보호조약(保護條約)660)을 맺을 것을
협박하였으나, 이루지 못하고 조약을 위조(僞造)하였다.

高宗 光武 九年에 與日本으로 締結協商條約하니 此
고종 광무 구년 여일본 체결협상조약 차

是乙巳勒約五條라. 謂之五賊賣國也라. 十一年에 又結
시을사늑약오조 위지오적매국야 십일년 우결

保護條約하니 此是丁未七條約하니, 時有七賊調印이라.
보호조약 차시정미칠조약 시유칠적조인

고종 광무(光武) 9년(1905년) 일본과 협상조약(協商條約)을 체결하였으
니, 이를 을사늑약오조(乙巳勒約五條)661)라고 하는데, 이른바 '을사오적매

---

657) 위약(僞約): 위조(僞造)한 약정서, 위계(僞計)에 의한 약속, 협정.

658) 화협할 협(協), 장사 상(商), 지킬 보(保), 보호할 호(護), 도울 협(脅), 맺을 체(締), 거짓 위(僞), 언약 약(約).

659) 협상조약(協商條約): 〈명사〉 ≪법률≫ ① 협의하여 조약을 맺음. 또는 그 조약. 〈준말〉 협약(協約). ② 여기서는
    1905년(광무 9) 일본이 대한제국의 외교권을 박탈하기 위하여 강압적으로 체결한 조약으로 공식 명칭은 한일협상
    조약이며, 을사보호조약, 제2차 한일협약, 을사5조약을 말한다.

660) 보호조약(保護條約): ① 〈명사〉 ≪법률≫ 한 나라가 다른 나라를 자기의 보호 아래 두고, 그 나라의 외교 또는 내정
    에 관한 주권의 일부를 행사하기로 하는 조약. ② 여기서는 1907년 일본이 한국을 강점하기 위해 한국에 강제한
    조약. 정미7조약(丁未七條約), 제3차 한일협약을 말한다.

661) 을사늑약오조(乙巳勒約五條): 1905년에 들어와서 러·일 전쟁이 일본에 유리하게 전개되는 과정에서 미국과의 가
    쓰라·태프트 비밀 각서, 제2차 영·일 동맹, 그리고 전쟁 종료와 함께 러시아와 포츠머스 조약 등으로 일본은 한국
    에 있어서 특수 권익을 열강으로부터 인정받게 되자 한국을 보호국화하는 작업을 본격적으로 추진하였다.
    그리하여 1905년 10월 27일 일본 각의에서 한국에 대한 보호조약의 원안을 작성하고 이를 실현하기 위하여 추밀
    원 의장 이토 히로부미를 한국에 파견하였다. 일본은 조약 체결의 사전 준비로 1904년 10월에 조직된 친일 단체인
    일진회를 앞세워 보호 조약의 필요성을 주장하도록 하였다. 1905년 11월 15일 이토는 조약 원안을 고종 황제에게
    제시하고 체결을 강요하였으며, 이때 일본 군대가 궁궐을 포위하였다.
    이 문제를 협의하기 위한 한국 정부의 각의에서 수상인 한규설이 강경하게 반대하자 그를 일본 헌병들이 감금하고,
    일본이 매수한 학부대신 이완용, 내부대신 이지용, 외부대신 박제순, 군부대신 이근택, 농상공부대신 권중현 등 소위
    을사 5적을 앞세워 11월 18일 새벽에 고종 황제의 반대를 무시하고 조약을 발표하였다. 조약의 원문은 다음과 같다.
    "한국 정부와 일본 정부는 양 제국을 결합하는 이해 공통의 주의를 공고히 하고자 한국의 부강지실을 인정할 수 있
    을 때에 이르기까지 이 목적을 위하여 다음의 조관을 약정함."
제1조 일본 정부는 일본 외무성을 경유하여 금후 한국이 외국에 대하는 관계 및 사무를 감리·지휘하고 일본의 외교 대표
    자 및 영사는 외국에 있는 한국의 신민 및 이익을 보호함.
제2조 일본 정부는 한국과 타국 간에 현존하는 조약의 실행을 완수하는 책임이 있어서 한국 정부는 금후 일본 정부의 중
    재를 경유하지 않고서는 국제적 성질을 가진 어떠한 조약이나 약속을 하지 않기로 함.
제3조 일본 정부는 그 대표자로 하여금 한국 황제 폐하의 궐하에 1명의 통감을 두되 통감은 전적으로 외교에 관한 사항을
    관리함을 위하여 경성에 주재하고 친히 한국 황제를 알현하는 권리가 있음. 일본 정부는 또한 한국의 각 개항장 및
    기타 일본 정부가 필요하다고 인정하는 지역에 이사관을 설치하는 권리를 집행하고, 아울러 본 협약의 조관을 완전
    히 실행하기 위하여 필요로 하는 일체 사무를 관리함.

국[乙巳五賊賣國 내부대신 이지용(李址鎔)·군부대신 이근택(李根澤)·법
부대신 이하영(李夏榮)·학부대신 이완용(李完用)·농상공부대신 권중현
(權重顯)]'을 을사년에 나라를 팔아먹은 5명의 도적들이라고 한다.

    다시 1907년 광무 11년에 보호조약(保護條約)을 체결하였는데, 이것을
정미7조약(丁未七條約)662)이라 하며, 이때 '칠적[七賊 고영희(高永喜, 탁지부
대신)·송병준(宋秉畯)·이병무(李秉武, 시종무과장)·이완용(李完用, 내각총
리대신)·이재곤(李載崑)·임선준(任善準)·조중응(趙重應, 농상공부대신)]'
일곱 명의 도적들이 조인(調印)663)하였다.

⟨※ 주(註)⟩

위 경와 선생님의 글에서 우리가 주목할 것은, 최근 밝혀진 사료에 의하면
당시 조약은 일본 이토 히로부미(이등박문 伊藤博文)의 지시에 따라 이토의
통역관으로 공사관의 문서과장을 지낸 마에마 교오사쿠(전간공작 前間恭作)

제4조 일본과 한국 간에 현존하는 조약과 약속은 본 협약 조관에 저촉되지 않는 한 모두 그 효력을 계속하는 것으로 함.
제5조 일본 정부는 한국 황실의 안녕과 존엄을 유지하도록 보호함.
    원래 일본이 처음 조약의 원본을 제시할 때에는 제4조까지만 있었으나 체결 과정에서 제5조가 삽입되었으나 내용
의 변화는 없었다. 이 조약으로 인하여 한국은 외교뿐만 아니라 실제로 국권을 침탈당한 결과를 가져왔다.
662) 정미7조약(丁未七條約): 한일신협약(韓日新協約), 정미7조약(丁未七條約). 1907년(융희 1) 일본이 한국을 병탄하기
    위한 마지막 조치로 강행한 7개 항의 조약을 말한다. 정미7조약(丁未七條約)이라고도 한다. 헤이그밀사사건을 계기
    로 고종을 강제 퇴위시킨 일제는 형해화(形骸化)한 대한제국의 국가체제에 마지막 숨통을 죄기 위해 법령제정권 ·
    관리임명권 · 행정권 및 일본관리의 임명 등을 내용으로 한 7개 항의 조약안을 제시. 아무런 장애도 없이 1907년
    7월 24일 이완용(李完用)과 이토 히로부미[伊藤博文]의 명의로 체결 · 조인하였다.
    조약의 내용은 다음과 같다.
제1조 한국정부는 시정개선에 관하여 통감의 지도를 받을 것.
제2조 한국정부의 법령제정 및 중요한 행정상의 처분은 미리 통감의 승인을 거칠 것.
제3조 한국의 사법사무는 보통 행정사무와 이를 구분할 것.
제4조 한국 고등관리의 임면은 통감의 동의로써 이를 행할 것.
제5조 한국정부는 통감이 추천하는 일본인을 한국관리에 용빙할 것.
제6조 한국정부는 통감의 동의 없이 외국인을 한국관리에 임명하지 말 것.
제7조 1904년 8월 22일 조인한 한일외국인 고문용빙에 관한 협정서 제1항을 폐지할 것.
    또, 일제는 조약의 후속조치로 행정실권을 장악하기 위해 한국인 대신 밑에 일본인 차관을 임명하고, 경찰권을 위임
    하도록 하였으며, 경비를 절약한다는 이유로 한국군대를 해산하였다. 이 밖에 언론탄압을 위한 '신문지법', 집회와
    결사의 자유를 박탈하기 위한 '보안법'이 공포되는 등 10년에 명칭만의 대한제국의 국체를 말소하기까지 4년간은
    통감부에 의한 차관정치가 실시되었다. 그러나 이 조약은 일본이 고종을 강제로 퇴위시킨 직후에 체결된 것으로 강
    압적인 분위기에서 비정상적으로 체결되었기 때문에 국제조약으로서의 법적 유효성에 의문이 제기되고 있다.
663) 조인(調印): ⟨명사⟩ 약정서에 도장을 찍음. ⟨참고⟩ 서명(署名). 조인 - 하다 ⟨자동사⟩ ⟨타동사⟩ ⟨여불규칙활용⟩ 조인 - 되다.

라는 자를 시켜 외부대신의 관인을 훔치게 하고, 또한 훔친 관인을 외부대신 박제순이 찍지 않고 하야시가 조약문에 직접 날인하였으므로 위조된 조약이었다는 것이 드러났는데, 경와 선생님이 전한 "동악산본(動樂山本)"의 내용을 보면, 이미 그 당시부터 항일운동을 전개하던 민족진영의 사람들은, 이러한 사실을 알고 있었다는 기록이다.

당시 동악산에서 활동하던 항일의병들이 조약 자체가 위조(僞造)[664]라는 사실들을 정확하게 알고 있었다는 것은, 궁중 내부에서 은밀하게 벌어진 극비(極秘)의 일들을 알 수 있었음을 말하는 것으로 동악산에서 활동하던 항일의병과 독립군들이 고종황제의 밀지를 받고 활동한 비밀 조직이었음을 증명하는 것이다.

다음 아래의 글은 친일파 심형진이 쓴 "조선역사 천자문" 원본이다.

위 경와 선생님이 전한 "동악산본(動樂山本)"과 비교하여 보면, 당시 총독부가 친일 매국노들을 내세워 우리 역사를, 특히 조선침탈(朝鮮侵奪)을 어떻게 미화(美化)시켰는지 한눈에 알 수가 있다.

우리의 국권(國權)[665]을 강탈한 협상조약(協商條約)과 보호조약(保護條約)을 동맹으로 미화하고 맹서하였다는 대목에서, 그리고 동해(東海)를 일본해(日本海)로 부르며, 독도(獨島)[666]의 영유권(領有權)을 주장하는 일본의 모습에서,

---

664) 위조(僞造): 〈명사〉 속여서 진짜처럼 만듦. ¶ ~ 수표. 〈동의어〉 가조 ② 안작. 안조. 위작 ① 위제. 위조 - 하다 〈타동사〉 〈여불규칙활용〉 위조 - 되다.

665) 국권(國權): 〈명사〉 나라의 권력. 곧, 주권과 통치권.

666) 독도(獨島): 한국 동해의 동쪽 끝에 있는 섬. 행정구역상으로는 경상북도 울릉군 울릉읍 독도리 산1~37번지. 동경 131°51′54.6″~131°52′10.4″, 북위 37°14′26.8″~37°14′30.6″. 전체 면적 18만 7,453㎡. 인구 3(2004). 울릉도에서 87.4㎞, 경북 울진 죽변에서 216.8㎞, 일본 오키섬에서 157.5㎞ 떨어져 있다. 과거에는 삼봉도(三峰島)·우산도(于山島)·가지도(可支島)라고 불렀으며, 1881년(고종 18)부터 독도라 부르게 되었다. 일본에서는 다케시마[竹島(죽도)]·마쓰시마[松島(송도)]라 불렀고, 서양에서는 섬을 발견한 선박 이름을 따라서 프랑스에서는 리앙쿠르(Liancourt), 영국에서는 호넷(Hornet)이란 이름으로 해도에 기입하였다. 독도는 중심섬인 동도와 서도 외에 부속도서가 가제바위 등 89개 암도(巖島)와 암초로 구성된 소규모의 군도(群島)이다. 동도는 면적 7만 3,297㎡, 최고높이 98.6m의 섬으로 꼭대기의 비교적 평탄한 부분에 등대·경비초소 등이 설치되어 있다. 서도는 면적 8만 8,639㎡, 최고높이 168.5m로, 가장 크고 높은 섬이나 산정이 뾰족하고 사면 경사가 급하여 장비 없이는 오를 수 없다. 주민

100년 전 그때나 100년 후 오늘 여전히 변함없는 대륙에 상륙하려는 섬나라 일본의 반문명적인 야욕을 본다.

協商保護　互締誓約
협 상 보 호　　호 체 서 약

일본과 협상조약(協商條約)과 보호조약(保護條約)을 체결하여 함께 동맹을 맹서하고 약속하였다.

高宗光武九年　與日本國締結協商條約　此是五條約　光
고 종 광 무 구 년　　여 일 본 국 체 결 협 상 조 약　　차 시 오 조 약　　광
武十一年　與日本國締結保護條約　此是七條約
무 십 일 년　　여 일 본 국 체 결 보 호 조 약　　차 시 칠 조 약

고종 광무 9년 일본국과 함께 협상조약을 체결하였는데, 이것을 5조약이라 하고, 광무 11년 일본국과 함께 보호조약을 체결한 것은 7조약이라 한다.

〈심형진, 조선역사 천자문에서 발췌〉

무슨 말이 필요하겠는가?

을사늑약과 한일합병 당시 나라가 망했다며, 식자(識者)들은 물론이거니와 일자무식(一字無識)의 초부(樵夫)들까지, 울분을 토하며 자결하였고, 이 나라 자주독립을 위하여 의병(義兵)으로 달려가서 이름 모를 산골짜기 시신으로 쓰러졌는데, …….

"일본과 함께 동맹을 맹서하고 약속하였다"는 이런 글을 쓴 심형진(沈衡鎭)

___

으로는 서도에 김성도 부부와 동거인 1명 등 3명이 전입해 있고, 동도에는 울릉경찰서 독도경비대 대원 37명과 등 대원 3명 도합 43명이 거주하고 있다.

은 지금이라도 부관참시(剖棺斬屍)[667]를 해야 할 만고역적(萬古逆賊)이라고 아
니 할 수 없는 일이다.

다음 이어지는 천자문은 경와 선생님이 전한 "동악산본"이다.

趙閔憂憤하여　刎頸[668] 仰藥[669]이로다.[670]
조 민 우 분　　　문 경　　　앙 약

조병세(趙秉世)[671]와 민영환(閔泳煥)[672]이 근심하고 분격하여 목을 베
고 극약(劇藥)을 마셨다.

---

667) 부관참시(剖棺斬屍): 〈명사〉 큰 죄를 짓고 죽은 사람을 뒤에 다시 극형에 처하던 일. 관을 쪼개고 송장의 목을 벤다.
〈준말〉 참시 부관참시 – 하다.

668) 문경(刎頸): 〈명사〉 목을 벰.

669) 앙약(仰藥): 독약(毒藥)을 마심. 앙독(仰毒). 여기서의 앙(仰)은 마실 앙으로 독약을 마셨다는 뜻이다.

670) 나라 조(趙), 성 민(閔), 걱정 우(憂), 분할 분(憤), 목자를 문(刎), 목 경(頸), 우러를 앙(仰), 약 약(藥).

671) 조병세[趙秉世 1827~1905(순조 27~고종 42)]: 조선 말기 문신 · 애국지사. 자는 치현(穉顯), 호는 산재(山齋). 본관
은 양주(楊州). 1859년(철종 10) 증광문과에 급제, 사관이 되었다가 64년(고종1) 실록청도청낭청(實錄廳都廳郞廳)으
로 ≪철종실록≫ 편찬에 참여한 뒤 암행어사를 지냈다. 이후 대사성 · 대사헌, 공조판서 등을 거쳐 89년 우의정, 93
년 좌의정에 올랐다. 이듬해 동학농민운동 · 청일전쟁 · 갑오개혁 등으로 세상이 어지러워지자 관계를 떠나 가평에 은
거하다가, 96년 폐정개혁을 위한 시무(時務) 19조를 상소하였다. 1900년 다시 입궐하여 국정개혁을 건의하였고,
1905년 을사늑약이 체결되자 '을사 5적'의 처형을 주청하기 위해 상경했으나 일본군의 방해로 뜻을 이루지 못하였
다. 이어 심상훈(沈相薰) · 민영환(閔泳煥) 등과 백관을 인솔, 을사늑약의 무효를 연소(聯疏)하다가 표훈원(表勳院)에
연금되었다. 곧 풀려나왔으나 계속 을사늑약의 파기를 주장하다가, 끝내는 표훈원에 되돌아와 유소(遺疏) 및 각국 공
사 · 동포에게 보내는 유서를 남기고 음독 자결하였다. 62년 건국훈장 대통령장이 추서되었다. 시호는 충정(忠正).

672) 민영환[閔泳煥 1861~1905(철종 12~고종 42)]: 조선 말기의 문신 · 순국지사. 자는 문약(文若), 호는 계정(桂庭).
본관은 여흥(驪興). 서울 출생. 호조판서 겸호(謙鎬)의 아들이다. 1895년 일제가 명성황후(明成皇后)를 시해하는 을
미사변을 일으키자 주미전권대사를 거부하고 낙향하였다. 96년 4월에는 러시아황제 니콜라이 2세 대관식에 특명전
권공사로 참석하였는데, 이때 중국 상하이[上海(상해)]와 일본 · 미국 · 영국 · 네덜란드 · 독일 · 폴란드 및 러시아를
횡단하는 등 해외파견사절로는 최초로 세계 일주를 하였다. 다음 해 1월에도 영국 · 독일 · 러시아 · 프랑스 · 이탈리
아 · 오스트리아를 특명전권공사로서 방문, 러시아 황제에게 고종의 친서를 전달하고 각국 외교사절을 예방하였다.
두 차례의 해외여행으로 서구문물제도와 근대화 모습을 직접 체험하였다. 독립협회를 적극 후원하고, 일본의 내정간
섭에 항거하여 친일내각과 대립하였기 때문에 한직(閑職)인 시종무관(侍從武官)으로 좌천당하였다. 1905년 11월 을
사늑약이 체결되어 나라를 빼앗기게 되자 의정대신 조병세(趙秉世)와 함께 조약의 파기를 상소하였으나 뜻이 이루
어지지 않자 죽음으로 항거할 것을 결심, 본가에서 자결하였다. 그의 충절을 기려 나라에서는 후하게 예장(禮葬)하라
는 명령과 함께 대광보국숭록대부의정대신(大匡輔國崇祿大夫議政大臣)을 추증하였고, 의절의 정문도 세웠다. 62년
건국훈장 대한민국장이 추서되었다. 유고에는 ≪해천추범(海天秋帆)≫, ≪사구속초(使歐續草)≫ 등이 있다. 시호는
충정(忠正).

五條約締結時에 前參政 閔泳煥이 遺書國人하고 仍自
오 조 약 체 결 시 전 참 정 민 영 환 유 서 국 인 잉 자

刎而死라. 前議政趙秉世가 率諸大臣하여 請斬五賊에
문 이 사 전 의 정 조 병 세 솔 제 대 신 청 참 오 적

亦致書各國公使하여 而仰藥自靖이라.
역 치 서 각 국 공 사 이 앙 약 자 정

오조약이 체결된 당시 전(前) 참정(參政)[673] 민영환이 국민에게 유서
(遺書)[674]를 남기고 스스로 목을 베고 죽었다.

전(前) 의정(議政)[675] 조병세가 여러 대신(大臣)들을 이끌고 을사5적(乙
巳 5敵)을 참수(斬首)할 것을 주청(奏請)[676]하다, 역시 각국 공사(公使)들에
게 보내는 유서를 남기고, 독약을 마시고 절의(節義)를 지켰다.

〈※ 주(註)〉

다음은 매국노 심형진의 본문이다.

趙閔憂憤[677]하여 刎頸仰藥이로다.
조 민 우 분 문 경 앙 약

조병세와 민영환이 근심하고 분격하여 목을 베고 극약을 마셨다.

---

673) 참정대신(參政大臣): 〈명사〉 대한제국 때, 의정부에 딸리어 총리대신을 보좌하며 나라의 전반적인 정사를 맡아보던
벼슬. 의정대신(議政大臣)의 다음.

674) 민영환의 유서(遺書): 아, 우리나라 우리 민족의 치욕이 이 지경에 다다랐구나. 생존경쟁이 심한 이 세상에 우리 민
족의 운명이 장차 어찌 될 것인가. 살기를 원하는 사람은 반드시 죽고 죽기를 맹세하는 사람은 살아나갈 수 있으니
이는 여러분이 잘 알 것이다. 나 영환은 죽음으로써 황은을 갚고 우리 이천만 동포에게 사죄하려 한다. 영환은 이제
죽어도 혼은 죽지 아니하여 황천에서 여러분을 돕고자 한다. 바라건대 우리 동포형제여, 천만 배나 분려(奮勵)를 더
하여 지기(志氣)를 굳게 갖고 학문에 힘쓰며 마음과 마음을 합하고 힘과 힘을 아울러 우리 자유독립(自由獨立)을 회
복할지어다. 나는 지하에서 기꺼이 웃겠노라. 아. 조금도 희망을 잃지 말라. 대한제국 이천만 동포에게 마지막으로
고한다.

675) 의정(議政): 〈명사〉 ① 의정부의 세 으뜸 벼슬. 곧 영의정·좌의정·우의정. ② '의정대신'의 준말.

676) 주청(奏請): 계청(啓請) 〈명사〉 ≪역사≫ 임금에게 아뢰어 청함. 계청 – 하다.

677) 우분(憂憤): 〈명사〉 근심하며 분하게 여김.

五條約締結時에 前參政 閔泳煥 自刎 前議政趙秉世 仰
오 조 약 체 결 시　　전 참 정　민 영 환　자 문　전 의 정 조 병 세 앙
藥而死此是韓國末幕之悲史
약 이 사 차 시 한 국 말 막 지 비 사

　5조약이 체결된 당시에 전(前) 참정(參政)[678] 민영환이 스스로 자결하
고, 전(前) 의정(議政)[679] 조병세가 독약을 마시고 죽었다 하는데, 이것은
대한제국이 망하면서 덮어씌운 비사(悲史)였다.

〈심형진, 조선역사 천자문에서 발췌〉

　얼핏 겉으로 드러난 문맥상으로만 보면 별문제가 없어 보이지만, 동악산
에서 활동하던 우국지사들이 은폐하고 날조된 것이라며 바로잡은 것은, 당시
해석이 내선일체를 통한 황국신민화의 교육으로 우리 민족을 말살하는 음모
였기 때문이며. 이러한 역사의 왜곡을 넘어 사실을 은폐하고 날조한 일본의
만행은 경와 선생님이 전한 주석(註釋) 내용과 친일파 심형진본을 비교하여
보면 확연하게 알 수 있는 일이다.

　여기서도 심형진은 당시 울분을 토하며 순국한 우국지사들의 죽음을 "대한
제국이 망하면서 자기들끼리 밥그릇 싸움으로 쇼한 것을 일본 때문이라고 덮어
씌운 슬픈 역사였다"라는, 참으로 기막히고 어처구니없는 궤변을 늘어놓았다.

　다음 이어지는 글은 경와 선생님이 전한 "동악산본"의 천자문이다.

嚇桓國步[680]가 式迄純皇이로다.[681]
혁 환 국 보　　　　식 흘 순 황

---

678) 참정(參政): 〈명사〉 ① 정치에 참여함. ② 대한제국 때. 의정부의 한 벼슬. ③ '참지정사'의 준말. 참정 - 하다.
679) 의정(議政): 〈명사〉 ① 의정부의 세 으뜸 벼슬. 곧 영의정 · 좌의정 · 우의정. ② '의정대신'의 준말.
680) 국보(國步): 나라의 운명.

환웅(桓雄)께서 세우신 찬란했던 나라의 운명이 순종(純宗)황제 에 이
르렀다.

東國運祚가　傳入我朝하여　盡變夷俗하고　篤尙倫理禮
동국운조　　전입아조　　　진변이속　　　독상륜리례

義文明이　侔擬中華하니　誠荷( )682)列聖培養士林하여　以
의문명　　모의중화　　　성하　　열성배양사림　　　이

爲明德683)立民故也라.　光武 十一年에　高宗 禪位于純宗
위명덕　　입민고야　　　광무 십일년　　고종 선위우순종

諱 坧이오.　紀元 隆熙四年 庚戌 八月二十九日에 國命
휘 척　　기원 융희사년　경술 팔월이십구일　　　국명

絶하니 李氏 凡二十七王이오 歷五百二十九年이라.
절　　이씨 범이십칠왕　　　역오백이십구년

우리나라 운조(運祚)684)가 조선시대로 들어와 서양오랑캐의 풍속으로
다 변하여 버렸다.

독실(篤實)685)하게 윤리를 숭상하여 예(禮)와 의(義)의 문명이 중국과
더불어 대등(對等)686)하였는데, 이것은 진실로 열성조(列聖朝)687)들이 사
림(士林)688)을 배양하고, 밝은 덕으로 백성들을 가르친 까닭이었다.

광무(光武) 11년(1907년) 고종황제가 순종(純宗)황제 척(坧)에게 선위하
였는데, 기원(紀元) 융희(隆熙)689) 4년 경술년(庚戌年 1910년) 8월 29일 나

---

681) 빛날 혁(爀), 굳셀 환(桓), 법 식(式), 이를 흘(迄), 순수할 순(純), 임금 황(皇).

682) ( ): 여기서 칸을 띄운 것은. 예로부터 상소를 올릴 때 신하 된 자의 예의를 갖추기 위하여 또는 임금을 가리킬 때는
　　 한 칸을 띄우는 예법을 동악산 우국지사들이 지키고 따른 것이다.

683) 명덕(明德): 〈명사〉 ① 공명정대한 덕행. ② 더럽히지 않은 천부의 본성.

684) 운조(運祚): ① 돌아오는 운. ② 천자(天子)의 행운 또는 하늘에서 받은 행운.

685) 독실(篤實): 〈형용사〉〈여불규칙활용〉 열성스럽고 착실하다.

686) 대등(對等): 〈명사〉 (서로) 맞먹거나 같음. ¶ ~ 관계.

687) 열성조(列聖朝): 〈명사〉 여러 대 임금의 시대. 〈동의어〉 열조(列朝).

688) 사림(士林): 〈명사〉 ＝ 유림(儒林). 유도(儒道)를 닦는 학자들.

689) 융희(隆熙): 대한제국 마지막 연호. 순종이 즉위하던 1907년부터 1910년 국권 피탈 때까지 사용되었다. 헤이그특사
　　 사건으로 고종이 강제 퇴위하자 내각에서는 융희와 태시(太始) 중에서 융희를 새 연호로 결정하여 1907년 8월 12
　　 일 공포하였다. 김인욱(金寅旭) 등 15명이 유년기원법(踰年紀元法)을 내세워 새 연호의 사용을 반대하였으나 연호를
　　 선포. 황제즉위식을 강행하였다.

라의 운명(運命)이 끊어지니, 이씨 27왕조(王朝) 529년의 역사였다.

〈※ 주(註)〉

다음은 이 부분에 관한 심형진의 천자문 본문이다.

隆熙頒詔690)　讓國日皇
융 희 반 조　　　양 국 일 황

　순종(純宗)이 백성들에게 경사(慶事)를 알리니, 나라를 일본의 황제에게 바치는 일이었다.

光武十一年 高宗禪位于純宗諱坧 隆熙四年 下詔讓國
광 무 십 일 년　고 종 선 위 우 순 종 휘 척　융 희 사 년　하 조 양 국

於 日本皇帝
어　일 본 황 제

　광무 11년 고종은 순종(純宗)에게 선위(禪位)하였다. 순종의 이름은 척(坧)이다. 융희 4년 일본의 황제에게 신하(臣下)임을 고하고 나라를 바쳤다.

〈심형진, 조선역사 천자문에서 발췌〉

　위 매국노 심형진의 글을 보면, 한일합병을 나라를 일본 황제에게 바치는 경사(慶事)라 하였으며, 이런 경사를 순종이 백성들에게 알렸다고 기술하면서, 일왕(日王)에게는 황제(皇帝)라는 칭호를 사용한 반면, 조선의 왕은 순종(純宗)황제의 호칭을 삭제하여 버리고 융희(隆熙)로 대신하였는데, 이것은 조선과 조선황제의 존재를 인정하지 않고 철저히 무시한 계획적인 식민정책의 기록이다.

---

690) 반조문(頒詔文): 〈명사〉 (지난날) 임금이 나라에 경사가 있을 때, 백성에게 널리 알리던 글.

글을 읽어 보면 마치 방탕했던 자식이 깊이 뉘우치면서, 부모에게 사죄하고 자신의 모든 것을 바치듯이, 어리석은 조선의 군주(君主)가 현명한 일본의 왕에게 스스로 신하(臣下)라 칭하면서 나라를 바치면서 "온 나라의 백성들에게 경사스러운 날이니 기뻐하라고 알렸다" 하였으니, 친일도 이쯤 되면 일왕이 감읍(感泣)하면서 작위(爵位)라도 주어야 할 충복(忠僕)이라 해야 할 것이다.

다음 이어지는 글은 동악산 우국지사들이 바로잡은 경와 선생님이 전한 "동악산본" 천자문이다.

醒吾同胞691)하니 牙會永彰이로다.692)
성 오 동 포 　　　 아 회 영 창

우리 동포들의 정신을 깨우치고, 헤이그 만국평화회의에서 길이 드러냈다.

乙巳勒約成하여 閔 忠貞 泳煥之死也에 血竹693)隨生
을 사 늑 약 성 　　 민 충 정 영 환 지 사 야 　　 혈 죽 　　 수 생
하여 喚醒694)二千萬同胞之獨立精神이라. 至光武 十一
환 성 　　 이 천 만 동 포 지 독 립 정 신 　　 지 광 무 　 십 일
年六月에 李相卨 李儁 李瑋鍾이 以命赴和蘭國海牙萬國
년 육 월 　 이 상 설 　이 준 　이 위 종 　　 이 명 부 화 란 국 해 아 만 국
平和會議而不參하니 李儁이 不勝忠憤695)하여 自決以
평 화 회 의 이 불 참 　　 이 준 　　 불 승 충 분 　　　 자 결 이
血灑萬國公使前하니 萬國이 皆爲驚動696)이라. 由是國聲
혈 쇄 만 국 공 사 전 　　 만 국 　 개 위 경 동 　　　 유 시 국 성

---

691) 동포(同胞): 〈명사〉 ① 한 부모에게서 태어난 형제자매. ② 한 나라 또는 한겨레에 딸려 있는 사람.

692) 술 깰 성(醒), 세포 포(胞), 어금니 아(牙), 길 영(永), 드러날 창(彰).

693) 혈죽(血竹): ① 혈죽은 예로부터 국가에 대한 충성심과 절개를 상징한 것이다. ② 정몽주의 선죽교나 민영환이 자결한 곳에 혈죽(血竹)이 돋아났다는 이야기는 유명하다. ③ 여기서의 혈죽은 구한말의 순국지사(殉國志士)인 충정공

永彰天下 萬世而致하였다.
영 창 천 하　만 세 이 치

　을사늑약이 이루어지자, 충정공 민영환이 자결(自決)하니, 혈죽(血竹)이 돋아나 2,000만 동포들에게 잠자던 독립정신을 일깨워 주었다.

　광무 11년(1907년) 6월 이상설(李相卨),[697] 이준(李儁),[698] 이위종(李瑋鍾)[699]이 고종의 명을 받고, 네덜란드 헤이그(The Hague)[700]에서 열리는

민영환 공이 을사보호조약에 항거하여 자결한 방에서 솟아났다는 대나무를 말한다

694) 환성(喚醒): 〈명사〉 잠을 자는 사람이나 어리석은 자를 깨우쳐 줌. 환성 - 하다.

695) 충분(忠憤): 충성심에서 또는 진실한 마음에서 그 일의 옳지 않음을 분개함.

696) 경동(驚動): ① 놀라게 함. ② 놀라서 떠듦.

697) 이상설(李相卨 1871~1917): 조선 말기 독립운동가. 자는 순오(舜五), 호는 부재(溥齋). 충청북도 진천(鎭川) 출신. 이범세(李範世) · 여규형(呂圭亨) · 이시영(李始榮) 등과 신학문을 공부하였고 H. B. 헐버트와도 친교를 맺어 영어 · 프랑스어를 익혔다. 1894년(고종 31) 식년문과에 급제, 성균관 교수 겸 관장 등을 거쳐 궁내부특진관 · 학부협판 · 법부협판 · 의정부참찬 등을 지냈다. 1904년 일본인의 황무지개간권 요구에 반대하는 상소를 올려서 일본의 요구를 물리쳤고, 보안회의 후신인 대한협동회회장이 되었다. 1905년 을사조약이 체결되자 조약의 폐기를 상소하고 자결을 기도하였다. 1906년 이동녕(李東寧) 등과 북간도 용정(龍井)으로 망명. 서전서숙(瑞甸書塾)을 설립했으며, 1907년 네덜란드 헤이그의 만국평화회의에 고종의 특사로 파견되어 활동했고, 1909년 블라디보스토크에 최초의 독립운동기지라 할 수 있는 한흥동(韓興洞)을 건설했다. 1910년 국권피탈 뒤 유인석(柳麟錫) · 이범윤(李範允) 등과 13도의군(十三道義軍)을 편성했다. 그 뒤 11년 권업회(勸業會)를 조직하고 ≪권업보≫를 발행했으며, 14년 이동휘(李東輝) · 이동녕 등과 대한광복군정부를 세워 정통령(正統領)에 선임되었고 15년 상하이[上海(상해)] 영국조계(英國租界) 안에 박은식(朴殷植) 등과 신한청년단을 조직하고 국권회복을 위해 노력했다. 62년 건국훈장 대통령장이 추서되었다.

698) 이준[李儁 1859~1907(철종 10~순종 1)]: 조선 말기 항일애국지사. 자는 순칠(舜七), 호는 일성(一醒) · 해사(海史) 등. 본관은 전주(全州). 함경남도 북청(北靑) 출생. 1887년(고종 24) 초시에 급제하여 함흥 순릉참봉을 지내고 1895년 법관양성소를 졸업했다. 1896년 한성재판소 검사보가 되었으며 서재필(徐載弼) · 이상재(李商在) 등과 독립협회를 조직하여 초대 평의장이 되었다. 그해 일본으로 건너가 1898년 와세다대학[早稻田大學(조도전대학)] 법과를 졸업하고 귀국하여 1904년 일본의 황무지개간권 요구에 대항하여 송수만(宋秀晩) · 원세성(元世性) 등과 보안회(保安會)를 조직, 이를 저지하였다. 또 일진회(一進會)에 대항하여 공진회(共進會)를 조직하여 을사 5적을 규탄하다가 황해도 황주(黃州) 철도(鐵島)로 유배되었다. 1905년 유배에서 풀려나 윤효정(尹孝定) · 양한묵(梁漢默) 등과 헌정연구회를 만들어 활동하였고, 평리원(平理院) 검사를 거쳐 특별법원 검사로 임명되었다. 1906년 유성준(俞星濬) 등과 국민교육회 활동에 가담하여 교육구국운동을 전개하면서 보광학교(普光學校)를 설립하고 한북흥학회(漢北興學會)를 조직, 지도하였다. 1907년 국채보상연합회의 소장으로 활동했고 그해 6월 이상설(李相卨) · 이위종(李瑋鍾)과 함께 네덜란드 헤이그를 방문하여 고종의 친서와 신임장을 가지고 만국평화회의에 참석하려 하였으나 일본의 방해로 저지당하였다. 이에 세 투사는 각국 대표에게 일제의 한국침략을 폭로, 규탄하며 을사조약이 무효임을 선언하는 공고사(控告詞)를 보내고, 신문을 통하여 국제여론을 환기시켰으나 열강의 대표들은 냉담하였다. 그는 단독(丹毒)으로 순국 분사하였다. 헤이그 공동묘지에 있던 유해를 1963년 서울 수유리로 옮겨 국민장으로 안장하였으며, 1964년 장충단공원에 동상이 건립되었다. 1962년 건국훈장 대한민국장이 추서되었다.

699) 이위종(李瑋鍾 1887~?): 조선 말기 외교관 · 독립운동가. 본관은 전주(全州). 서울 출생. 외교관인 아버지 이범진(李範晉)을 따라 어린 시절부터 영국 · 프랑스 · 러시아 등을 순회하여 영어 · 프랑스어 · 러시아어 등에 능하였다. 러시아 페테르부르크 주재 한국공사관의 참사관으로 근무하다가 1905년 을사조약으로 공사관이 철수된 뒤에도 계속 러시아에 남아 비공식 외교활동을 하였다. 1907년 고종으로부터 이상설(李相卨) · 이준(李儁)과 함께 네덜란드 헤이그에서 열리는 만국평화회의 밀사로 임명되었다. 이위종 일행은 한국대표로 회의 참석을 요청하였으나 외교권이 없다

군비축소를 위한 만국평화회의(萬國平和會議)701)에 갔으나 일본의 방해로 참석할 수 없었다.

이에 이준 열사가 견딜 수 없는 슬프고 분한 마음에 붉은 피를 뿌리며 만국공사(萬國公使)들의 앞에서 자결하니, 세계 각국의 대표들은 모두 놀라운 일이라면서 대한제국(大韓帝國)의 주장을 천하에 널리 드러내고 모든 나라에 알렸다.

〈※ 주(註)〉

위 동학산본은 당시의 실상을 있는 그대로 알리고 교육하여 후학들에게 애국심을 고취시키면서, 국민들에게는 우리도 자주독립을 이룰 수 있다는 희망을 전하고 있다.

그러나 친일파 심형진은 철저히 조선과 조선의 백성들을 황국신민으로 만드는 데 주력하고 있다.

는 이유로 거절당하자, 만국기자협회에서 <한국을 위한 호소>라는 연설을 하여 일제의 한국침략을 규탄하고 한국 독립에 세계가 협조해 줄 것을 호소하였다. 이 연설은 각국 대표·언론인에게 큰 감동을 주었고 《헤이그신문》에 보도되어 국제여론을 환기시켰다. 이러한 사실이 국내에 알려지자 일본통감부는 궐석재판을 통하여 3인에게 종신징역을 선고하고 체포령을 내렸다. 이에 이위종과 이상설은 순국한 이준을 헤이그에 묻어 주고 프랑스·영국·미국을 거쳐 러시아로 돌아갔다. 이위종은 망명객들과 권업회(勸業會)에 참가하여 항일운동에 종사하였다. 62년 건국훈장대통령장이 추서되었다.

700) 헤이그(The Hague): 네덜란드 조이트홀란트주의 주도. 인구 45만 7,726(2002). 네덜란드 남서부, 북해 연안에서 약 5km 들어간 평지에 있다. 네덜란드의 행정부와 국가의회가 있는 도시이며 국제적인 정치도시이다. 금속·식품·인쇄·의류 등 공업이 발달되어 있으나 정치·주택도시로서의 성격이 강하다. 17세기 이후 중요한 국제회의의 무대가 되었는데 특히 1899년과 1907년의 헤이그평화회의, 1893년 이래 개최되어 온 헤이그국제사법회의가 유명하다. 1899년 국제중재재판소, 1922년 상설국제사법재판소가 설치되어 국제적 도시로서의 지위를 확립하였다

701) 만국평화회의(萬國平和會議): 러시아 황제 니콜라이 2세의 제창으로 개최된, 세계평화를 도모하기 위한 국제회의. 제1차 회의는 1899년 26개국이 참가했고, 제2차 회의는 1907년 44개국이 참가한 가운데 네덜란드의 헤이그에서 개최되었다. 이 회의에서 참가국들은 군비축소와 평화유지 문제를 협의했으나 군비축소 문제에 대해서는 합의를 이루지 못했다. 그러나 유독 가스 및 특수 탄환의 사용금지 선언 등을 조인했고, 국제중재재판소 설치에 합의했다. 특히 제2차 회의 때에는 대한제국 황제 고종이 이준(李儁)·이상설(李相)·이위종(李瑋鍾) 3명의 밀사를 파견하여 을사조약 등 일본의 부당한 침략행위를 폭로하고, 국제여론의 도움을 얻어 조약을 파기시키려 했다. 회담 개최 며칠 전 헤이그에 도착한 3명은 고종의 신임장을 제시하며 한국의 전권위원으로 평화회의 참가를 요구하는 한편 을사조약의 파기를 회의의 정식 의제로 상정시키려고 노력했다. 그러나 일본 측 대표 고무라 주타로[小村壽太郎]의 방해 공작으로 네덜란드 정부와 평화회의 의장 알렉산드르 이바노비치 넬리도프는 을사조약이 이미 국제적으로 승인을 받은 이상 이 문제에 대한 거론이 불가능하다며, 회의 참가까지도 거절했다. 일본은 이 사건을 구실로 고종을 물러나게 하고 순종을 세웠으며, 한일신협약을 체결하고 구한국 군대를 해산시키는 등 조선을 식민지로 만드는 데 박차를 가했다.

다음은 심형진의 조선역사 천자문 본문 끝 구절이다.

翳吾同胞　繁殖702)永昌
예 오 동 포　번 식　　영 창

　　일본이 우리 동포들을 보호하여 주니, 부지런히 붇고 늘어서, 영원히
창성(昌盛)703)하리라.

〈심형진, 조선역사 천자문에서 발췌〉

　　위 내용은 심형진의 "조선역사 천자문" 끝 구절인데, 본문만 있고 주석(註
釋)은 없다.

　　그러나 비록 8자가 전부이지만, 이 속에 숨겨진 의미는 일제총독부가 심혈
을 쏟은 내선일체(內鮮一體)를 통한 황국신민화(皇國臣民化)로, 우리 민족 말살
(抹殺) 정책의 대미(大尾)704)를 장식하는 화룡점정(畵龍點睛)705)이니, 주석(註釋)
을 다는 것이 오히려 흠이 되는 이유로 생략한 것이다.

　　지금부터 일본이 이 8자 속에 숨겨 놓은 비밀이 무엇이며, 동악산 우국지
사들이 분노했던 이유가 무엇인지 살펴보자.

　　본문 예오동포(翳吾同胞)에서 첫 글자인 예(翳) 자는 그 자해(字解)706)를 보
면, 새의 깃털로 꾸민 일산(日傘)707)으로, 임금의 수레에 쓰기도 하는 글자다.

　　그러나 여기서 이 태양을 가리는 일산(日傘)이 상징하는 의미는 곧 아침 해

---

702) 번식(繁殖/蕃殖): 〈명사〉 붇고 늘어서 많이 퍼짐.〈동의어〉 산식(産殖). 번식 – 하다.

703) 창성(昌盛): 〈명사〉 무럭무럭 자라 잘되어 감. 창성 – 하다.

704) 대미(大尾): 〈명사〉 마지막 끝.

705) 화룡점정(畵龍點睛): 〈명사〉 (용을 그리는데 마지막에 눈을 그려 넣어 완성시킨다는 뜻으로) '무슨 일을 하는데 가장
　　긴한 부분을 마치어서 완성시킴'을 이르는 말.

706) 자해(字解): 〈명사〉 글자 풀이. 〈동의어〉 자석(字釋).

707) 일산(日傘): 〈명사〉 ① 의장의 한 가지. 흰 바탕에 푸른 선을 꾸민 자루가 길고 큰 양산. 감사 · 유수 · 수령 들이 부
　　임할 때에 든다. ② 들놀이 때 볕을 가리려고 세우는 큰 양산.

가 떠오르는 것을 상징한 욱일승천기(旭日昇天旗) 일장기(日章旗)를 뜻하는 것이며, 지금 일본의 주력군(主力軍)인 해군에서 상징으로 사용하고 있는데, 여기에 다시 산(傘) 자의 풀이를 보면, 우산(雨傘) 또는 일산(日傘)으로, 어떤 중심적인 인물이나 세력 밑에 부하 또는 동지로써 모여 비호를 받는 것을 말하며, 오늘날 핵우산(核雨傘 nuclear umbrella)708)은 대표적인 쓰임이다.

따라서 여기서 문맥과 전혀 어울리지 않는 예(翳) 자를 쓴 것은, 곧 일산(日傘)을 말하고, 일산(日傘), 즉 일(日)과 산(傘)을 낱자로 풀어 보면, 자구(字句) 풀이 그대로 일본의 보호를 받는다는 의미이니, 한일합병늑약(韓日合倂勒約)에 의거한 한일합병의 정당성을 주장하고, 조선 백성들에게 그 뜻을 받들라는 일본의 선무공작(宣撫工作)709)이다.

다음 번식영창(繁殖永昌)에서, 번식(繁殖)은 그 의미가 붙고 늘어서 많이 퍼진다는 뜻을 가졌는데, 이 말은 가축이나 식물에 적용되는 말이며, 사람에게는 짐승 취급을 하던 노비(奴婢)들에게 쓰던 문자다.

일본이 이런 의미의 문자를 여기에 사용한 것은, 자국민들에게는 선민의식(選民意識)을 고취시키고, 조선의 백성들에게는 일본을 위한 생산성의 도구로 굴종할 것을 세뇌(洗腦)710)시켜, 식민정책을 용이하게 하기 위한 고도의 심리전술(心理戰術)이다.

다음 '창성할 창(昌)' 자로 "조선역사 천자문"의 대미(大尾)를 장식하였는데, 이 창(昌)의 회의(會意)711)를 살펴보면, 일(日)＋왈(曰)＝창(昌)으로, '(日)태양처

708) 핵우산(核雨傘 nuclear umbrella): 비(非)핵보유국이 핵무기 보유국의 핵전력에 자신의 안전보장을 의존하는 것. 핵무기의 보복력을 말하며, 동맹국의 핵전력이 가상적국의 핵공격을 막아 줄 수 있다는 의미로 쓰인 말이다. 한국은 한ㆍ미상호방위조약에 의해 미국의 핵우산 아래 있고, 북대서양조약기구(NATO)에 참가하는 서유럽 여러 나라 및 일본도 미국의 핵에 의해 보호받고 있다. 핵우산은 미국과 옛 소련 두 핵강대국이 날카롭게 대치했던 때는 군사적ㆍ정치적으로 큰 의미가 있었으나, 미ㆍ소 대립이 해소되고 핵무기를 점차 폐기하면서 핵전쟁 위험이 크게 감소하자 그 의미가 줄었다.
709) 선무공작(宣撫工作): 〈명사〉 ≪사회학≫ 민심을 안정시키며 대중에게 국가의 정책을 이해시키기 위한 활동.
710) 세뇌(洗腦): 〈명사〉 본디 가지고 있던 생각을 다른 생각으로 개조하거나, 새로운 사상ㆍ주의를 주입시키는 일.

럼 밝게 (曰)말한다' 태양처럼 영원히 전하여질 아름다운 말이란 원뜻에서 '창성(昌盛)하다'는 뜻으로 발전한 말이니, "조선역사 천자문" 대미를 장식하는 이 8자의 의미는 곧 "우리 조선동포들은 일본의 보호를 받으며, 일황(日皇)의 신민(臣民)712)으로 영원히 행복하게 살자"는 뜻이니, 총독부의 내선일체 정체가 무엇이며 그 음모를 한눈에 알 수 있는 일이다.

끝으로 다음 광복절에 관한 내용은, 해방 이후 경와(敬窩) 선생님께서, 제자들에게 가르치던 천자문 끝에 해방된 자유 대한민국에서 주권국민의 자세를 깨우치는 글이다.

有乙酉 光復713)之節이라. 宜吾同胞는 顧此美義하고
유 을유 광복   지절   의오동포   고차미의
而亦各盡忠報國714)이 可也라.
이 역각 진 충보국   가 야

을유년(乙酉年 1945년 8월 15일), 잃었던 나라와 주권을 도로 찾은 날을 국경일(國慶日)로 정하였다.

마땅히 우리 동포들은 이 아름다운 미덕(美德)과 정의(正義)를 마음에 새기면서, 각자(各自) 충성을 다하여, 나라의 은혜에 보답하는 것이 도리이다.

---

711) 회의(會意): 〈명사〉 ① 뜻을 알아챔. ② 마음에 맞음. ③ 한자 만드는 방법인 육서 가운데 둘 이상의 글자를 합하여 새로 한 글자를 만드는 방법. 일(日)과 월(月)이 합하여 명(明)이 되는 것 따위.

712) 신민(臣民): 〈명사〉 관리와 백성. 왕이나 군주를 제외한 온 국민.

713) 광복(光復): 〈명사〉 잃었던 나라와 주권을 도로 찾음.

714) 진충보국(盡忠報國): 〈명사〉 충성을 다하여 나라의 은혜를 갚음. 〈동의어〉 갈충보국. 진충보국 - 하다.

박혜범 朴慧梵 ——————————————————————————

속명(俗名): 명엽(明葉)
호(號): 음풍토운(飲風吐雲)
전남 곡성읍 동악산 출생(1955)
한국문인회(곡성지부) 회원
한국불교문인협회 회원
한맥문학 동인회 회원
곡성읍 동악산에서 섬진강 정신문화를 연구하고 있음.

『원홍장과 심청전』(평설집(評說集), 2003)
『역사천자문(歷史千字文)』(2005)
『도채위경(淘採爲耕)』(2007)
『동리산 사문비보(桐裏山 沙門裨補)』(2009)
『천간지비 동악산』(2010)
외 소설과 시 등 다수 발표

전남 곡성군 곡성읍 월평리 93-1
이메일: tjdah0324@hanmail.net

동악산 항일독립운동의 자취

조선역사 천자문
일제가 시도한 역사왜곡 교과서(敎科書)

초판인쇄 | 2010년 11월 1일
초판발행 | 2010년 11월 1일

지 은 이 | 박혜범
펴 낸 이 | 채종준
펴 낸 곳 | 한국학술정보㈜
주　　소 | 경기도 파주시 교하읍 문발리 파주출판문화정보산업단지 513-5
전　　화 | 031) 908-3181(대표)
팩　　스 | 031) 908-3189
홈페이지 | http://ebook.kstudy.com
E-mail | 출판사업부　publish@kstudy.com
등　　록 | 제일산-115호(2000. 6. 19)

ISBN　978-89-268-1620-2 03090 (Paper Book)
　　　　978-89-268-1621-9 08090 (e-Book)

이담 Books 는 한국학술정보(주)의 지식실용서 브랜드입니다.

이 책은 한국학술정보(주)와 저작자의 지적 재산으로서 무단 전재와 복제를 금합니다.
책에 대한 더 나은 생각, 끊임없는 고민, 독자를 생각하는 마음으로 보다 좋은 책을 만들어갑니다.